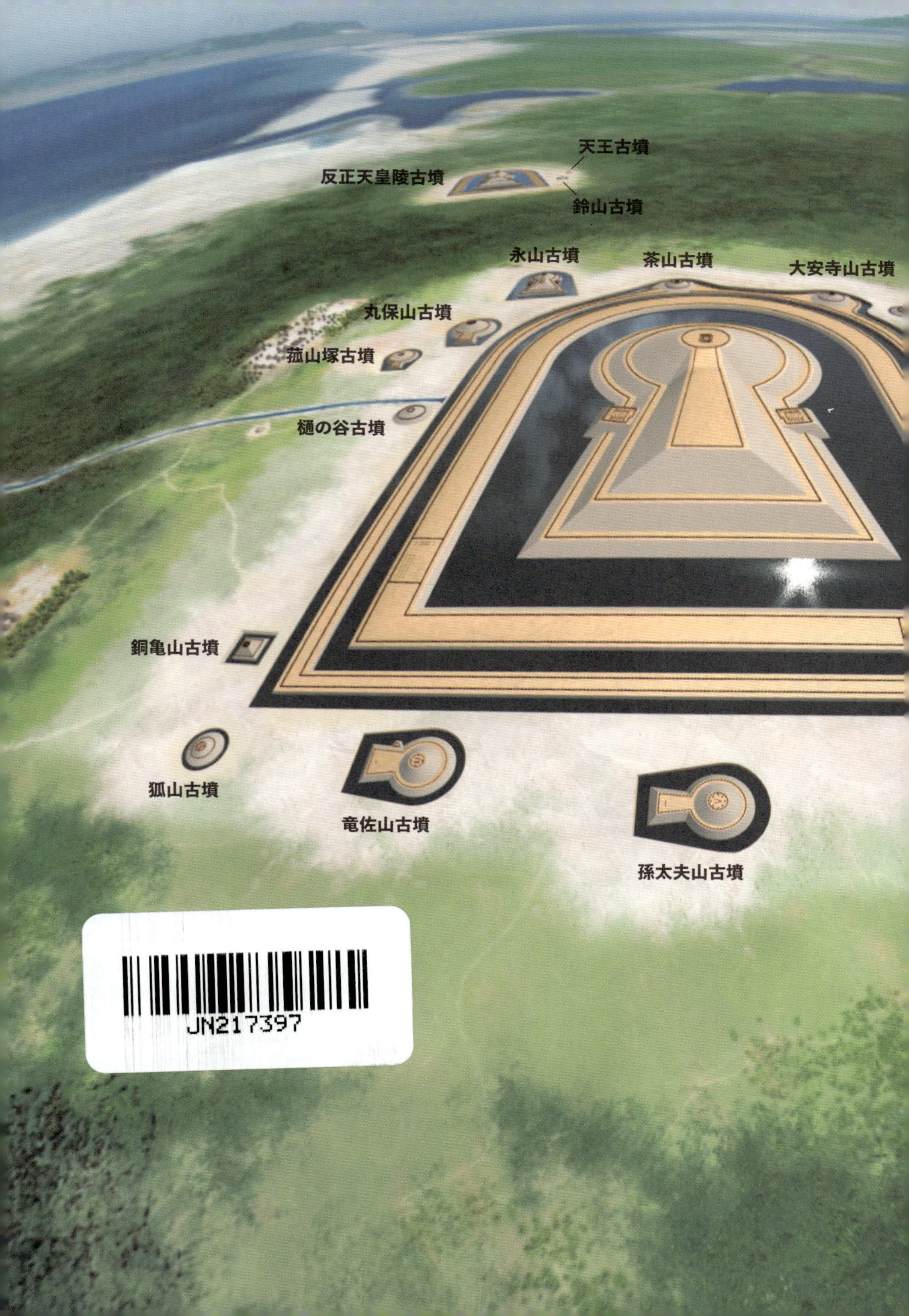
天王古墳
反正天皇陵古墳
鈴山古墳
永山古墳
茶山古墳
大安寺山古墳
丸保山古墳
菰山塚古墳
樋の谷古墳
銅亀山古墳
狐山古墳
竜佐山古墳
孫太夫山古墳

それから１６００年近く経った今でも、まだこれだけの古墳が残っています。
大げさではなく、これは地元のひとびとがつくり出した奇跡です。
そのことを世界中の関係者が評価した結果として、
百舌鳥・古市古墳群は２０１９年７月に世界文化遺産に登録されました。
この本は、あなたが古墳のそばで、あるいは墳丘の上で、
古墳が過ごしてきた「時間」を体感してほしいと思って作りました。
できれば、一つでも多くの古墳と長くお付き合いいただけると最高です。

画像は前ページと併せて、堺市博物館「360度映像で鑑賞!仁徳天皇陵古墳VRツアー」より(堺観光コンベンション協会提供)

2019年7月6日夕刻、アゼルバイジャンで開かれた世界遺産委員会で採択された直後、古室山古墳(古市)の墳丘に集まったひとびと(藤井寺市提供)

世界文化遺産に登録された 百舌鳥・古市古墳群とは？

この本は、世界文化遺産である百舌鳥《もず》（堺市）と古市《ふるいち》（藤井寺市・羽曳野市）の両古墳群に現存する89基の古墳を現場で体感し、古墳と共に歴史を積み重ねてきた地元の街を観光してほしい……という目的で編集しました。

百舌鳥古墳群は、堺市の北部（堺区・西区・北区）の住宅地に広がっていて、国内最大の面積を誇る仁徳《にんとく》天皇陵古墳、第3位の履中《りちゅう》天皇陵古墳、第7位のニサンザイ古墳など、5世紀を中心に築造された44基の古墳があります。

海から近く、反正《はんぜい》天皇陵古墳を含めた3つの「陵《みささぎ》」はすべて前方部を南に向けて海岸線と平行に築造され、大阪湾岸から上陸する大陸の使者や国内の豪族に脅威を与える「見せ物件」でもありました。大阪市内の都心にも近く、鉄道アクセスも非常に便利で、要所要所にサイクルステーションもあります。中央部の大仙公園には仁徳陵・履中陵の陪塚《ばいづか》を含めた数多くの古墳が点在し、都市公園と古墳群が見事な調和を見せる景観となっています。

古市古墳群はその百舌鳥から約10㎞、真東に位置します。国内第2位の面積を誇る応神《おうじん》天皇陵古墳を含む45基の古墳が現存し、それらは4世紀後半から6世紀前半までの間に築造されました。百舌鳥古墳群よりも早く築造がはじまり、百舌鳥で古墳が造られなくなってからも築造が続いたのが特徴です。

古市には、百舌鳥には存在しない皇后陵古墳も含めて10基もの「陵」がありますが、最大の特徴は、大型古墳も含めて墳丘に登れる古墳が7基（百舌鳥は中型と小型の4基）もあるということです。そこは地元の人たちにとってまたとない行楽地になっていて、季節ごとの花や紅葉が楽しませてくれます。

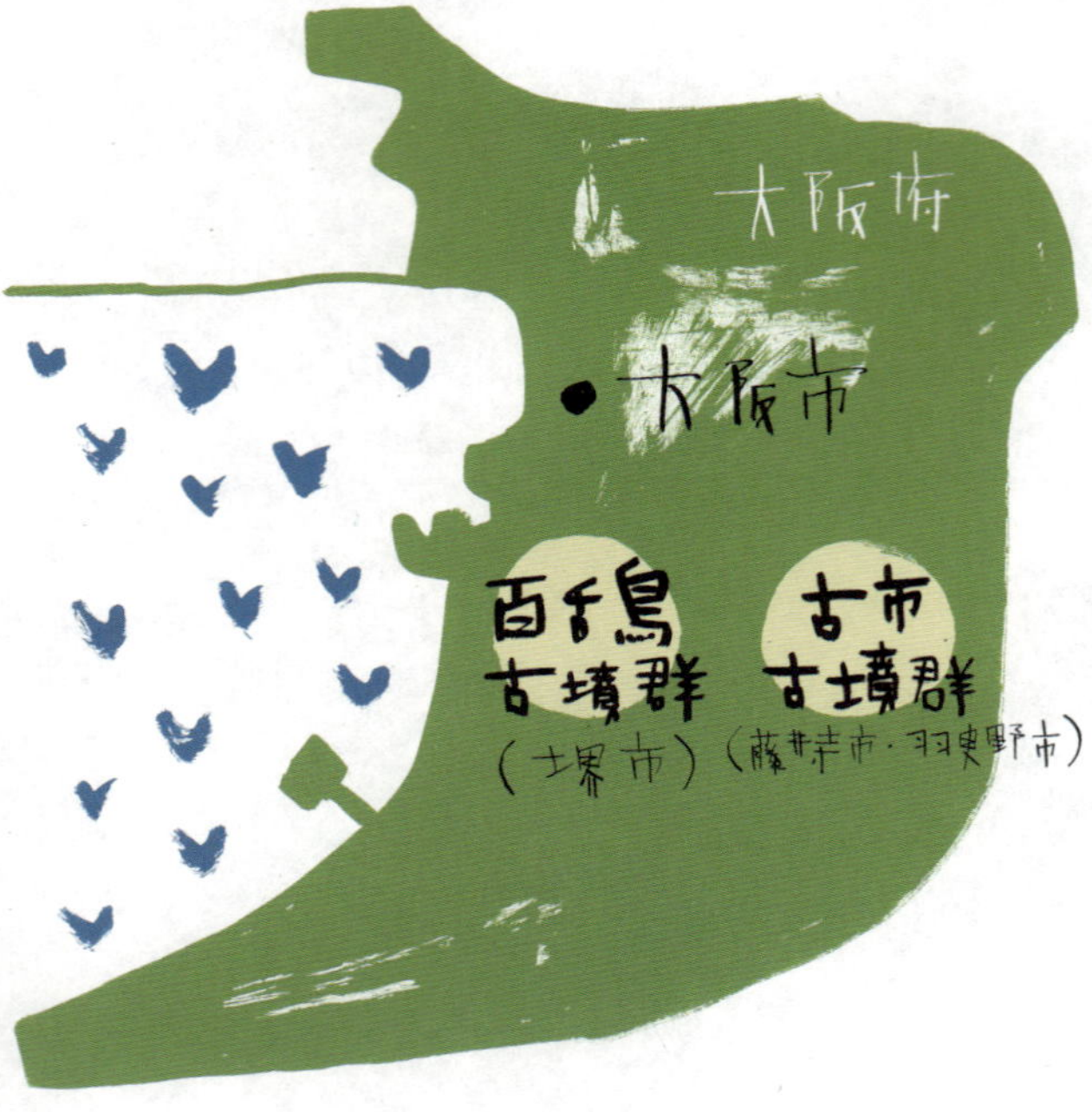

同時代に交互に造られた、似ているようでちょっと違う、バラエティに富んだ89基の古墳群を、２０１７年秋から２０１９年夏にかけて、博学かつフレンドリーかつ信頼できる２人のガイドの案内で歩いて取材し、撮影をしました。

タイムマシンで古墳時代に行って、古墳を造った人に直接話を聞いてみたいってときどき思いますね！

●堺市博物館学芸員
橘《たちばな》　泉《いずみ》さん（百舌鳥古墳群の案内人）

幼い頃にたまたま古代の土器を手にしたら、心がガンガン萌えてきたというおそるべし考古学女子。その思いを持ち続けて大学では考古学を専攻し、大学院へと進み、いまは堺市博物館で古墳を含めた歴史の面白さを発信している。

奈良県の出身だが、百舌鳥古墳群のど真ん中に引っ越してきた時、窓から古墳が見えて、「もうテンションがMAXになりました!」とニッコリ。

百舌鳥古墳群の取材で何度も彼女の口にのぼったのが「結局のところ、古墳って謎が多くて、よく、わからないことが多いんですよね」という言葉だ。「わからないことだらけで、イーッてならないんですか?」と尋ねると、「ならないですねー。そこが面白いんですよ」とまたもやニッコリ。可憐な精霊のようなルックスだけど、筋金入りの古墳女子である。

謎が多すぎるからこそ、どんな新発見や学説が出てくるかわからない。そこが古墳のダイゴ味です！

●藤井寺市
百舌鳥・古市古墳群世界遺産登録推進室長
山田幸弘《やまだゆきひろ》さん（古市古墳群の案内人）

中学時代、静岡県から藤井寺市に引っ越してきて、古墳の横を通って通学していた当時から、古墳って面白い! と思っていたそうだ。大学卒業後、藤井寺市役所に勤めるようになった頃、土地開発によって古墳が減りつつあることを目の当たりにした。

まだ誰も古墳に振り向くことがなかった時代から、古墳の素晴らしい価値と面白さを説き、開発に伴って古墳が姿を消しつつあることへの警鐘を鳴らし、絶対に守っていかなくてはいけない! と奮闘。

古市古墳群の取材で同行するうちに、この人の前々々々世のその前は、古墳を造る人に違いないという思いを強くした。ニコニコ、飄々としながら、その内には古墳への熱い思いが溢れている。何を質問しても、よどみなく、的確で深い答えが返ってくる、まさに〝古墳の賢者〟である。

※百舌鳥・古市古墳群についてもっと詳しく知りたい人は、堺市博物館（P50）や藤井寺市のアイセル シュラ ホール（P138）、羽曳野市文化財展示室（P194）などで販売している資料を参考にしてください。

ザ・古墳群
百舌鳥と古市 全89基

Contents

㊐…世界文化遺産登録古墳

※本文中、古墳名や名所に付くマーク
世…世界文化遺産登録古墳
国…国宝　重…重要文化財

※各古墳の図面は、百舌鳥・古市古墳群世界文化遺産登録推進本部会議より提供されたレーザー測量図を掲載。ただし、P35坊主山古墳・P62檜塚古墳・P64西酒呑古墳は『宮内庁書陵部 陵墓地形図集成』（学生社／1999年）より転載

古墳めぐりをより面白く！「墳活八策《ふんかつはっさく》」

世界文化遺産登録された百舌鳥・古市古墳群とその地元を歩くにあたって、この8つだけはぜひ実践してください。

1 徒歩と自転車の二刀流はツヨい。

百舌鳥・古市古墳群には阪神甲子園球場よりも大きな古墳が珍しくなく（本当に）、徒歩だけで回ると結構ハードです。けれど、百舌鳥でも古市でも自転車が借りられる駅が多く、電動アシスト車や、別な場所でも返せるシステム（P219）もあります。古墳の外周をめぐる歩行者・自転車専用遊歩道も増えました。一度、お試しあれ。

2 「妄想」こそ古墳探訪の友です。

百舌鳥・古市古墳群が築造された約1500年前は文字情報が残っていないので、詳細が不明なことばかり。謎だらけですが、深く追求しても「わからない」ならそれを逆手にとって、妄想に浸ってみるのはいかがでしょう。この本ではライターの郡《こおり》麻江《まえ》が時折、当時の最先端築造物（古墳）にまつわる人間ドラマを妄想しています。

3 動物もヒトも喜ぶ「気」を感じる。

古墳だってもともとは、ビルや橋のような人工の築造物でした。今では樹木が豊かに生い茂り、季節の花が咲き、哺乳類や野鳥、虫たち、魚やカエルもいて自然の宝庫になっている。生き物が棲みついているということは、それだけ古墳にいい「気」が流れているということ。風が揺らす木のざわめきも味わって、ゆっくりしていきましょう。

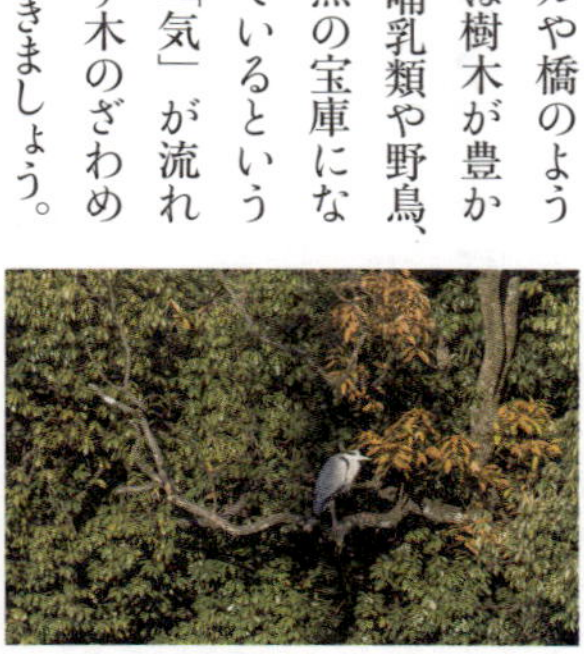

アオサギくんには今回、あちこちの古墳で何度、会ったことやら

4 近くの名所や街道とセットで。

有名なお寺や神社、街道、博物館などが主要な古墳の近くにあるのは、その古墳が地元のシンボルで、古墳と共に地元が発展してきたという証です。たとえ行き慣れた場所でも古墳の前後に立ち寄ると、これまでは知らなかった歴史が発見できたりもするもの。物を言わない古墳と「物語の多い」名所を組み合わせて楽しんでください。

5 古墳の街で飲み食いしよう。

藤井寺の名店［掌（たなごころ）］（P140）はうどんが美味いだけでなく野菜もたっぷり摂れる。そして夜は飲める、最強の店だ

旅の楽しみは、飲んだり食べたりお土産買ったり。百舌鳥（堺市）と古市（藤井寺市・羽曳野市）は大阪の近郊住宅地ですが、小旅行の魅力に溢れた土地で、古墳のみで済ますのは惜しい！　ここでは前後に立ち寄りたいお店を紹介していますが、お昼やお茶だけでなく、お酒まで楽しむと地元の魅力にどっぷり浸れます。

6 世界遺産よりも「好みの古墳」を。

百舌鳥・古市古墳群89基のうち、２０１９年7月に世界文化遺産として登録されたのは49基（百舌鳥23・古市26）。登録の基準は「4〜5世紀築造」「原形が留められている」などで、「身近」「デザインがいい」「墳丘に登れる」ではありません。世界遺産への登録はとても意義のあることですが、この本はあなたの「好きな古墳」を見つけてもらうことを大きな目的にしています。

地下鉄なかもず駅からも徒歩で行ける定の山古墳（P92）は世界遺産には登録されていないけれど、墳丘がほんまに楽しそう

7 古墳の「名前」も味わって。

百舌鳥・古市古墳群全89基にはすべてに名前があります。○○天皇陵・皇后陵という名前だけでなく、地名や地主にちなんだり。また「グワショウ坊」「ドンチャ山」「西酒呑」「東酒呑」「赤面山」「サンド山」のように、思わず頬がユルむものまで実にバラエティ豊か。懐かしの名曲「ビューティフル・ネーム」の歌詞は、そのまま古墳に当てはまります。

8 古墳に「季節はずれ」ナシ。

一度行った古墳に、同じ頃また行くのも楽しいですが、できれば季節を代えて行くと新しい発見がいっぱい。初夏から夏は古墳の樹木が大きく育って木陰ができるし、秋の紅葉や春の梅・桜も絵になります。しかし「墳丘のシルエットが一番よく見える」冬を推す古墳好きは多いんですね。ぜひ複数の季節で訪ねてください。

古室山古墳（P160）の墳丘がこんなにくっきり見えるのは冬だけ。北海道みたいでしょ

百舌鳥古墳群

（堺市堺区・西区・北区）

大都市の真ん中に巨大古墳が点在、世界にも例がない！

仁徳天皇陵古墳のスケール感と、履中天皇陵古墳、ニサンザイ古墳の洗練された美しさは他に比べるものなし。古墳と都会がほどよく調和し、高層ビルから、住宅街から、駅上から、古墳跡から……と絶景も盛りだくさんだ。

御廟表塚古墳（P91）の墳丘に登る古墳好きの人々

上野芝駅からいったん坂を下り、再び「激坂」を上った場所にある文珠塚古墳（P66）。冬は墳丘がくっきり

銅亀山古墳（P25）。各古墳ごとに見やすい解説板が設置されている

百舌鳥古墳群最古の乳岡古墳。後円部を西側から望む

百舌鳥古墳群

仁徳陵エリア

Nintokuryo Area

御陵の森を通り抜ける風の心地よさを味わって、のんびり歩こう。

シンボルの仁徳天皇陵古墳が多くの陪塚を従えるエリアだが、逆に陪塚たちの個性豊かな名前とかたちを知るといっそう興味がわく。三国ヶ丘・百舌鳥の両駅前だけでなく、散策の途中で寄れる楽しいお店が最近は増えてきて、古墳好きにはラッキーこの上なしだ。

みくにん広場は2階から階段を上がっていく

Co.FUNカフェ。堺にちなんで抹茶を使ったスイーツやかき氷が人気。夜は予約のみ

仁徳陵古墳南東角の道標。現在地がわかるので便利

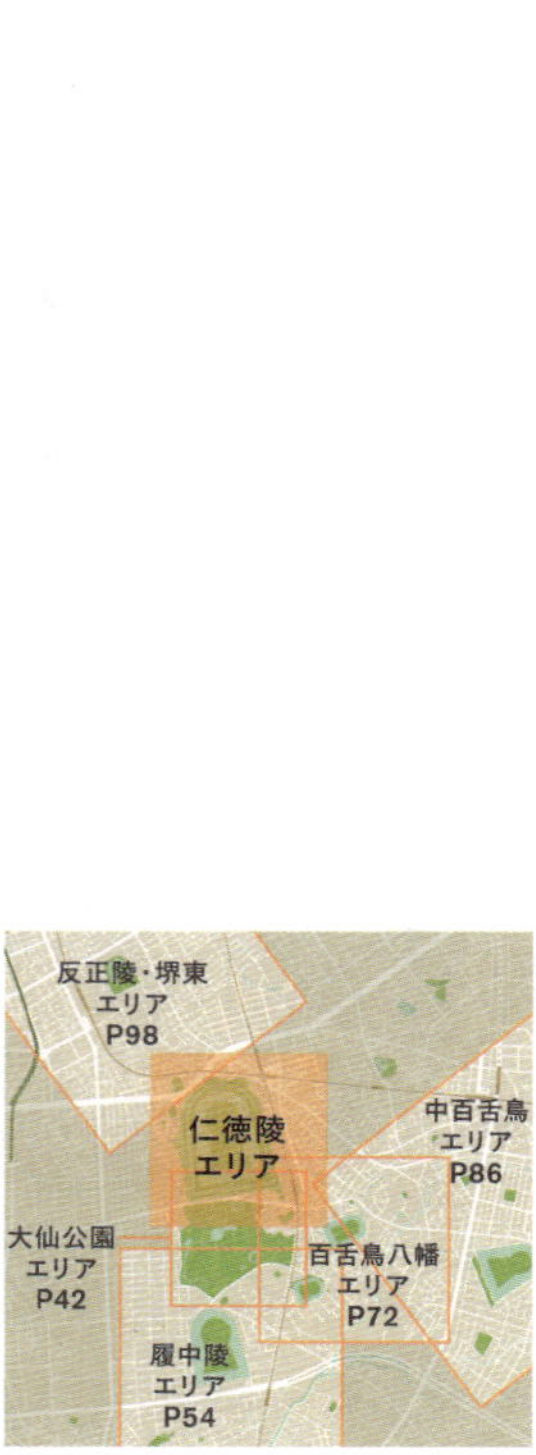

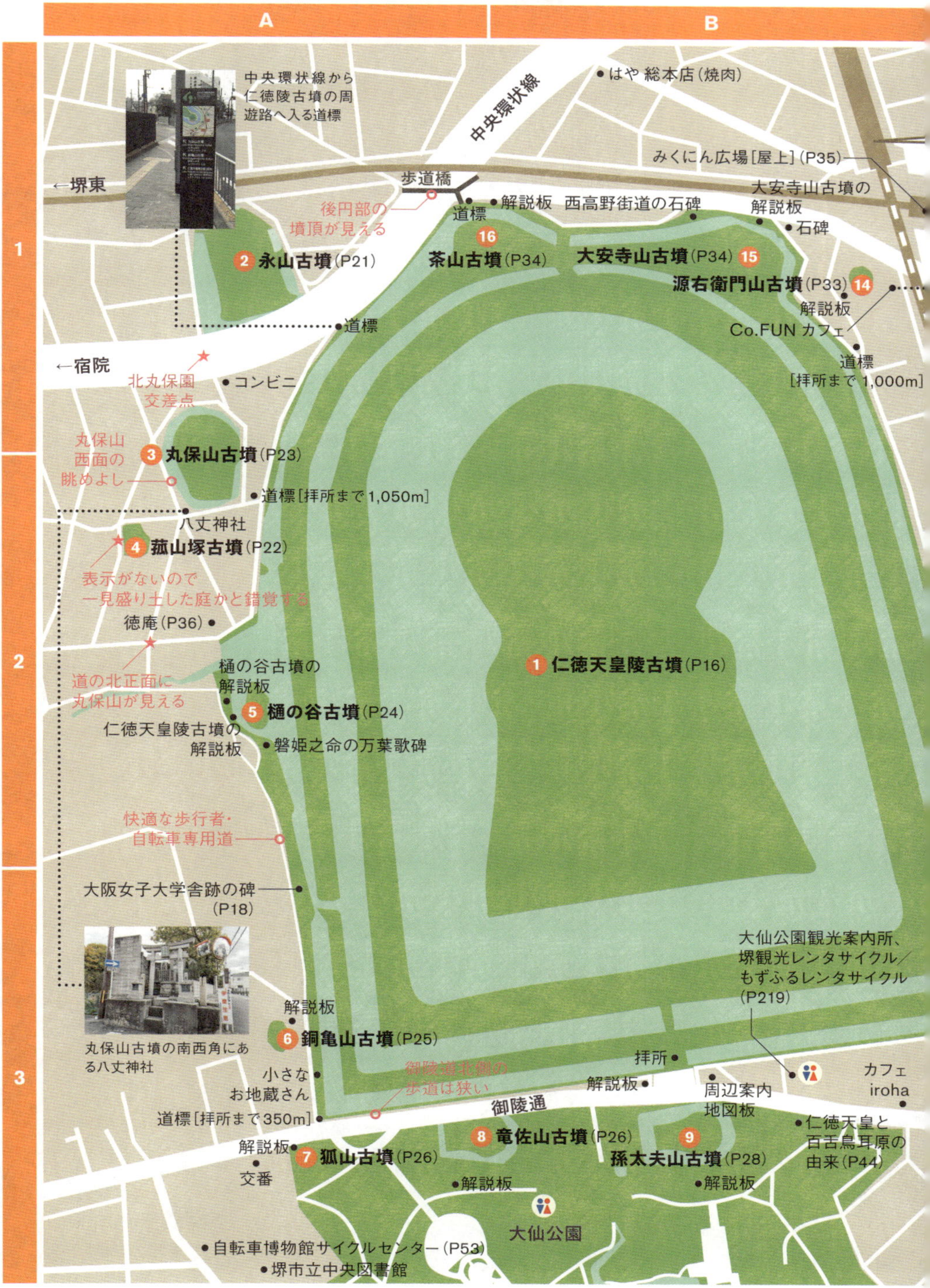
A
B
1
2
3
中央環状線から
仁徳陵古墳の周
遊路へ入る道標
中央環状線
はや 総本店(焼肉)
みくにん広場[屋上](P35)
←堺東
歩道橋
後円部の
墳頂が見える
道標
解説板
西高野街道の石碑
大安寺山古墳の
解説板
石碑
2 永山古墳(P21)
16 茶山古墳(P34)
大安寺山古墳(P34) 15
源右衛門山古墳(P33) 14
解説板
Co.FUN カフェ
道標
道標
[拝所まで 1,000m]
←宿院
北丸保園
交差点
コンビニ
丸保山
西面の
眺めよし
3 丸保山古墳(P23)
道標[拝所まで 1,050m]
八丈神社
4 菰山塚古墳(P22)
表示がないので
一見盛り土した庭かと錯覚する
徳庵(P36)
道の北正面に
丸保山が見える
樋の谷古墳の
解説板
5 樋の谷古墳(P24)
仁徳天皇陵古墳の
解説板
磐姫之命の万葉歌碑
1 仁徳天皇陵古墳(P16)
快適な歩行者・
自転車専用道
大阪女子大学舎跡の碑
(P18)
丸保山古墳の南西角にある八丈神社
大仙公園観光案内所、
堺観光レンタサイクル/
もずふるレンタサイクル
(P219)
解説板
6 銅亀山古墳(P25)
拝所
小さな
お地蔵さん
御陵通北側の
歩道は狭い
解説板
周辺案内
地図板
カフェ
iroha
道標[拝所まで 350m]
御陵通
解説板
7 狐山古墳(P26)
交番
8 竜佐山古墳(P26)
9 孫太夫山古墳(P28)
仁徳天皇と
百舌鳥耳原の
由来(P44)
解説板
解説板
大仙公園
自転車博物館サイクルセンター(P53)
堺市立中央図書館

デカくて広すぎてよくわからない、それもまたキング・オブ・古墳の魅力。

① 仁徳天皇陵古墳《にんとくてんのうりょうこふん》（大仙古墳《だいせんこふん》） 世

世のほとんどの人がおそらく、社会の教科書でこの古墳の写真を見ているはずだ。日本最大、世界でもエジプトの「クフ王のピラミッド」、中国の「秦の始皇帝陵」と並ぶ世界三大墳墓の一つ。その実物を間近で見るとあって、取材当日は朝からワクワクしていた。

一般的には前方部正面の「拝所」からスタートする場合が多いけれど、最初、じかにその姿を目にした地点は、JR百舌鳥駅から一番近い場所、前方後円墳の「前方」、つまり四角い部分の右下角のあたり。グーグルマップで自分の所在地を見ると「おお、確かに南東角にいる！」と興奮してしまう。

閑静な住宅も邸宅料理店もそして意外な!? 空間もあります。

その前方部（四角い方）の南東角から北へ、後円部（円い方）に向かって右側（東側）の

辺（周遊路）を自転車で走ってみる。この辺りは駅近の住宅地、百舌鳥夕雲町《せきうんちょう》。古墳のすぐ横に家が立ち並ぶ。

東辺の長さは、ちょうどJR百舌鳥駅から三国ヶ丘駅ぐらいの距離。小さな陪塚《ばいづか》（P21～35）を見ながら後円部に近づくと、その東西は閑静な住宅地になっていて、仁徳陵を借景にしたお屋敷なども点在している。

後円部をぐるりと回って、今度は左側（西側）の辺を前方部に向かって走る。すると突然、目の前にラブホテルが!? 古墳とラブホテル、ある意味ものすごい対比だが、不思議と違和感なく、妙にしっくりと馴染んでいる。これもまた世界最大古墳の大らかさゆえだろうか。文化財級日本建築の元料亭レストラン（P36）もある。この辺りは、現在は大阪府立大学に

北西側から濠を眺めると、実に広々

西南側には歩行者と自転車だけの道が

堺市役所展望ロビーから。巨大な緑の怪物がうつ伏せに寝ているよう。正面奥の2つの小山は、ニサンザイ古墳（P88）

拝所も百舌鳥·古市古墳群の中で最も広い。NPO法人堺観光ボランティア協会のガイド（黄色いブルゾン）の姿も

統合されたかつての大阪女子大学のキャンパスがあった（1976〜2007）場所。芝生が広がり、並木道の気持ちのいい緑の散策路になっている。

そのまままっすぐ南へ、いくつかの陪塚を見つつ、四角い部分の左下角（南西角）に到達する。道路を渡れば大仙公園。渡らずに左に曲がれば、拝所はもうすぐだ。

外周路は外側の濠に沿って続いているので、前方後円墳のどのあたりに自分がいるのかは、とても分かりやすかった（現在地を表す道標が点在）。外周を自転車でゆっくり走れば20分ほどで回れる。

しかし……1周回ってもなんだかよくわからない。お濠の向こうに、モコモコと木が生い茂るこんもりとした山？　いや森？　があって、それがずっと続いている。約3㎞の周遊路に沿って延々、こんもりモコモコが続くだけ。古墳の「くびれ」すらわからない。

けれど、そこはかとなく、森の向こうから、しんしんと「気」のようなものがこちらに漂ってくる（ような気がする）。古墳は「パワースポット」ともいわれているが、確かに何かしら、古墳の近くにいると厳かな、神々しい

外周があまりにも広いので、現在地を示した道標が随所に

こんなところで大学生活を送っていたとはうらやましい

ものが、さわさわっと肌に触れる。とくに朝早く、あるいは夕暮れどき、じわりと忍び寄る「気」のようなものは確かに感じる。古墳の周りに住んでいる人は、こんな「気」を日々感じて暮らしているとすれば、うらやましい限りだ。

たくさんの「陪塚」その実態は謎のまま……。

仁徳天皇陵古墳をぐるりとめぐって、最初に覚えた言葉が陪塚（orばいちょう）という言葉だった。メインの古墳に寄り添うように造られた小さな古墳を指す。

百舌鳥古墳群でわれわれをナビゲートしてくれた堺市博物館の学芸員・橘泉さん（P5）によると「メインとなる古墳のゆかりの人を埋葬したのかもしれませんし、副葬品を埋めたのかもしれないのですが、その実態は、よくわかってはいません」ということである。

古墳をめぐる時、わからないことに対してはあまり深く追求せず、とりあえず「置いておく」ことがポイントだ。追求してもわからないのなら、勝手に妄想をしてみるほうがずっとずっと楽しい。

正面の拝所から南東角までの道も歩行者と自転車専用だ

拝所の近くに、主墳と陪塚の位置関係がわかる立体地図も

――この陵墓に眠る大王《おおきみ》は、時の絶大な権力を持つ、大柄でハンサムな男性。その妃はもちろん美しく、ゆかしく、後宮《こうきゅう》で多くの側室たちを束ねて、一族は大いに栄え、百舌鳥の地で平和に仲良く暮らしていた。その大王の墓を守るようにゆかりある女人たちも、陵墓に沿うように静かに眠っている――

そう、六条院に暮らす光源氏と姫君たちのような感じ。などと、勝手に思いながら古墳をめぐると、それもまたハッピーである。

巨大なものは離れて見よ。市役所最上階からの大パノラマ。

仁徳天皇陵古墳をぐるりと回ると、そのスケールの大きさは、実感となって伝わってきた。それなのに……である。本体は、三重の濠の向こう、木々の間を透かして見ても、その全貌はさっぱりわからない。古墳のボディは、手に届きそうなところにあるのに。ああ、その姿を、全ボディを見たい！

夏は緑一色に。左奥は履中天皇陵古墳（P56）

と思っていたら、堺市役所の最上階、21階の展望台を教えてもらった。先ほどまですぐそばにあった仁徳天皇陵古墳の全容を、そのボディラインを、地上80メートルから、しかと見ることができる（P16・108）。もこもこと緑に染まるその姿を、天空気分で眺めれば、スーッと胸のつかえが取れてきて、改めてその大きさに圧倒される。眼下には仁徳陵の陪塚をはじめ、履中《りちゅう》天皇陵古墳（P56）やニサンザイ古墳（P88）など他の巨大古墳がもこもことあちこちに見えている。よし、次はあの古墳へ。そんな気分になるはずだ。

濠は水鳥たちの楽園だ。前方部東側の遊歩道からもよく見える

1.仁徳天皇陵古墳（大仙古墳） map P15 B-2

●前方後円墳●墳丘長約486m、後円部径約249m、高さ約35.8m、前方部幅約307m、高さ約33.9m●5世紀中頃●堺市堺区大仙町

北側の反正天皇陵古墳、南側の履中天皇陵古墳と合わせて百舌鳥耳原三陵と呼ばれている。前方部と後円部に長持形石棺を納めた竪穴式石槨がある。左右のくびれ部に造出しがあり、三重の濠がめぐっているが、現在の外濠は明治時代に掘り直されたもの。葺石と埴輪が出土していて、埴輪には人物（女子頭部）や水鳥、馬、鹿、家などがある。明治5年（1872）に、前方部で竪穴式石槨に収めた長持形石棺が発見され、刀剣・甲冑・ガラス製の容器が出土した。この時の出土品は再び埋め戻されたといわれているが、詳細な絵図の記録が残り、甲冑は金銅製の立派なものだった。

日本最大の前方後円墳にふさわしく、周囲に陪塚と考えられている古墳が10基以上ある。「仁徳天皇陵古墳」とされているが、日本書紀などに伝えられる仁徳・履中の在位順とは逆に、履中天皇陵古墳（石津ヶ丘古墳）よりも後に築造されたことがわかっている。三重の周濠を持ち、総面積は約464,124㎡（甲子園球場の12倍）にも。

2018年10月23日～12月5日、陵墓の保全のために第1堤で調査が行われ、堤の外側に円筒埴輪列が見つかった。従来、堤の内と外に2列の埴輪列があると考えられていたが、内側には見つからなかった。さらに興味深いことに堤に小石がぎっしりと敷き詰められていた。墳丘ではなく堤に石敷があったことは非常に珍しいという。

「エリア仁徳」自慢の陪塚〜主墳をぐるりと囲む。

陪塚とは「従者の墓」という意味があるそうで、大きな古墳と同時代に、メインの古墳（主墳）のごく近くに造られた古墳を指す。主墳の被葬者に近しい人物を埋葬したり、人体ではなく副葬品のみを埋葬したりしたものもあるともいわれている。仁徳天皇陵古墳にはその周囲に10基以上の陪塚があるといわれ、全国でも陪塚の数が最も多い古墳とされている。ある古墳を宮内庁が「陪塚」と認定していても、研究者によっては学術的見解が違っていたりする。明確なことがわからないにしても、陪塚という存在を知ると、途端に古墳はより面白くなる。点と点だったものが線になり、人物相関図的な妄想もできてしまう。仁徳天皇陵の陪塚（と言われている）たちは、サイズも形もいわれも、じつにさまざま。巨大古墳とはまた異なる魅力や、親しみやすさもあって、個性豊かで楽しい。

「ハミ子」のようだけど、ちゃんと家族の一員です。

② 永山古墳《ながやまこふん》 世

仁徳天皇陵古墳から、国道310号線を挟んだ北側にポツンとある前方後円墳で、くびれ部の西側に造り出しがある。「仁徳陵の陪塚といわれていますが、距離が少し離れているのと、少し大きめな古墳なのではっきりしたことはわかりません。陪塚の可能性があるということですね」（橘さん）

なんというか、あまり古墳コフンしていなくて、周囲の住宅にすんなり溶け込んでいる感がある。造り出しもきちんとあるし、れっきとした前方後円墳なのだが、濠もなんとなく〝普通の池〟感があり、古墳といっても丘か森のような感じ。

聞くところによると、ここはその昔、釣り堀になっていたそうだ。近所の人が釣り糸を垂れている風景を思い浮かべると、なんともよく似合う。

自転車でも徒歩でも、一周くるりと回れてしまう気軽さもいい。近所に小さな公園があったり、南海高野線がすぐそばを走っていたり、人の暮らしととても近い、優しさを感じる。

北西側から見た後円部。墳丘に通じる堤が

2.永山古墳 map P15 A-1

●前方後円墳●墳丘長約100m、後円部径約63m、高さ10.3m、前方部幅約68.5m、高さ10.3m●5世紀●堺市堺区東永山園

仁徳天皇陵古墳の北西約50m、前方部を南に向けた前方後円墳。西側のくびれ部に造り出しが認められる。墳丘は2段に築かれていて、葺石と埴輪が見つかった。周囲には盾型の周濠がめぐる。主体部の構造は不明。副葬品の内容もわかっていない。墳丘は陪塚として宮内庁に管理されているが、かたちと規模から陪塚とは考えにくいともいわれている。周濠の南側に接する国道310号線が周濠の一部をまたいでいる。

大仙(仁徳)、永山と共に、町名にもなってる名士です。

③ 丸保山古墳《まるほやまこふん》 ㊎

永山古墳から国道310号線を挟んだ向かい側にある帆立貝形古墳。前方後円墳の一種らしいのだが、四角い部分のタテが短くて、貝殻のような形になっている古墳のことを指す。「明確な差別化はできないのですが、偶然、四角い部分が短くなったわけではなく、あえてこの形を造ろうとして造ったとも考えられます」（橘さん）

そうなのだ。古墳の形には流行があって、ファッションのように様々な変化が時代ごとにあるらしい。百舌鳥古墳群にはこの帆立貝形古墳が他の古墳群に比べて多く、百舌鳥の古墳関係者の間では、帆立貝形が流行っていたのだろうか。

「おお、あいつも帆立貝形にしたのだな、わしも真似したい」などと言っていたのかも!?

古墳探訪の際に、フォルムもちょっと気にして見てみるとなかなか面白い。

北西～西側をめぐる。堺東まで1kmもないほどの都心とは思えぬ雄大な眺め

3.丸保山古墳 map P15 A-1

●帆立貝形古墳●墳丘長87m●5世紀後半●堺市堺区北丸保園

短い前方部を南に向け、周囲には濠がめぐる。昭和30年（1955）の開墾で大きく削られてしまい、前方部の高さが著しく低くなった。埋葬部の構造や副葬品の内容などは明らかではないが、円筒埴輪が採集され、5世紀中頃の築造と推定。南西の菰山塚古墳（P23）南側にもかつて古墳のような高まりがあった。これらを含めて仁徳天皇陵古墳の陪塚と考えられている。

「町名やで。スゴいやろ」とドヤ顔している？

小さくてもあなどれない、能舞台のような立派な松。

4 菰山塚古墳《こもやまづかこふん》 世

丸保山古墳のすぐ南西にある。一見、円墳に見えるが本来のかたちは崩れてしまっている。墳丘に松の木が1本生えていて、凛とした雰囲気のある古墳だ。仁徳天皇陵古墳の陪塚といわれているそうだが、実際はよくわかっていない。

住宅地に囲まれて、ちょっと窮屈そうに見えるものの、道からグンと盛り上がっていて、思わず下から見上げるような高さのある造りはさすが。松の木も重みを添えて、小さいけれど、由緒正しい血筋のプリンスのような、なかなか威厳のある古墳である。

南西側から見た墳丘。美しく剪定された庭のよう

4.菰山塚古墳 map P15 A-2

●帆立貝形古墳●墳丘長33m、後円部直径18m、前方部幅28m●5世紀中頃
●堺市堺区南丸保園

円墳状の墳丘が残るのみで、本来の形をとどめていないが、築造当時は、前方部が南向きの小規模な帆立貝形の前方後円墳だったことがわかっている。今は住宅に取り囲まれた円墳状の墳丘が残っている。ここから出土した円筒埴輪から、仁徳天皇陵古墳と同時期に造られたと考えられる。

北西側から。「帆立貝形」には見えづらい

アンタッチャブルな浮島。でも文学的情緒はたっぷり。

⑤ 樋の谷古墳《ひのたにこふん》

仁徳天皇陵古墳の西側の周遊路の中で、住宅地を大きく迂回する場所がある。その辺りから、濠の中にぽっかり浮かぶ島のように見える。浮島のようなスタイルがなんともマイペースでかわいらしい感じだ。この辺りは濠の水を流す水路で、季節にはカキツバタが美しく咲く。すぐそばの建物は大阪府立だいせん聴覚高等支援学校。そこから南が緑の美しい公園になっている。

近くには仁徳天皇の皇后である磐之媛命《いわのひめのみこと》が詠んだという万葉和歌の石碑が建つ。「ここにずっといてあなたを待とう」といった歌で、二人は仲睦まじい夫婦だったのだろうか……などと想像してしまう。文学好きならぜひ立ち寄ってみてください。

濠越しに見えるが、大安寺山古墳・茶山古墳（P34）同様、美しいけどそばに行けない古墳

5.樋の谷古墳　map P15 A-2

●形状不明●直径47m●築造時期不明●堺市堺区大仙町

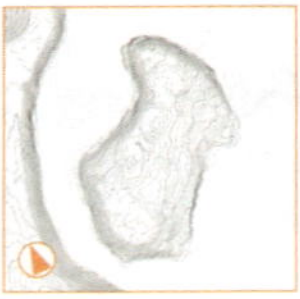

仁徳天皇陵古墳の三重濠西側面ほぼ中央の濠が膨れた部分にある不整形な古墳。濠を浚渫する時の土を盛ったものともいわれており、古墳かどうかは疑問視する見方もある。

遊歩道の奥まった場所に磐之媛命の歌碑が

ボディが見えぬ巨大古墳とは対照的、かわいい「亀さん」。

6 銅亀山古墳《どうがめやまこふん》 ㊦

百舌鳥古墳群では現存で5基しかない珍しい「方墳」の1基。西側中ほどにある樋の谷古墳からここまでずっと桜並木の静かな遊歩道が続き、初夏から秋までは緑の散策路になるが、その道沿いにぽこっと盛り上がっている。よく手入れされているためか、形が非常にわかりやすい。亀っぽく見えないこともなく、どことなく親しみやすい。

古墳の大きさもこれぐらいのサイズだと把握しやすい。登れないのが残念だが……

6.銅亀山古墳 map P15 A-3

●方墳●一辺26m●高さ5.4m●5世紀中頃●堺市堺区大仙町

仁徳天皇陵古墳の西南。周濠の有無は不明。2段築成がよく残り、下段は南側が張り出し長方形となっている。享保15年（1730）の絵図の中に、四角い区画に丸く塚が描かれ「堂亀山」とあった。仁徳天皇陵古墳の陪塚の一つとされている。

誰かに似てる？ 向かいの土手にお地蔵さんが

“化かし合いゾーン”のグッドデザイン古墳。

⑦ 狐山古墳《きつねやまこふん》

前頁の銅亀山古墳から御陵通を渡って大仙公園（P42）へ。ここにも仁徳天皇陵の陪塚といわれる古墳が3基。狐山は一番西側にある。現在は濠はないけれど、発掘調査で幅5mほどの濠がめぐらされていたことがわかったという。

「この古墳にまつわる古い民話が残っていて、ある人が古墳の濠に落ちて狐に助けられたのですが、次の日、その狐が死んでいたというちょっと悲しいストーリーがあって。狐に助けられたという話にちなんで狐山古墳と呼ばれるようになったそうです」（橘さん）

周囲の古墳の中で、ここだけが円墳というのも興味深い。仁徳天皇陵古墳の南側には、陪塚と考えられる帆立貝形古墳が次々と築かれる中で、この古墳のような円墳も造られた。なぜここが円墳なのか。何か意味があるのか。謎である。

そして、なぜかこの古墳のすぐそばに「狸小路」という

都市型自然公園ならではのビューティフル・ドラゴン。

⑧ 竜佐山古墳《たつさやまこふん》 ㊊

狐山古墳のすぐ東隣、こちらは帆立貝形古墳である。竜＝ドラゴンだが、怖い感じは皆無。古墳の南側には芝生が広がり、ヨーロッパの恋愛映画にも登場しそうな洒落たベンチなどもあって、日差しが当たるととても気持ちいい。

古墳の北側は遊歩道が高くなっていて、上から古墳をのぞき込める。後円部の盛り上がりが手に取るようにわかるので面白い。

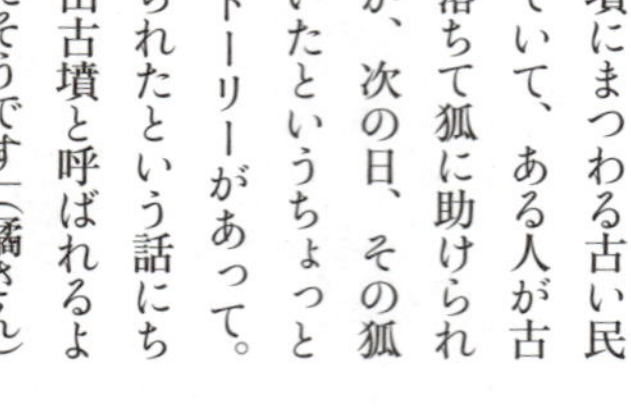

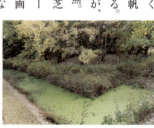

御陵通沿いの遊歩道から前方部北西角を見る

箱庭にある築山のよう。隣の堺市立中央図書館の常連でもこれが古墳だと知る人は多くないかも

7.狐山古墳 map P15 A-3

●円墳●直径30m●高さ約5m●5世紀後半●堺市堺区大仙中町

仁徳天皇陵古墳の外周にあり、陪塚として宮内庁が管理している。2009年の調査で、周囲に幅5mほどの濠がめぐらされていたことがわかった。濠から葺石や埴輪、須恵器などが出土している。

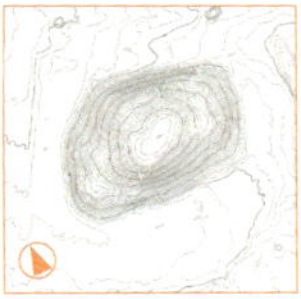

ここが「狸小路」。右奥に狐山古墳の墳丘が

小径があって、たぬきの置物がひょこっと置かれている。なぜ狐じゃないのか？ それもまた謎。いろんな妄想をしたくなる。

8.竜佐山古墳 map P15 A-3

●帆立貝形古墳●墳丘長61m●後円部径43m●前方部幅26m●5世紀後半～末●堺市堺区大仙中町

仁徳天皇陵古墳の南に接する西向きの前方後円墳で、陪塚と考えられている。前方部の短い帆立貝形をしている。一部の調査では、葺石と円筒埴輪があり、幅10mほどの周濠がめぐっていたようだが、埋葬施設などについては不明。現在は前方部とその周りの濠を修景整備している。墳丘は宮内庁が管理し、前方部の一部と周濠は堺市が管理している。

同じ陪塚でも「大仙公園内」にあると映画のワンシーンにも使えそうな……

守りたい系古墳No.1！宮内庁・堺市ダブル管理の美形。

⑨ 孫太夫山古墳《まごだゆうやまこふん》 世

3基並ぶ古墳の一番東側にある帆立貝形古墳だが、ここも当時最新の流行を取り入れたのかもしれない。江戸時代の庄屋で「南孫太夫」という人が所有していたことからこの名がついた。壊すことなく古墳を守ってくれた先達に感謝したい。

「宮内庁が後円部を陪塚と認定して管理していましたが、濠の部分を堺市が管轄し、さらに前方部が短くなっていたので、堺市が、少し

東側の後円部。拝所のすぐ南にあり、この美しい姿ゆえに主墳の一番近くに据えたのかもしれない

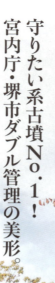

西側の前方部。ステージのような継ぎ足しが

足して整備しているんです」（橘さん）

えーと……どこの部分が誰のものか一瞬、よくわからなくなったが、確かにちょっと四角い部分に継ぎ足し感がなくもない。でも、そのちょっとおかしなフォルムといい、濠が浅くて、すぐ渡っていけそうな（ダメです）親密感といい、もし人間なら、「お、孫太夫さん。仕事のあと堺東でちょっと飲まへん?」と誘いたくなるような、〝仲間うち感〟が漂っている。なんとなく好きだなあと思える古墳である。

9.孫太夫山古墳 map P15 B-3

●帆立貝形古墳●墳丘長約65m、後円部径48m、後円部高約7.7m、前方部幅約30m●5世紀中頃●堺市堺区百舌鳥夕雲町2丁

仁徳陵の南に接する陪塚と考えられている。一部の調査では、葺石と円筒埴輪があり、幅10mほどの周濠がめぐっていたと思われるが埋葬施設などについては不明。現在は濠を再現して整備している。後円部は宮内庁が管理し、前方部と周濠は堺市が管理している。

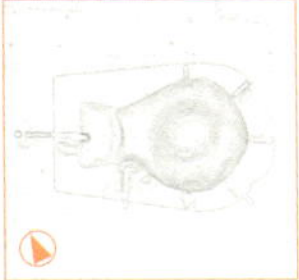

住宅に囲まれていない頃の広々とした姿が見たかった！

10 長塚古墳

ながつかこふん　世

JR百舌鳥駅のすぐ近く、阪和線沿い。フェンスがめぐらされていて入場不可だが、横にあった交番が移転したことで、墳丘がよく見えるようになった。「百舌鳥古墳群では11番目の大きさというちょっと大きめな前方後円墳なので、仁徳天皇陵古墳に距離は近いのですが、陪塚かどうか怪しいと思います。今は濠もないけれど、昔の写真を見るとそれらしきものも見えて、あったのかもしれません。古墳カレーで有名な「花茶碗」（P38）さんの辺りにも古墳があったそうですが、そのあたりのことも今はよくわかっていないですね」（橘さん）

特別の許可を得て墳丘に上がる。太古のまま

線路側から見ることしかできないため、見た目ではさほど大きな古墳とは感じないが、航空写真ではそのスケールがわかる。墳丘長106・4mと比較的大きめなので、埋葬施設があるとすれば、ある程度地位の高い人が眠っている可能性もある。

和歌山方面からJR阪和線に乗ると、百舌鳥駅に着く直前に車窓からこの景色が左手に見えます

仁徳天皇陵古墳と何らかの関係があるのか、ないのか、それは想像するほかない。古墳内には不思議なことに「仁徳天皇陵」と彫られた石碑が建っている。これもなぜだかよくわからないそうだが、仁徳天皇陵古墳と深い縁を感じさせる古墳だ。

10.長塚古墳　map P14 C-3

●前方後円墳●墳丘長約106.4m●後円部直径約59.4m、後円部高約9.2m、前方部幅約75.2m、前方部高約10.6m●5世紀中頃～後半●堺市堺区百舌鳥夕雲町2丁

前方部は西向き。墳丘は2段に築かれ、斜面には葺石があったと考えられる。もともとは周囲に濠がめぐっていたが、現在ではすべて埋没し、住宅地に。近年の調査で濠の範囲は、前方部の西側で幅約14mあったことがわかった。埋葬部の構造や副葬品の内容は不明。埴輪の形状・前方部の高さや幅が発達していることなどから、5世紀中頃～後半の築造とされる。

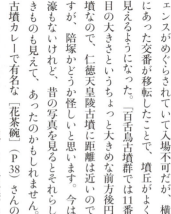

百舌鳥駅を西へ歩くと、まずはこの古墳がお出迎え。

11 収塚古墳《おさめづかこふん》 世

JR百舌鳥駅から仁徳天皇陵古墳に向かってすぐのところにあるこんもりとした築山風の古墳。中には入れないが、すぐ近くまで近寄って覗き込むことができる。一見、丸い円墳に見えるが、もともとは帆立貝形古墳だったそうだ。

「前方部は削られてしまっていますが、下にインターロッキングブロックで表示されているのが、前方部の跡です。これを見ると結構、大きな古墳だったようですね。仁徳の陪塚と考えられています」（橘さん）

なるほど古墳の周りにはブロックが敷き詰められてる四角いゾーンがあり、そこだけ色が変わっている。こんなところまで古墳だったのね。すぐ隣は公園、通りの東も南も住宅地。買い物帰りの人が歩いていたり、この一角にはなんとものどかな雰囲気が漂う。

発掘調査では、この古墳から貴重なものが出土している。円筒埴輪、朝顔形埴輪、さらに蓋《きぬがさ》形埴輪などなど。蓋とは天皇など貴人にかざす傘のことで、そういった形の埴輪の出土品があると聞けば、仁徳天皇陵古墳との関係が深いのかなと想像が膨らむ。

古墳グッズの店［もず庵］（P39）から見た全景。なくなった前方部は茶色で、濠は薄緑のブロックで表している

11.収塚古墳 map P14 C-3

●帆立貝形古墳●墳丘長59m●5世紀中頃●堺市堺区百舌鳥夕雲町2丁

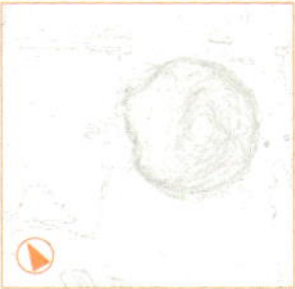

もとは前方部を西に向けていた。周囲を囲んでいた濠も埋没している。埋葬部の構造や副葬品は不明だが、以前に古墳の頂上部から鉄製のよろいの破片が採集されたらしい。近年、古墳の東側で調査が実施され、濠の位置が判明して、そこから埴輪が出土。埴輪や須恵器から5世紀中頃の築造と推定。仁徳天皇陵古墳の陪塚と考えられている。

スーパーの裏手、踏切そばでひっそり咲く野花のような。

12 鏡塚古墳

かがみづかこふん

仁徳天皇陵古墳側から、JR阪和線の小さな踏切を渡ったところにスーパーがあるが、その裏手にある小さな古墳。円墳だといわれているが、昭和4年（1929）に阪和線が開通した際にかなり削られてしまった。古墳の周囲が1m以上も埋められてしまっているそうで、実際より低く見えるのだという。

スーパーと踏切に挟まれ、買い物帰りの人がしょっちゅう通るし、墳丘に上ることもできるせいか、ちょっと人臭さを感じさせる。線路の東側は仁徳からは少し距離があり、例えていえば、クラスの二大派閥、仁徳陵グループにも百舌鳥八幡グループにも属してなくていつも一人でいる、寂しそうな生徒みたいな感じもする。

古墳表示がなければ丘のような芝生広場かと

天王寺からJR阪和線に乗ることがあれば、三国ヶ丘駅を過ぎて左手に小さな築山風のものが見えたら、「元気にしてる？」と優しく声をかけてあげよう……と、つい思わせる何かが、この古墳にはある。

12.鏡塚古墳 map P14 C-2

●円墳●直径26m●5世紀中頃●堺市北区百舌鳥赤畑町2丁

史跡指定地は商業施設内の緑地となっている。調査では周濠を検出したが、現在はこの施設内の駐車場に。周濠内からは転落した葺石や円筒埴輪・朝顔形埴輪が出土しており、これらの遺物から5世紀中頃の築造と考えられる。

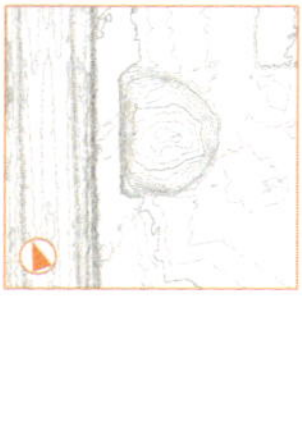

古代以前は宝の山でした。「見かけによらぬ」の代表か。

13 塚廻古墳

つかまわりこふん 世

仁徳天皇陵古墳の東側、天理教の敷地に隣接し、教会の庭の築山のように見えるため、知らないままだと通り過ぎてしまいそう。駐車場側から少しだけ墳丘が見えるが、ほとんど全容は見えない。

「発掘調査では、ここから硬玉《こうぎょく》やガラスなどで作られた玉類が数多く発見されています。古墳の造られた時期を考えると仁徳天皇陵古墳の陪塚の可能性が高いかもしれません」（橘さん）。ほう、大王の宝物をここにまとめて埋葬したのかもしれぬのだな。しかしこんな土地にぽこんと古墳があって、当時の高級な宝物（玉類）がザクザクと見つかっているって、ほんとに凄いことかもしれない。

電柱にもカタカナで「仁徳陵」と

ふと、ご近所さんの言葉が蘇る。「いっつも、そこにあるからねえ。」

仁徳陵の外周を逸れ、北側の駐車場から撮影

有り難みがよくわからへんのよ」。最初は「なんともったいない！」と少々憤慨していたけれど、リアルに古墳が身近にありすぎる暮らしだと、そんなものかもしれない。そう、スターの幼な馴染とか、同級生のような感じ。しかし、このスター。墳丘のかたちもはっきりしないし、雑木林のようになっているし、あまりパッとしない。でも埋蔵物はピカイチ。まさしく見かけによらぬとはこのことである。

13.塚廻古墳 map P14 C-2
●円墳●直径約32m、高さ約5m●5世紀中頃●堺市堺区百舌鳥夕雲町1丁

帆立貝形古墳であるとの説もあったが、最近の調査で墳丘の西・南・東側で周濠を確認し、円墳であった可能性が高くなっている。濠からは埴輪が出土。明治45年（1912）に埋葬部の発掘調査が行われた。木棺からは銅鏡2面、刀剣とともに、勾玉・管（くだ）玉・棗（なつめ）玉・臼玉などの大量の玉類が出土した。遺物や埴輪から仁徳天皇陵古墳と同じ5世紀中頃の築造と考えられており、仁徳と同時期で、3重濠と接する位置にあることから、仁徳天皇陵古墳の陪塚とされている。

絶妙な曲線を描く道沿い、セレブ住宅街の中に佇む。

14 源右衛門山古墳《げんえもんやまこふん》 世

南から北へ、三国ヶ丘駅に近づくにつれて周遊路が細くなり、丸いカーブを描くが、そのカーブに沿って小さな円墳がある。周りは何軒か洒落たお家、住宅のすぐ向こうは仁徳の森が。ということはこの辺りの何軒かは、古墳に至近距離でサンドされているということ。前を向いても後ろを向いても古墳!!という環境。

古墳を見ながら試験勉強、古墳を見ながら朝のコーヒー……古墳好きからすれば、なんとも羨ましい。「調査で埴輪や葺石は見つかっているのですが、埋葬施設がどうなっているかはわかりません。陪塚の一つということにはなっています」（橘さん）

現在、濠は埋め立てられているが、周遊路に描かれている色違いのラインを辿ると、濠の形や大きさがなんとなく見えてくる。古墳の存在と住宅のバランスがとても感じが良くて、古墳時代と現代が一つになっている暮らしの、素敵なかたちがこの辺りには醸成されている。瀟洒なおうちの誰かと仲良くなって、古墳を見ながらお茶をいただきたいなあ、などと妄想だけは広がる。

クルマも自転車もよく通るので気をつけて

14.源右衛門山古墳
map P15 B-1
●円墳●直径34m●5世紀前半●堺市堺区向陵西町

仁徳天皇陵古墳の外周にあり、陪塚として宮内庁が管理。

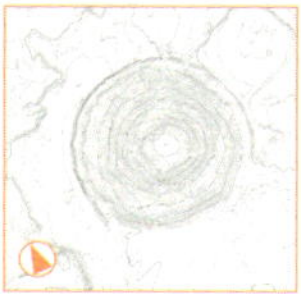

人を寄せ付けぬガードの固さは百舌鳥古墳群のツートップ!?

15 大安寺山古墳《だいあんじやまこふん》 世

16 茶山古墳《ちゃやまこふん》 世

大安寺山古墳は、仁徳天皇陵古墳の濠の中にあり、外観はほとんど見えない。森が突き出しているようにも感じるが、外からではわかりにくい。もしや?と期待して近くの陸橋の上から覗いたが、ただのモリモリとした森、だった。

茶山古墳も同じく、濠の中にあって、これもそのかたちはよくわからない。地図で見ると、その存在はハッキリとわかるのだが……。

地図上では、仁徳天皇陵古墳に組み込まれている球状のものがぽこぽこと膨らんで、卵か何かが膜を突き破って出てきそうな感じにも見える。理科の細胞分裂か何かの説明図にこんなのがあったな。

両方とも円墳で、仁徳天皇陵古墳の陪塚と考えられている。なんとかその姿を拝みたいものだが、すくすくニョキニョキ育った木々のガードは、なかなか手強いのである。

近くで見ると円墳であるとはわかりにくいし、仁徳天皇陵古墳本体との区別もつきにくい大安寺山古墳

16.茶山古墳 map P15 A-1

●円墳●径56m●高さ9.3m●5世紀●堺市堺区大仙町

仁徳天皇陵古墳の後円部外側、第2堤上から三重濠に張り出す円墳。秀吉が狩りをした時の陵上の仮居宅跡を「茶屋山」と呼んだという『堺鑑(さかいかがみ)』の記事に由来して呼ばれている。

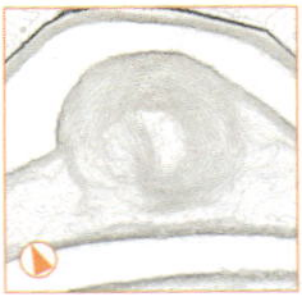

15.大安寺山古墳 map P15 B-1

●円墳●径62m、高さ9.7m●5世紀●堺市堺区大仙町

仁徳天皇陵古墳の後円部外側の第2堤上から三重濠に張り出している円墳。古墳名は、古くはこのあたりが大安寺の所有地だったことに由来している。また別名「寺山」と呼ばれていたという。

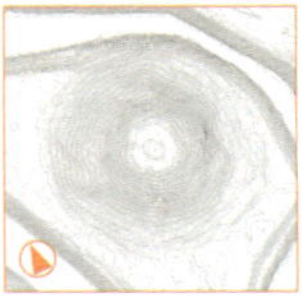

国道310号線の歩道橋から茶山古墳の全景が

どこからも離れていて〝唐突に現れる〟ふしぎ古墳。

17 坊主山古墳《ぼうずやまこふん》

JR阪和線の東側、鏡塚古墳よりさらに東へ行った住宅地に入り込んだあたりに、ポツンとある。いきなりである。「仁徳天皇陵古墳の陪塚といわれる円墳ですが、陪塚にしては距離が遠すぎると思います」（橘さん）

公園でもなく、空き地でもないところに、しかも家々にこんなに近いところに、ググッとせり出す墳丘は、どう見ても自然の丘ではない。1600年も前の人の手が入った「築造物」の匂いがする。

「宮内庁」のプレートがなければ誰も古墳だとは思わないかも……

17.坊主山古墳 map P14 C-2
●円墳●径40m●一辺10m前後、高さ2.8m●築造時期不明●堺市堺区百舌鳥赤畑町2丁

仁徳天皇陵古墳の東260mに位置する円墳だったと推定。現在は一辺10m前後、高さ2.8m程の三角形状の墳丘が残るのみで、かなり、古い段階に大規模に削られてしまったと考えられている。

古墳と一緒に、この名所

超巨大古墳を斜め上から眺める、憩いの青空天井。

みくにん広場《みくにんひろば》

仁徳天皇陵古墳の周辺をめぐると、小さな古墳はその形がわかりやすくて「見た！」という達成感があるのだが、肝心のメガ古墳はこんなに近くまで来ているのに、どうしても手が届かない〝遠い人〟に感じてしまう。

そのフラストレーションを少しでも解消できるのがJR・南海三国ヶ丘駅の屋上公園の「みくにん広場」だ。展望フロアに上ると、季節の木や花が植えられた憩いの場に。そして、なんと眺望デッキからは仁徳天皇陵古墳の姿を至近距離で眺められる。「あー、あのマンションの上からだったら、仁徳陵が見えるだろうなあ」というジェラシーが、ここにくれば少しは解消できると思う。

この「みくにん広場」の名前は、一般公募の結果、堺市在住の小学生のアイデアが採用された。三国ヶ丘の「みくに」と仁徳天皇陵古墳の「にん」を合わせたものだとか。なかなかセンスが良い。鉄ちゃんならトレインビュースポットから日がな一日、電車を眺めることができるし、古墳好きなら仁徳陵を好きなだけ、眺められる。

夕暮れどき、日の入りに伴って刻々と空の色が変化し、だんだんと古墳がシルエットのように浮かび上がる風景は、格別美しかった。

ガラス越しに巨大な墳丘とご対面

みくにん広場 map P14 B-1
●堺市堺区向陵中町2-7-1
三国ヶ丘駅屋上（入場無料）
9:00～18:00　年末年始休

ステーキの店 徳庵

「海辺の保養地の料亭」が「世界一の古墳横レストラン」に。

仁徳天皇陵古墳の外周には憩えるような場所がほとんどない状態だったが、２０１７年の秋、かつての料亭［丸三楼 雪陵庵］がステーキレストランとして生まれ変わった。

［丸三楼］は安政2年（１８５５）年創業。戦前まで関西屈指の海のリゾートであった堺・大浜海岸にあった。有名な旧堺燈台は明治10年（１８７７）の築造なので、こちらのほうが長い。その後、堺泉北臨海工業地帯の造成で大浜海岸が埋め立てられ、昭和43年（１９６８）に現在地に移設。御陵わきの料亭として近年まで接待の場所に使われていたが、有名な焼肉の専門店が運営して、再スタート。

売りはくわ焼きのステーキ。ジュ～といい音とたまらん匂いをさせながらやって来る。昔はこうやって鍬で焼いていたんだな。もっと昔はこんな鉄製品があったお蔭で仁徳天皇陵古墳が築造できたのか……などと、この地ならではの想像をめぐらせてお昼を楽しもう。5人以上で予約すれば2階の個室でいただけます。仁徳陵の墳丘を見ながらのランチは圧巻ですぞ。

1.お昼のステーキコース（3,000円・税別）から。何品かの後でメインが登場。牛肉と、ガーリックチキンまたは高原ポークのどちらかを選べる　2.P17の左上写真にある美しい濠を眺め、180度振り向いたら堂々たる店構えが目の前に　3.2階の個室から。「大きな山だな」と思ったら仁徳さんの墳丘でした。唖然　4.見事な庭の見える1階でいただく。2人なら庭向きの並び席も

ステーキの店
徳庵
map P15 A-2
●堺市堺区
北丸保園3-10
✆072-238-5688
11:30～13:30（L.O.）
17:30～21:00（L.O.）
不定休

創作イタリアン 丹Tan治ji

地元の人はよく知っている
魚介類も空間もたまらない店を。

明治33年（1900）に竣工した「丹治煉瓦製造所」の事務所棟をそのまま使ったイタリア料理店。明治期に煉瓦の製造が盛んであった堺の記憶を引き継いだ、美しい赤茶色の外観が目を引く。店内は煉瓦と木の組み合わせが、深く暖かな色合いを生み出し、レトロな雰囲気と格別のくつろぎ感を醸し出している。平成30年の11月には「旧丹治商会、社屋・門及び煉瓦塀」が国の有形文化財に登録（堺市内で18番目）された。

料理を提供するのは、大阪や和歌山の有名ホテルのダイニングでシェフを勤めてきた上野善伸さん。大阪や和歌山の魚介や肉、阪南の自家菜園や地元・堺の新鮮な野菜をセンス良く使ったイタリア料理。軽やかなテイストながらボリュームがあって、ランチもディナーもしっかりといただける。人気のランチは、ドルチェセット2000円。前菜、3種類から選ぶパスタ、ドルチェ、ドリンクまで。

古墳めぐりの合間にここまで足を延ばし、美しい煉瓦の癒し空間でちょっと洒落たランチとティータイムもなかなかオツである。

1.かつての環濠（現・国道26号線）がすぐ。越えれば南宗寺などの旧市街　2.お昼の有形文化財登録記念コース（5,000円）より。ステーキは煉瓦のイメージ　3.［茶寮 つぼ市製茶本舗］（P223）の抹茶で作った古墳見立てのテリーヌ（600円）。コースでは締めに　4.近くに大正13年（1924）の「仁徳天皇陵古墳参拝道」の石標が

丹Tan治ji
map P13
●堺市堺区永代町1-1-13
072-370-6979
ランチ11:30～14:00（L.O.）
ティー14:00～17:00（L.O.）
ディナー18:00～21:00（L.O.）
水曜休

お食事処 花茶碗

古墳愛に満ちた、女将自慢の古墳カレーで超絶満腹！

扉を開くと3人ぐらいが座れる小さなテーブル席。奥は小上がりになっていて、思わず「ただいま」と言いそうになる。続いて「お母さん、今日のご飯なに？」と聞きたくなるような温かな笑顔で、店主の中屋麗子さんが迎えてくれる。

長らくこの地に暮らしてきた中屋さんは、自ら「堺百舌鳥歴史探検隊」の会長やNPO「百舌鳥・古市古墳群を世界遺産にしよう会」の理事を務めるほど古墳愛が強く、それが高じて作ってしまったのが、古墳カレーだ。自作の陶器型にライスを詰めて前方後円墳を作り、お濠に見立てたカレーを周りに流し込む。「古墳カレー」「古墳カレースパ」「古墳ハンバーグカレー」「古墳オムカレー」などがあるが、なかでも人気は1日2食限定の「古墳の森カレー（1000円）」。ブロッコリーをライスにどんどこ盛り付けた姿は圧巻。

　スコップ型のスプーンとフォークを添えて、古墳感がさらに盛り上がる。最初甘みがあって、後でピリっとくるスパイシーなカレーは、地元のイチジクやリンゴ、蜂蜜がたっぷり溶け込んでいるコク旨系。お好みで激辛タイプも。

2

1

3

4

1.「お待ちどうさま」古墳の森カレーと中屋さん　2.古墳カレー1,000円。ハート型の半熟玉子は堺の人たちの愛、あったかな心を表しているそう。まさに、食べる仁徳陵　3.お店の横から長塚古墳（P30）の墳丘も見える。大仙公園もここからすぐ　4.これで何千人の古墳好きを癒やしてきたか。店主自作の「古墳カレーの型」

花茶碗
map P14 C-3
●堺市堺区百舌鳥夕雲町2丁265
✆072-244-8725
11:00〜19:00
不定休
※5名様以上は要予約

もず庵

コーフンが抑えきれなくなる
文字通り、古墳グッズの聖地。

仁徳天皇陵古墳の拝所近く、小さなプレハブの外観だが、その中身は相当濃い。まさに、古墳愛に満ち満ちた場所。あらゆる古墳の雑貨でぎっしりで、もう何から紹介したらいいのやらである。

古墳クッションや古墳エコバッグ、古墳手ぬぐい、古墳アクセサリー、ノートやシールなどの古墳文具はもちろんのこと、古墳マカロンや古墳こんにゃくなどのスイーツや食べ物も非常に（異常に）

1.前方後円墳のクッションをはじめ、左右からいろんな古墳アイコンが飛び込んでくる　2.御陵通沿いにかわいらしい外観が。奥は収塚古墳（P31）　3.忙しくて古墳散策に行けない人にスナゴケを。2,000円　4.おでんに入れたら楽しい古墳こんにゃく280円

充実。なんと、「スナゴケ古墳」なる観賞用の古墳型のコケまで売っているではないか!?

いやはや、レアすぎて、楽しすぎて、目移りしすぎて、いつの間にか両手いっぱいのグッズを抱えて、にっちもさっちもいかなくなりそうな、古墳マニアには非常に危険なゾーンである。

堺名物のお茶菓子なども販売しているので、古墳めぐりに来たのなら、ぜひお土産をゲットしに、ここに立ち寄るべし。あとはもう何も言うまい、語るまい。

もず庵
map P14 C-3
●堺市堺区百舌鳥夕雲町2丁150-4
大仙公園内 収塚古墳広場
☎072-350-5899
10:00〜17:00
無休

一休

何を食べても何を飲んでも
ハナマルで幸せになれる名店。

仁徳天皇陵古墳から歩いていける一角に、夕暮れは温かな灯がぽぉっと灯る。昭和な香り漂ってきて、迷わず暖簾をくぐると、これぞ正しい居酒屋！という空気が満ち満ちている。

平成元年（１９８９）、辻敬一さん・薫さん夫妻が開いた店はカウンター16席のみ。ぎっしり書かれた品書きは迷うほどだが、その迷うこと自体も楽しくて仕方ない。

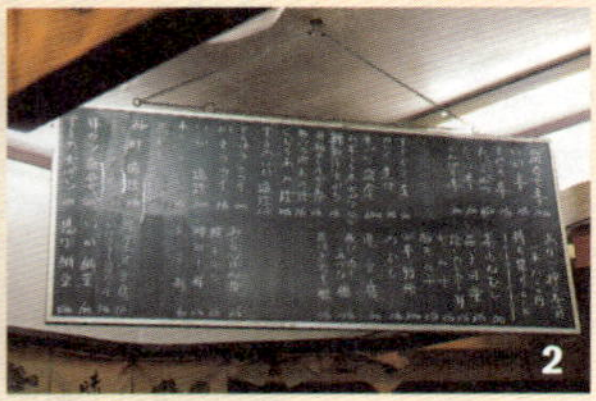

1.とろけるだし巻き（400円）の味に脱帽です　2.黒板がくるくる回って全方位的にお客が品書きを見られる　3.初めての客でもユルくさせてくれる辻敬一さん・薫さん夫妻。Vプレミアリーグ・堺ブレイザーズの選手も来店　4.いか塩焼（700円）に早くもヤラれました　5.あじなんばん漬（450円）。酒が進んで仕方ありませんでした　6.豚バラ肉とみずな鍋（1,350円）は体が冷えた時にはぜひ

熱々のだし巻きにいか塩焼、豚バラ肉みずな鍋と、どれもこれも「ンまい！」。それに惹き込まれて、生中で乾杯の後はチューハイに熱燗に、どんどこイケてしまう。お造りをアテに、小さな籠の中から好みの盃を選んで、キュッと熱燗を飲む時のうれしさときたら！

旨くて安くてあったかで、一人で幸せそうに飲んでいるおじさんもいれば、山手あたりの上品そうなマダムたちが乾杯していたり、シュッとしたお姉さんが鯨の網焼きをがっつり食べていたり。飲んで、食べて、喋って、この世はいうこともなし。地元の人たちに交じって飲んでいると、アウェー感なぞ皆無。優しき堺の〝ホーム〟で飲む幸せにどっぷり浸らせてもらいました。おおきに。

一休
map P14 C-1
●堺市北区百舌鳥赤畑町1-8-4
☎072-252-8814
11:30～13:30
17:00～21:30（L.O.）
日曜休
（祝日は夜のみ営業）

古墳はそもそも、何のために造られた？

古墳とはすなわち「墓」。墓ではあるがかなり巨大で、私たちがお墓参りに行くあの墓とは、なんというか全く違う感覚がある。

弥生時代の後期ごろから、数百、数千人の力を集結して墳墓が造られるようになった。この頃が日本の古代国家の黎明期。力を持ち始めた支配層が土を高く盛り上げた墓を造らせるようになっていた。

大阪湾から陸に近づくと、キラキラ光る巨大な丘が出現！

権力ファミリーの「人民支配装置」。

4、5世紀になると、大和（奈良県）や河内（大阪府）に強い支配権を持つ勢力が現れ、国の統一が進んだ。古墳時代は、日本が「国」として形成されるまでの過渡期であり、一定のルールのもとで巨大な墳墓を造ることは、支配者の財力や権力など〝力〟を誇示する方法でもあった。

身分が高い者ほど大きな古墳を築造し、そこに埋葬された。巨大古墳のピークは5世紀中頃で、ちょうど百舌鳥・古市古墳群の多くが築かれた頃にあたる。大王のほとんどは大型の前方後円墳の「後円部」に埋葬されたと考えられている。四角い前方部や「造り出し」と言われるスペースでは、さまざまな儀式が執り行われたといわれる。それらを司るのは権力者の後継者で、首長権継承の儀礼だったとも考えられる。

「この人物があとを継ぎますよ。この人は、こんなに大きな古墳を造ることができる、非常に力のある優れた人物ですよ、逆らっちゃダメですよ」というメッセージがそこにはあったはずだ。後継者の権力を誇示し、下々までその存在を認めさせること。それが一族の繁栄と安泰につながっていったのだ。力を示すには、古墳はうってつけの証となったに違いない。

対外的効果満点の「どや築造物」。

もう一つ大切なのが、対外国に対しての力の誇示だった。古墳時代にはすでにアジアとの交易があったといわれており、朝鮮半島などからの使節団が倭（ワ）の国へと送り込まれることもあったそうだ。百舌鳥や古市は上陸地点であったため、多くの古墳が「見せる」ことをかなり意識して造られた。全国の古墳でも、山や丘の上に造られたものが多い。自分たちが統べていたムラを見渡せるように、また、多くの人から見えるように考えていたのかもしれない。

古墳には東西、南北と中心線の向きが異なるものがあるが、方向の違い自体に深い意味はなく、おそらく尾根の方向に合わせ、通常は築造しやすい場所を選んだのではないか。大きく高く、斜面には薄灰色の石を葺き、テラスに埴輪がずら一っと並んでいる姿は、得も言われぬ迫力があったはずだ。

百舌鳥古墳群

大仙公園エリア

Daisen Park Area

「古墳」と「行楽」がセットになった、楽園のようなパーク。

お弁当を持って古墳散策しても、食べられる場所がないのが普通だったが、ここはベンチや芝生広場が点在していて、よりどりみどり。古墳のことをもう少し知りたくなったら博物館や図書館に入ろう。とくに堺市博物館の「仁徳天皇陵古墳VRツアー」は大迫力だ。

日本庭園内の名所、石津渓(いしづけい)秋の風景

秋にはこんなに美しく彩られる

大仙公園～キラリと光る多彩な個性。小さな古墳の詰め合わせ。

大仙公園は一見、よくある広大な公立の都市公園だが、実は古墳の宝庫。家族連れがピクニックに来ていたり、シニア世代がゆっくり散策をしていたり、ごく普通の公園ですよ、というムードを醸していても、やはり百舌鳥古墳群の中心部にふさわしい匂いがする。

散策途中に次々と古墳が！

前述したが、公園北側には仁徳天皇陵古墳（P16）の陪塚といわれる狐山古墳（P26）、竜佐山古墳（P26）、孫太夫山古墳（P28）が三つ仲良く並ぶ。この界隈は芝生が広がり、お洒落なベンチなどもあったりして、古墳散策とゆったり憩いの両方が満喫できるのだ。

仁徳陵と平和の塔を結ぶ通り。秋には銀杏が

さらに大芝生広場を南へ行くと、グワショウ坊古墳（左頁）や旗塚古墳（P46）があり、その先に履中《りちゅう》天皇陵古墳（P56）が見えてくる。公園の外側になるが、銭塚古墳（P48）や東上野芝町1号墳（同）も近い。

公園の南側、履中天皇陵古墳に近いエリアには、履中天皇陵の陪塚と言われる寺山南山古墳（P60）と七観音古墳（P61）、今は古墳跡の展望台になっている七観山古墳があり、七観山のてっぺんからは履中陵の後円部が広々と見晴らせる。さらに、ここには百舌鳥古墳群の名ナビゲーター、橘泉さんの本拠地、堺市博物館（P50）がある。古墳を見る、知る、学ぶ、そして古墳に触れる、まさに古墳の総合体験ミュージアムだ。

「百舌鳥耳原」の由来は？

堺市博物館の近くには、仁徳天皇像がある。仁徳天皇と「百舌鳥」という地名はとても縁が深い。天皇がこの地に行幸したとき、突然野原から鹿が走り出て来て、倒れて死んでしまった。するとその耳からモズが飛び去ったことから、「百舌鳥耳原《みみはら》」と名付けられたのがはじまりなのだとか。

なぜ鹿の耳からモズが飛び出すのか？　それはさておき、この逸話にちなんで彫像には鹿とモズも一緒に並んでいる。もちろん、天皇のお顔などは作家のイメージで創られたものだが、なかなか素敵な像で、勝手妄想もいろいろと広がりやすい。ひっそりと佇んでいるので、ぜひ探してみてほしい。

仁徳天皇は長身のジェントルマンだったのかな？

名前こそユーモラスだけど最先端土木技術が随所に。

18 グワショウ坊古墳《ぐわしょうぼうこふん》

名前がなんとも印象深い。臥床坊？　賀庄坊？　とにかく変わった名前のお坊さんがこのあたりに草庵を結んでいたのだろうか？

地図で見たとおり、円墳のアールがくっきり残る。晩秋でも緑がこのとおり

それはさておき、この古墳は、直径が60mという、かなり大きな円墳である。墳丘自体はかなり崩れているそうだが、発掘調査で、墳丘の盛り土の積み方が非常に面白いことがわかったという。

「盛り土の断面が褐色と濃い灰色の交互に並んでいて、ウロコ模様に見えるんです。異なる地層が重なったところを塊で掘り出して、天地逆さに積み上げることで、強度を持たせたのでは、といわれています。灰色の土が水分を含んだ柔らかい性質で、それが下の乾いた土との接着剤のような働きをして、強度を高めたのではないかといわれています」（橘さん）

古墳を築造した土師《はじ》氏などの技術者集団は、古墳だけでなく、埴輪や土師器など陶芸のプロでもあったと聞く。そのプロ集団の中で、土木建築に秀でた者が、こういった高水準の土木法を考え出したのだろう。

文字資料もなく、どんな言語で話していたかもわからないが、どの時代にも天才や秀才はいるものだ。才能あるものがそれをいかんなく発揮し、また職人肌で仕事をする者はコツコツと忠実に手仕事を重ね、それぞれが失敗と成功を積み重ねて、古墳の一つひとつ、埴輪の一つひとつが出来上がったのだ。

1600年後の21世紀の人間が、自分たちの仕事を見ることがあるなんて、彼らの誰が予想しただろうか。崩れているとはいえ、そこにしっかりと残る墳丘に、匠の技の原点を垣間見た気がした。

18.グワショウ坊古墳　map P43 B-2

●円墳●直径61m●5世紀後半●堺市堺区百舌鳥夕雲町3丁

卵形の円墳で、墳丘は2段築成と考えられている。周囲には濠（ほり）がめぐり、葺石と埴輪が出土したが、主体部の構造や副葬品は不明。円墳で直径が約61mという大きさは、仁徳天皇陵古墳の陪塚とされている直径約62mの大安寺山古墳に次ぐ大きさで、全国的にも有数の規模を誇る。調査で墳丘には「天地返し」とも呼ばれる鱗状層序（うろこじょうそうじょ）による盛土を採用していることが判明。原位置を留めない円筒埴輪、形象埴輪、須恵器、ミニチュア鉄鍬（くわ）が出土。

「入っていいんですか？」と念押しして墳丘初体験。

19 旗塚古墳

はたづかこふん 世

恐る恐る足を踏み入れる。パキポキという枯れ枝を踏みしめる音。おお、古墳の中に入っているではないか!? 取材陣が初めて足を踏み入れた記念すべき古墳が、百舌鳥古墳群の中でも数少ない、登れる墳丘の一つ。「おおっ」「うおっ」となぜだか、誰もが感動をかみしめるように、小さく唸っている。

思った以上に、木々が鬱蒼と茂り、陽の光を遮っていてなんだか薄暗い。さっきまでの明るい景色がガラリと変わって、なんだろう、外から見るより、ずっと広さと奥深さを感じる。一人きりだとちょっと不安になってしまいそうだ。

橘さんにくっつくようについて行くが、ご本人は涼しい顔で説明する。

「ここは帆立貝形古墳ではないかといわれています。古墳の造り出しは通常は、前方部と後円部の間にくっつくように造られるのですが、この古墳の造り出しは後円部の丸い方にくっついているのが非常に珍しくて特徴的なんです」

発掘調査では、この造り出しの近辺で家形や盾形、草摺形、鶏形など、多種類の埴輪が出土した。このことから、古墳には多彩なバリエーションの埴輪がずらりと並んでいたと想像できるそうだ。

初体験の墳丘。外は快晴なのにご覧のとおり

それだけの種類の埴輪を並べるとなると、葬儀費用に換算すれば（しなくてもいいが）装飾などの経費としては最高クラスの費用がかかったのではないか。被葬者がいるとすれば、大型の前方後円墳に眠る人々と同じように、高い地位にあった人物と考えられなくもない。天皇陵の「陪塚」ではなく、「独立古墳」かもしれないと考えるのも、なかなか興味をそそる。ここに眠っているのは一体、どんな人なんだろう？ 人のお墓の上を歩いているくせに、そんなことを考えながらうろついていると、「あれ、出るところを間違えちゃった（笑）」と橘さん。彼女について、皆でゾロゾ

前方部（西側）から。中に入るとこの規模でも広い！と感じたので、仁徳陵クラスならどうなるのか……

ロと歩いていたのだが、入ってきた場所と全く違うところに出てしまった。

そんなに大きな古墳でもないし、すぐ横に公園の周遊路も見えているのだが、木々が覆い茂って、ぐるりが同じような景色に見えてしまうせいかもしれない。古墳のプロでさえちょっと迷ってしまうとは!? 富士の樹海のような謎の「気」、謎のパワーが古墳には満ちているのかもしれない。墳丘から出ると、異次元から明るい世界に突然戻ってきたような気分になって、ちょっぴりホッとした。

※現在は墳丘保護のため入場不可

19.旗塚古墳　map P43 B-3

●帆立貝形古墳●墳丘長57.9m●後円部直径約41.5m、前方部幅24.7m●5世紀中頃●堺市堺区百舌鳥夕雲町3丁

グワショウ坊古墳の西側。2段築成で、くびれ部後円部寄りのところに、約12.5m幅で外方へ約3m張り出す造り出しを持っている。濠は盾形にめぐっており、周囲に葺石と埴輪列を備えた幅3.4mの堤がある可能性が高いといわれている。主体部の構造や副葬品の内容は不明だが、出土した円筒埴輪と石見（いわみ）型埴輪から、5世紀中頃の築造と考えられる。

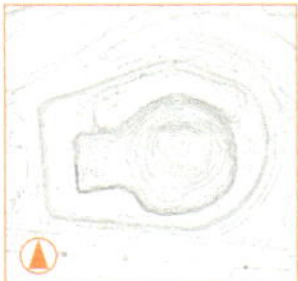

学校とともにある古墳ってなんだか和みますね。

20 銭塚古墳
ぜにづかこふん 世

大阪府立堺支援学校の敷地内にある古墳で、見た目は円墳に見えるが、帆立貝形古墳だという。生徒さんにとっては校庭の築山のような存在かもしれないけれど。

そういえば、橘さんから聞いた古墳で、江戸時代の『舳松《へのまつ》領絵図』に記述があるが、今は消滅してしまっている榎《えのき》古墳というのがあったことを思い出した。現在の堺市立榎小学校のあたりに存在したという前方後円墳だが、今は一切の痕跡を留めていないそうだ。開発と保存というのは、いつの時代も難しいせめぎ合いがあるのだろうけれど、こうやって古墳が残されていて、毎日出迎え、送り出してくれる学校って、有り難いなと思う。遠くからしか見ることができないのがまた、印象深い古墳だ。

JR阪和線に沿った道から。オアシスの如し

20.銭塚古墳 map P42 C-3

●帆立貝形古墳●墳丘長約72m、後円部径約54m、前方部幅約44m●5世紀●堺市堺区東上野芝町1丁

グワショウ坊古墳の南約100m、短い前方部が西に向いている。前方部が削られているために、現状では円墳のような形になっているが、昭和56～57年と平成19年に大阪府教育委員会の行った調査で、全体の規模が確認され、周濠がめぐっていたことがわかった。濠の中からは円筒埴輪などが出土した。大阪府が管理。

「ワンルーム、美築、駅近」の古墳とでも言おうか……。

21 東上野芝町1号墳
ひがしうえのしばちょういちごうふん

「え、ここ!?」。橘さんに何度も確認してしまったのがこの古墳。銭塚古墳がある支援学校から線路沿いに少し南へ行ったところに、六畳一間で1DKぐらいの大きさにしか思えない（実際はもっと大きいと思うが）古墳があるのだ。道路の三角地帯にあって、一応「円墳」らしいがほとんどそうは見えず、小さいけれど、目立たぬけれど、でも立派な古墳なのである。

「結界」があるため古墳とはわかるが…

名前もなんだか味気ないし、調査も行われず、ほとんど実態はわかっていないのだが、よくぞ潰されずに残ってくれたものよ。小さいけれど、健気に頑張る古墳なのである。

21.東上野芝1号墳
map P42 C-3

●円墳●長さ、築造時期不明●堺市堺区東上野芝町1丁

古墳と一緒に、この名所

ひと昔前までの古墳は、ファミリーの憩いの丘に。

原山古墳跡《はらやまこふんあと》 鳶塚古墳跡《とびづかこふんあと》

原山古墳跡。大仙公園にはこのような丘が多い。近くに行くと表示板もあった

グワショウ坊古墳（P45）と長塚古墳（P30）のちょうど間に並んでいた小さな古墳、それが鳶塚古墳と原山古墳である。昭和30年頃の写真を見ると、辺り一帯が田んぼで、この二つの古墳もよく見える。残念ながら両方とも土取り工事のために失われてしまった。

原山古墳は、この工事の際に行われた調査（古墳を潰すと同時に行う、束の間のせつない調査）で、埴輪と葺石、さらに鉄鏃《てつぞく》（やじり）73本と鉄斧、土師器などが見つかった。

鳶塚古墳は、土取り工事の時は調査が行われなかったが、平成10年（1998）の調査で古墳の周りをめぐる濠の跡が見つかり、その形から原山と同様に円墳であることがわかった。この濠の跡から多くの埴輪が出土したが、とくに墳丘の南側から家形埴輪の破片がまとまって見つかり、家の形にほぼ復元できたという。

大仙公園を整備する時に、原山古墳のあった場所には、古墳をイメージする芝山が築かれ、鳶塚古墳があった場所には木々が植えられて、小高い丘の樹林地となっている。

原山古墳では子連れのグループがピクニックをしているし、鳶塚には鳶ならぬカラスが何羽もいて、人間のことなど素知らぬ顔で、木の実か何かをつまんでいる。大仙公園らしいのどかな光景が広がっていた。

鳶塚古墳跡。小さいけれど墳丘が盛り上がる

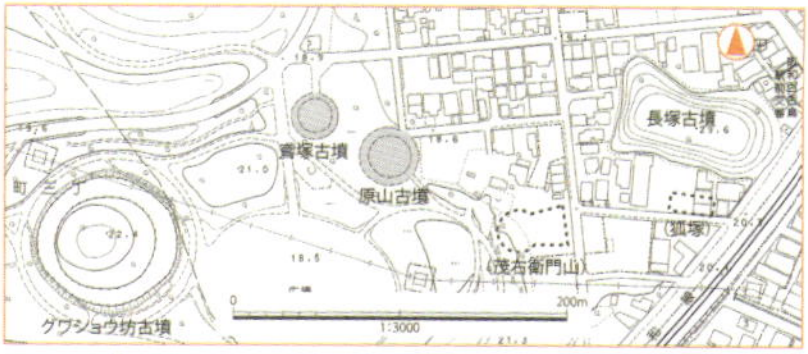

大仙公園内の位置関係。他にも二つの古墳が消滅した

原山古墳 map P42 C-2

●円墳●直径約25m●5世紀中頃

鳶塚古墳、茂右衛門山古墳とともに小さな谷筋に沿った台地の縁に一列に並んで築かれ、陪塚ではなく、独立墳と考えられている。

鳶塚古墳 map P43 B-2

●円墳●直径約21m●5世紀中頃～後半

原山古墳の北西約30mのところにあった小型の古墳。墳丘のほぼ中央で、土師器の甕や大小の壺、高杯などの破片を含む窪みが発見されている。この窪みの意味や目的が明らかになっていないが、なにがしかの祭祀が執り行われた可能性もある。

古墳と一緒に、この名所

古墳好きは外しちゃならない！見て触れて、〝飛んで〟いける聖地。

堺市博物館《さかいしはくぶつかん》

今回の古墳ナビゲーター・橘泉さんが学芸員を務める博物館。ここは、歴史、美術、考古、民俗などの資料を展示し、堺の歴史と文化を一目瞭然に理解できる。

明治5年（1872）に仁徳天皇陵古墳から出土した甲冑（復元）。銅に金メッキした大王仕様

約1330㎡の展示室には、古代・中世・近世・近代のコーナーに分けて歴史の流れを紹介しているが、何と言っても古墳関連の企画展示は見応えあり。古墳に関しては日本有数のミュージアムだ。1980年開館。

無料なのにレベル高すぎ、古墳シアターは必見！

入り口を入ってすぐのところのシアターからまず見てほしい。

シアター内には、約200インチの大型スクリーンが設置されている。ここで高精細のCGを使ったVR（ヴァーチャル・リアリティ）作品を上映するのだが、この映像が素晴らしくリアルで、生き生きとして、その上に美しいのだ。じつに迫力ある映像で、世界最大級の墳墓・仁徳天皇陵をはじめ、百舌鳥古墳群の雄大さ、その歴史の壮大さを体感できる。

上映作品は2種類、交互に上映される。一つは『百舌鳥古墳群―時を超えて―』。百舌鳥と古市古墳群のレーザー測量データや、空中撮影写真・動画などをもとに制作した作品で、VR技術により、実際に百舌鳥古墳群の上空を飛んでいるように感じられる。また、さまざまな古墳の研究成果をもとに推定・復元した築造当時の仁徳天皇陵の姿を見ることができる。

もう一つは、『百舌鳥・古市古墳群―未来へ伝える人類の遺産―』。百舌鳥と古市の両古墳群では、交互に大型の前方後円墳が築かれたが、それを俯瞰《ふかん》で見ることで、二つの古墳群が、一体的に築造されていった歴史や古墳群築造時の姿の復元などを紹介している。

何もない平野に、突如として現れる巨大古墳群。上から、下から視点を変えて、これでもかというくらい古墳の姿を見せつけてくれるが、改めて古墳の凄さを思い知らされる。こんな巨大な、壮大なものを古代の人はいかに造ることができたのか。美しい映像に、うっとりと古墳時代に引き込まれ、見るほどに、ただただ、凄い！という言葉しか出てこない。

つるんとした白い葺石、ずらりと並ぶ赤い埴輪の列は、一種異様で、気味が悪いほどの威圧感があるが、今の緑に覆われた癒し系の古墳の姿とは打って変わった、当時の姿をぜひ見てほしい。

犬の埴輪や円筒埴輪（いずれも百舌鳥梅町）。小型というがデカい

仁徳天皇陵古墳前方部にあった石棺（復元模型）。重量約15t

女子頭部埴輪も仁徳天皇陵古墳から（宮内庁書陵部所蔵）

VRより。築造時は埴輪が真紅に塗られていた!

自分がドローンになって古墳上空を体感できる施設も。

さらにこのシアターで感動しているだけでは甘い。新たにVR技術で、百舌鳥古墳群を上空から眺めることができる「仁徳天皇陵古墳VRツアー」がスタートし、館内特設コーナーで実施している（別途料金）。

ドキドキしながら席に座ると、ヘッドマウントディスプレイを装着させられる。これがまた凄い。ドローンで上空300mから撮影した仁徳天皇陵古墳の雄大な姿を360度映像で鑑賞できるのだ（P2〜3）。

頭を動かして、目線を上下左右ぐるりんと自由に変化させることができるので（やりすぎると酔うかもしれないので注意）、もうなんというか、ドローン自体に自分がなってしまう感覚なのだ。

空中遊泳もかなり楽しいが、面白かったのは、約1600年前の古墳築造当時の姿（巻頭）や立ち入ることのできない古墳内部の石室をCG映像で再現していること。ドローンと化したこの体で、実際に石室に入った！と思ってしまえる、臨場感溢れる映像。ちょっとしたアトラクション気分を満喫できる。

地元ならではの古墳展示と、ミュージアムショップも必須。

展示スペースは、貴重な埴輪の展示や、石棺のレプリカ、当時の甲冑を身につけるコーナーなど、古墳資料が満載で、「見て」だけではなく、当時の重い甲冑のレプリカを着たりすることも可能。また、現存する古墳だけではなく、海際の長山古墳（P68）、上野芝の大塚山古墳（P69）のような、過日の巨大古墳にちなんだ展示もどうぞお見逃しなく。

ミュージアムショップの古墳グッズも、博物館の力の入れようがわかる。キーホルダーやボールペン、日本手ぬぐい、ハンドタオル、下敷き、鉛筆、一筆箋、クリアファイルなど、新商品も続々登場しているので、ぜひチェックを。

古墳ビギナーなら、ここでしっかり学べば、古墳中級者レベルにアップできそうだし、何よりも楽しくて、面白くて、時間を忘れる古墳好きの聖地なのだ。古墳探訪の最初でも、途中でも、最後でも、ぜひ訪れてほしい。

「にじゆら」とのコラボ手ぬぐい（1,600円）が大人気

堺市博物館 map P43 B-2

●堺市堺区百舌鳥夕雲町2丁 ☎072-245-6201
一般200円、高校・大学生100円、小・中学生50円
※仁徳天皇陵古墳VRツアー800円
9:30〜17:15(入場は〜16:30)
月曜休（祝・休日の場合は開館）、年末年始休

古墳と一緒に、この名所

ほかにもこんなお楽しみが待っていて、1日飽きない。

大仙公園《だいせんこうえん》

仁徳天皇陵古墳に隣接する、緑と歴史に包まれた堺市のシンボルパーク。大阪城公園や浜寺公園、服部緑地などとともに「日本の歴史公園100選」に入選している。

イチョウ並木や平和塔、江戸時代のため池を改修して造られた「どら池」を中心に広がる芝生広場、児童の森など、スケールの大きな自然が豊かに溢れている。公園内には堺市博物館をはじめ、堺市立中央図書館、自転車博物館サイクルセンター、堺市茶室（伸庵・黄梅庵）など、さまざまな施設があり、文化ゾーンとしても重要な役割を果たしている。芝生広場の桜目当てに、春は多くの市民が集まる。

自転車と部品の生産地・堺ならではの博物館（有料）

日本庭園（有料）はぜひ。高台の傘亭（かさてい）から映波橋（えいはきょう）越しの紅葉は圧巻

公園の中心施設である堺市博物館が開業した昭和55年（1980）までは、古墳があちらこちらに点在していることも一般にはあまり知られていなかったし、仁徳・履中の両天皇陵古墳は「離れすぎて両方は行きにくい」感じだったが、大仙公園が巨大古墳や小さな古墳同士をしっかりつないだことで、古墳ツアーがとても身近になった。

堺市茶室は国の登録有形文化財だ

大仙公園
map P43
●堺市堺区百舌鳥夕雲町2丁204
✆072-241-0291
（公園事務所）

百舌鳥古墳群

履《り》中《ちゅう》陵エリア

Richuryo Area

古墳周りに住んでいる人が心底「うらやましいなぁ」と感じるエリア。

大仙公園の南にあるので、散策ついでに足を延ばしても楽しいが、上野芝駅を使うと仁徳陵界隈とはちょっと違う街の感じが味わえる。お薦めは履中天皇陵古墳北側にあるビュースポット。そして足に自信のある人は、一番高い場所にある文珠塚古墳まで行ってみよう。

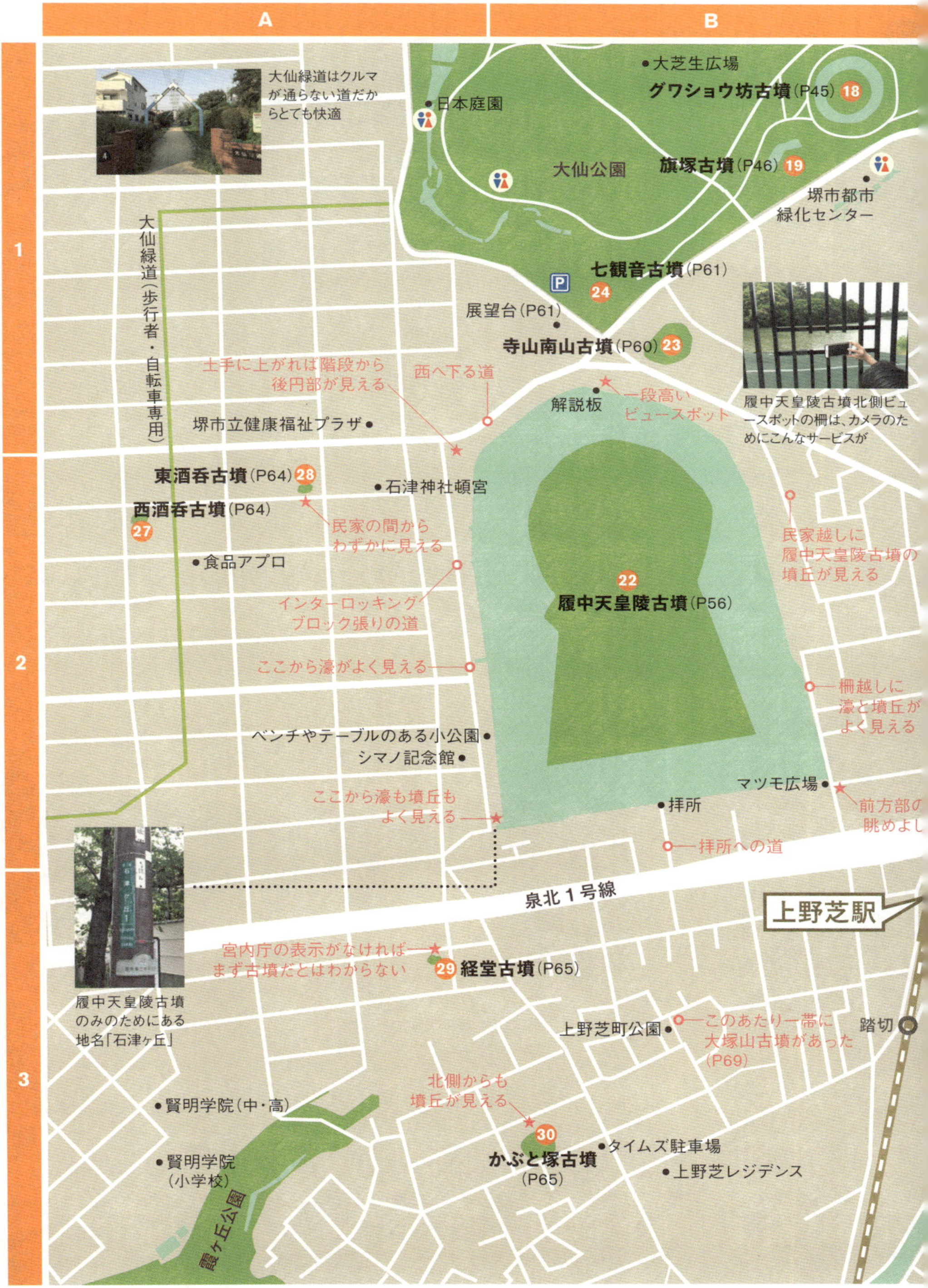

A
B
1
2
3
大仙緑道はクルマが通らない道だからとても快適
大芝生広場
グワショウ坊古墳(P45) 18
日本庭園
大仙公園
旗塚古墳(P46) 19
堺市都市緑化センター
大仙緑道(歩行者・自転車専用)
七観音古墳(P61)
24
展望台(P61)
寺山南山古墳(P60) 23
土手に上がれば階段から後円部が見える
西へ下る道
解説板
一段高いビュースポット
履中天皇陵古墳北側ビュースポットの柵は、カメラのためにこんなサービスが
堺市立健康福祉プラザ
東酒呑古墳(P64) 28
石津神社頓宮
西酒呑古墳(P64)
27
民家の間からわずかに見える
食品アプロ
民家越しに履中天皇陵古墳の墳丘が見える
22
履中天皇陵古墳(P56)
インターロッキングブロック張りの道
ここから濠がよく見える
柵越しに濠と墳丘がよく見える
ベンチやテーブルのある小公園
シマノ記念館
ここから濠も墳丘もよく見える
マツモ広場
前方部の眺めよし
拝所
拝所への道
泉北1号線
上野芝駅
宮内庁の表示がなければまず古墳だとはわからない
29 経堂古墳(P65)
履中天皇陵古墳のみのためにある地名「石津ヶ丘」
上野芝町公園
このあたり一帯に大塚山古墳があった(P69)
踏切
賢明学院(中・高)
北側からも墳丘が見える
30
タイムズ駐車場
賢明学院(小学校)
かぶと塚古墳(P65)
上野芝レジデンス
霞ヶ丘公園

リッチ&ゴージャス、「絵になる」国内第3位。

22 履中天皇陵古墳《りちゅうてんのうりょうこふん》（石津ケ丘古墳《いしづがおかこふん》） 世

履中天皇陵古墳の周囲にある堺市西区上野芝町は高級住宅地で知られるエリアで、お屋敷と呼びたくなる大きな家々が立ち並ぶ。拝所から古墳の周囲をめぐろうとすると細い道がクネクネと続き、なかなかその姿を目にすることができない。

要はお濠に面した場所が入り組んでいて、周りの家々がお濠に直に接しているということ。これらの家に住む人々は庭に出れば、もう目の前が巨大古墳。それを眺めつつ、テラスでビールを飲んだり、バーベキューをしたり、極上のワイン片手に古墳談義などもできる、のである。勝手な妄想で申し訳ないが、古墳好きにとってはまさしく憧れの、垂涎《すいぜん》の暮らしと言えるだろう。

高級住宅街の陪塚と住宅開発で消えた大古墳。

「履中天皇陵古墳はとても美的ですね。フォルムがとても綺麗で、ポスター写真にも載ったりします。内部のテラス部分の段も綺麗に残っています」（橘さん）

確かにどこかグラマラスで、それでいてちょっと人を寄せ付けない凛とした風情があり、高嶺の花的なイメージがある。もちろんこの古墳自体が高貴な人のお墓ではあるけれど、圧倒的なセレブリティ感がこれほど漂う古墳も珍しいのでは。ちなみに「堺市西区石津ヶ丘」という地名はこの古墳だけのためにある。

上野芝の住宅地には、履中天皇陵の陪塚とされる飛地古墳がある。経堂《きょうどう》古墳（P65）といって、宮内庁からは「飛地い号」という名を冠されている。大体、こんなに離れたところに陪塚があることが不思議だが、ポツンと

仁徳陵とは逆に狭いアプローチの拝所

後円部北西側からの墳丘。美しい

北側、後円部を眺める展望台が2017年に出来た。空と夕日、墳丘が濠の水面に映り込む。圧巻……

離れたこの古墳は、忠実な従者のような佇まいがある。「これ、い号よ」と大王に呼ばれていた訳ではないだろうが、従者とはいえ、そこはセレブな大王に仕えるだけのことはあって、ノーブルな香りがするのだ。

瀟洒な、上品な住宅に囲まれて、古墳前の石畳や常夜灯さえも、高級そう〜な感じがひしひしと伝わってくる。しかし、小さいとはいえ、家1軒が十分に建つ敷地面積。宮内庁によって保護されたとはいえ、よくぞ、この小さな古墳が残ったものよと感慨深くなる。

実は同じ上野芝の住宅地の中には、今は消滅してしまった巨大な古墳跡があった。その名も大塚山古墳（P69）といい、地図を見ると確かに住宅地の周りが、前方後円墳のラインを描いているのがわかる。周辺を自転車で走ってみると、前方部の角っこらしいところも残っている。住宅地の道路には、いまも段差がしっかりとついていて、古墳の裾の痕跡だという。

昭和の初めのモノクロ写真を見ると、確かにここに巨大な古墳が写っている。周りは田んぼだらけで、昭和の高度成長期の開発の凄さも同時に伝わってくる。

前方部南東角から。後円部とのくびれ部分もわかりやすい。松が日本的優美さに華を添える

いにしえの人々はここで秘かに酒盛りをしたのか!?

履中天皇陵古墳を後にして、古墳の西側を大仙公園に向かって自転車を走らせる。大仙公園に近づくにつれ、活気ある庶民的な空気が漂ってくる。スーパーや学校、飲食店、お

左の大仙公園以外は住宅。右上はJR上野芝駅、左上はいたすけ古墳（P78）

肉屋さんなどが点在し、ライブな生活感がある。大人や子供が自転車であちこちを走っていて、見慣れた世界に帰ってきたと、ちょっとホッとする。その住宅地内に実に面白い古墳があった。

その名も酒好きにはたまらない、東酒呑《ひがしさけのみ》古墳（P64）と西酒呑古墳（同）という二つの小さな古墳だ。酒飲みがよく酔いつぶれた場所なのか、酒を酌み交わす場所だったのか定かではないが、なかなか面白い名前だ。

西酒呑古墳は周りをぐるりと見て回れるが、東酒呑古墳は、全方位を住宅地に囲まれてしまっていて、住宅の間の細い隙間からようやく見える程度。金網が張ってあるので中にはもちろん入れない。見えないし触れられないだけに、どこか秘密めいた雰囲気がある。

こんな秘密基地的古墳がそばにあったら、小学校生活もきっと楽しいに違いない。「今日、例の基地で待ち合わせな！」とか小声で言い合って、みんなで集まる。いえ、もちろん古墳に勝手に入ってはダメなんですけどね。仮に、ということで。

22.履中天皇陵古墳　map P55 B-2

●前方後円墳●墳丘長約365m●後円部径205m、高さ約27.6m、前方部幅約235m、高さ約25.3m●5世紀初頭●堺市西区石津ヶ丘

国内第3位の規模を誇り、地元では「ミサンザイ古墳」と呼ばれてきた。前方部を南に向けて築造され、墳丘を三段に築いている。くびれ部の両側に造り出しがあり、左右対称の美しい形。前方部の頂上には高い円形の土壇があって、ここに埋葬施設がある可能性がある。かつては周濠を二重に巡らせていたことが発掘調査によって明らかにされている。

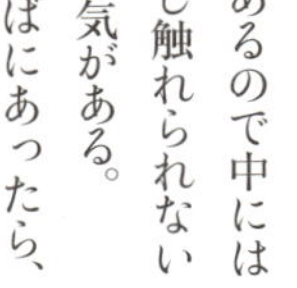

絵に描いたような「殿に仕える忠臣」的陪塚。

23 寺山南山古墳《てらやまみなみやまこふん》 世

履中天皇陵古墳の北側、大仙公園と接する辺りにあり、履中陵の陪塚といわれている。木々が鬱蒼としてそのフォルムはよくわからないのだが、百舌鳥古墳群内では現存5基しかない珍しい方墳の一つだ。一部がゲートボール場になっていて、「古墳の横でゲートボール」という珍しい光景も見られる。

「四角い方墳なのですが、これもまた珍しく、造り出しがあることが調査でわかりました。方墳で造り出しを持つ古墳は珍しいので、ここはしっかり整備をする予定です」。ということは、何年後かに美しいフォルムがお目見えして、登れるかもしれないということ。実に楽しみである。

交差点横にあるが、のんびりした雰囲気だ

この古墳は濠を備えていて、周りの道がかつての濠だったという。その濠を履中陵の濠と共有していた可能性があり、陪塚の可能性が非常に高いのだそうだ。主墳と陪塚の関係は非常に興味深いのだが、よくわからないことの方が多い。

特別に許可を得て墳丘に上がる。古墳というよりハイキングコースの感あり

でも、たとえばこの古墳からは埴輪とともに最古級の須恵器が発掘されていて、その時代考証から、5世紀初め頃につくられたことが予想できるという。「発掘された埴輪や土器は、この古墳の被葬者に対する儀礼で使われていたと考えられていて、履中陵の被葬者に仕えていたか、あるいはとても近しい人物と思われます」（橘さん）

こういった地道な研究が、点と点で行われ、それが線に繋がっていくのだ。古墳研究はそうやってどんどん広がっていくところが面白いと橘さんはにっこり。主墳を守るように密やかに控える姿が、地道にひたすら古墳の探求に邁進する研究者たちの姿と重なった。

23.寺山南山古墳 map P55 B-1

●方墳●長辺44.8m、短辺36.3m●5世紀初頭
●堺市西区上野芝町1丁

南北の辺がやや長い長方形の墳丘を二段に築いていて、出土した須恵器や埴輪の特徴から履中陵とほぼ同時につくられたと考えられ、計画的に配置された陪塚といわれている。平成28年の発掘調査で、東の辺に造り出しを持つことが明らかになった。この造り出しは長辺9.5mの長方形。斜面には葺石があった。上面に、円筒埴輪や家形埴輪、須恵器、土師器を並べていたことがわかっている。

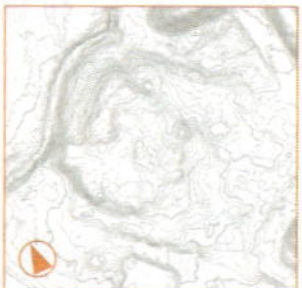

ツツジの季節には華やぐ花壇のような古墳。

24 七観音古墳

しちかんのんこふん 世

履中天皇陵古墳にはかつて陪塚が10ほどあったといわれているが、この七観音古墳はその一つだ。「円墳の中は発掘していなくて、整備して、ツツジ山として残しています。記録では、琴柱形《ことじがた》の石製品が出土したといわれているのですが、実は寺山南山古墳から出たのではないかという説もありまして。七観音古墳と寺山南山古墳が一緒くたになっていた時代があって、よくわからないんです」（橘さん）

丸い小さな山は、昭和の頃ならさしずめガキ大将がてっぺんに登って、えへん！と威張っていたような、そんな感じがする。季節になればツツジが真っ赤な花を咲かせて楽しませてくれるという。

七観音古墳の西側にはかつて七観山古墳があった。現在、その場所には古墳の形をイメージした展望台がある。

「ここは消滅しまった古墳なのですが、いろいろな書物に載っていて有名です。なぜそんなに有名かというと金のベルトの飾りとか、冑とか埴輪とか、馬具とか、リッチなものが出土しているんですよ」と橘さん。

履中天皇陵古墳の陪塚とされているが、人体を埋葬した痕跡はなかったというから、履中陵の被葬者のための副葬品のみを収めたものと考えられている。大王級の古墳ではないが、美しい副葬品がザクザクと出てくるというのも、ミステリーめいていて面白い。

展望台に登ると思ったより高さがあり、堺の街並みが広がる。夕暮れ空の下、履中陵の後円部がぽっかりと浮かぶように見えた。

公園の中のかわいらしい築山みたいだが、立派な古墳です

かつての七観山古墳が人工の展望台に

展望台からは樹林の向こうに履中陵が

24.七観音古墳 map P55 B-1

●円墳●墳丘径32.5m●5世紀前半●堺市堺区旭ヶ丘北町5丁

履中陵の外周部分に当たる大仙公園の南入口にある。墳丘裾に鉢巻状の土留めがめぐっているが、本来の古墳の形状とは異なる。主体部の調査は行われていないので詳細は分かっていないが、碧玉（へきぎょく）製の琴柱（ことじ）形石製品が出土したといわれている。また、古墳築造当初から明瞭な濠は設けられなかった可能性がある

全国でも超レアケース、「工場の中に古墳」！

25 檜塚古墳《ひのきづかこふん》

　農業機械から水の巨大プロジェクトまで、明治23年（1890）創業の株式会社クボタ。その中でも80年以上の歴史を持つ「堺製造所」敷地内に、なぜか前方後円墳とされる古墳がある。宮内庁の管理下だが、どういう経緯でクボタさんが周りの土地も買って、古墳と共存するようになったかは定かではない。

　特別に案内していただけることになったが、なんと阪神甲子園球場が5つも入る敷地面積で、クボタの中でも「マザー工場」の位置付け。

クボタ堺。まさかこの中に古墳があったとは!?

　その中をてくてくと歩いて行くと、築山（?）のようなものが見えてきた。これが履中天皇陵古墳の陪塚といわれる檜塚古墳か!?

　なんというか全然ドラマチックではなく、ぽこっとあっけなく「あ、あった」という感じだ。

そばに倉庫があり、近くにはフォークリフトが停車。でも立派に古墳と表示あり

　月に一度、宮内庁の見回りがあり、年に二度、宮内庁の職員さんが来て草刈りをするそうだ。周りもきれいに整備されており、毎年4月に行われる「クボタ堺感謝デー」の時に、希望者には抽選で見学会を実施しているという。

　橘さんによると、ここには「塩穴《しおあな》寺《でら》」という古い寺があり、その基壇ではないかともいわれているらしい。「お寺の建築物の瓦が多数発見されていることもありますし、寺の研究を専門にしている人は、ここは基壇じゃないかなというのですが……。発掘調査ができないのでそのあたりは謎ですね」

　小さいけれど謎めいていて、しかも工場敷地内にあって天下のクボタさんにしっかり守られているとは……ちょっと侮れない、小憎らしいところのある古墳である。

25.檜塚古墳　map P13

●前方後円墳●墳丘長24.9m●築造時期不明●堺市堺区石津北町

　工場敷地内にあるため、通常は一般公開されていない。毎年4月の「クボタ堺感謝デー」に見学会を実施。

☎072-241-1121

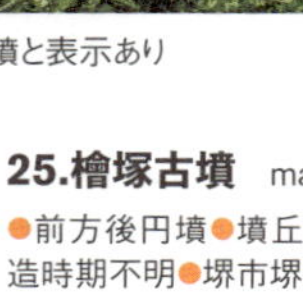

百舌鳥で最初に造られた波打ち際の大型〝見せ物件〟。

26 乳岡古墳《ちのおかこふん》

東西を走る泉北1号線沿いに大型家電店などが並ぶエリア。その一角にある空き地をひょいと曲がると、おっ！という感じで、突然、古墳が現れる。かなり墳丘が高い。もこっという感じで、近づくほどに急斜面になり、見上げるような高さがある。前方後円墳だが現在は後円部だけが残っている。

この後円部の頂上に昔、浄土宗のお寺が建っていたそうだ。つまり昔、人々はこの古墳に自由に登り降りできたということだろう。残念ながら、今は金網が張られて入ることはできない。なんとなくウズウズと登ってみたくなるような、魅力的なかたちの古墳だ。

「近くにあった長山古墳（P68）と同じように、百舌鳥古墳群の中では、かなり海岸沿いにつくられた古墳です。つまり外国からの使節団に見せつける物件であった可能性が高いですね」と橘さん。もこっと急に高くなる形状も、見せ物件ゆえのことだろうか。

じつは、数ある古墳の中で「わからないことだらけ」の印象が強かったのが、この古墳なのである。まず、後円部のあたりで石棺が見つかっているが、これが非常に小さかったという。じゃあ、子どもが葬られていたのでは？と、妄想質問を橘さんにぶつけてみた。

「石棺の形が偉い人が使うものだったので、やはり大人ではないかと。基本、石棺って子どもには使わないのではないでしょうか？」

じゃあ、どんな人が？「……なんとなくですが、王族とは違う系統の人だったように思います。地方の豪族なのか、軍人だったのか、まあ、あくまで〝感じ〟ですけどね」

この古墳からは腕輪のようなものも出土していて、そのあたりにも特殊なものを感じるそうだが、プロにしかわからない感覚のようだ。石棺の発掘調査が行われたが、国の史跡指定が目的だったので、石棺の存在を確認したのち調査を終了し、保存を優先させた。すべてが解明されればいいというものでもないし、それが古墳というものなのかもしれない。

えぐれた前方部の正面が道に。タイムマシンに乗って本来の形を見たかった

26.乳岡古墳 map P13

●前方後円墳●墳丘長155m●後円部直径94m、高さ約14m●4世紀末●堺市堺区石津町2丁

百舌鳥古墳群の中で最も南西に位置し、前方部も南西に向いている。規模も百舌鳥で6番目と大型で、反正天皇陵古墳（P100）より大きい。前方部の大半は削られてしまい、3段に築かれた後円部のみが現存。周囲にはかつて濠も巡っていたが今は埋められている。墳丘には葺石が葺かれ、埴輪が立てられていた。昭和47年（1972）の調査で後円部中央に粘土で覆われた長持形石棺が、また粘土からは車輪石などの腕輪形石製品が出土。

「西酒呑」墳丘は荒れてはいるがまぎれもなく古墳

現在のかたちはさておき、名前を聞いただけで愉快に。

27 西酒呑古墳《にしさけのみこふん》
28 東酒呑古墳《ひがしさけのみこふん》

履中天皇陵古墳（P56）の後円部西側の住宅地に、両者が200mほどの間隔で点在する。「西酒呑」は周囲をぐるりと回って全景が見られる。一見、角地にある小さな公園のようだが、立派な古墳。草がボウボウに生えていて、ちょっとくたびれたというと失礼だが、二日酔い気味の雰囲気が漂っていないこともない。「東酒呑」は住宅に囲まれて、ほとんど全容はわからず、周りのお家の人だけしか古墳全体が見られない。両方とも履中天皇陵古墳の陪塚といわれるが、詳しいことはわかっていない。ネーミングの意味だけでも知りたい。

27.西酒呑古墳
map P55 A-2
●円墳●墳丘直径25m●築造時期不明●堺市堺区旭ヶ丘南町2丁

28.東酒呑古墳
map P55 A-2
●円墳●墳丘直径21m●築造時期不明●堺市堺区旭ヶ丘南町3丁

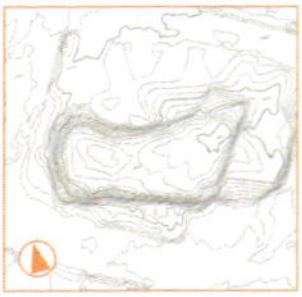

「東酒呑」周りを住宅のベランダに囲まれた墳丘

「唐突」感マックス！高級住宅街の一角、箱庭的古墳。

29 経堂古墳《きょうどうこふん》

宮内庁によって履中天皇陵古墳（P56）の「飛地い号」と指定された。履中陵からやや離れているが陪塚といわれ、形は崩れているが円墳と考えられる。上野芝の静かな住宅地の中に、箱庭のような古墳がお屋敷に囲まれている姿は、他ではなかなか見られない。国内でも、このエリアならではの光景だろう。

現代と古代以前が同じ空間に溶け込む、実に不思議な光景

29.経堂古墳 map P55 A-3

●円墳●直径20m●築造時期不明
●堺市堺区南陵町4丁

なんともミステリアスなのは「ご本家」が消えたから？

30 かぶと塚古墳《かぶとづかこふん》

上野芝の住宅地にある、不思議度の高い古墳。民家の敷地にあり、かつては墳丘に樹木が生い茂っていたが、台風で倒壊したために伐採され、墳丘が露わになった。帆立貝形古墳といわれているが、現在は前方部のみ残る。かつての大塚山古墳（P69）の陪塚の可能性もある。

びっしりと木が生えていた頃を知っている人は驚くはずだ

30.かぶと塚古墳 map P55 B-3

●帆立貝形古墳●墳丘長50m、後円部直径42m、前方部幅23m●5世紀●堺市西区上野芝町6丁

思えば遠くへ来たもんだ、と感慨に浸れる独立墳。

31 文珠塚古墳《もんじゅづかこふん》

JR上野芝駅の南東にある前方後円墳で、他の古墳とは少し異なる趣がある。なんというか、孤高の古墳という感じで、ちょっとカッコいいメンズな雰囲気が漂う。しかし、会いに行くのは実に大変なのだ。

駅の周囲は高低差が激しく、地形が大きく下って、急坂になっている。いったん谷底まで下りて、また急斜面を登っていくのだ。ひたすらペダルを踏んで、えんやこらと息せき切って登るが、一筋縄でいかない。ああ、電動アシスト自転車で来たかった……と何度も思いつつ、ようやく谷の反対側を登りきったところに古墳がふわりと姿を現す。体力勝負だが、会いにいく価値のある古墳だと思う。

周囲は、石津川の支流・百済川を挟む台地の左岸。百舌鳥古墳群内で唯一、左岸にある古墳だという。他の古墳からちょっと離れた独立感の強い古墳には、いったいどんな人が眠っているのだろうか。孤高のプリンス？ そんなことを考えると、ますますカッコよく思えてしまう。

東側の後円部から。「前方」「後円」がわかりにくいが、低いほうの斜面に後円部がある

西側前方部から。周囲はとても静かな住宅街

31.文珠塚古墳 map P54 C-3

●前方後円墳●墳丘長59.1m、後円部直径36.3m、前方部幅27.3m、高さ4m●5世紀●堺市西区上野芝向ケ丘町1丁

周囲には水をたたえた濠はないが、後円部側（東側）のみに掘割が設けられている。5世紀の須恵質の埴輪が出土しているが、主体部の構造や副葬品などは不明。

cafe Gracias

温かく和やか寛ぎ空間。theアットホームな一軒

JR上野芝駅からいったん坂を下り、文珠塚古墳に通じる〝心臓破りの坂〟の手前にある小さなカフェ。店主の柴田りえさんが、自宅をリノベーションした空間は、明るくて心地よく、初めてでもくつろげる。

オムライスやカレー、スパゲティなどの手作りランチも人気だが、「堺の名所おすすめスイーツ」をぜひ紹介したい。堺といえば千利休ということで、抹茶をたっぷり使ったスイーツを考案したそうだが、さらに、堺の名物ということで古墳スイーツも作ってしまった。「古墳アイス&パンケーキ」（580円）は、抹茶アイスに抹茶カスタード、あんこ、生クリーム、抹茶ソース、パンケーキが一皿に盛られて食べ応え十分。「利休ごのみお抹茶プリンと白玉あんこ」（600円）は、ぷるぷるのプリンが甘すぎず、抹茶の香り高く、ひんやりつるりと喉を潤してくれるのだ。金・土曜の週末のみ18時からバータイムもオープンしている。アヒージョやクリームコロッケ、ジャーマンポテトなど、りえさんご自慢のアテとともに、冷えたビールやカクテルもぜひ。

1

4

3

2

1.古墳アイス&パンケーキ。抹茶のほろ苦さが古墳めぐりの疲れを癒してくれる　2・3.なんだか知り合いの家に遊びに来たような親近感が持てる　4.優しい味に癒される、利休ごのみお抹茶プリンと白玉あんこ。スイーツは＋200円で飲み物付き

cafe Grasias
map P54 C-2
●堺市西区上野芝町3-6-51
✆072-248-5780
11:00〜18:00
（金・土曜は〜21:00）
月曜休・ほか不定休あり
※予約制

昨日まではあった！　伝説の大型古墳

見えねども、存在感は巨大。在りし日のシーサイド古墳。

長山古墳

ながやまこふん（**現存せず**）

協和町には過日の巨大古墳を示す案内板がある

同じデザインの建物が延々と並び、初めてだと迷いそうになる大きな高層・中層の団地街に、その昔、巨大な「長山古墳」があった。古墳群の中では最も海側にあり、外国からの使節団に最初に我が国の権威や力を見せつける、〝見せ物件〟だった可能性が高い。

「もう跡形もないのですが、百舌鳥古墳群の中で、最初か二番目に築かれたのではないかといわれています。江戸時代あたりまでは完全な形で存在していたようで、前方後円墳だったこともわかっています。墳丘長は110mぐらいで、結構大きい古墳ですね。出土品は古い時代の埴輪などが多く、百舌鳥古墳群の中でも老舗の古墳だといえます。

　資料があまり残っていないので、埋葬施設などの詳細はわかっていません。けれど埴輪も結構たくさん出土しています。あまり綺麗な形では残っていないのですが、破片の種類がとても豊富で、実に多種の埴輪があったのではないかと考えられています」

　いつにも増して饒舌な橘さんは、長山古墳から出土した埴輪の修復の仕事をしたというのだ。おお、かけらを一つずつくっ付けて埴輪の形を再現するなんて！　緻密で大変な作業だと思うが、文字通り歴史ロマンのかけらに、じかに触れるなんて羨ましい。

　取材の最初、一番好きな古墳は？と訪ねた時、迷わず「長山古墳かな」とはにかみながらも即答してくれたことを思い出した。今はなき古墳。姿がないからこそ、大いなる存在を肌で感じることもできるかもしれない。

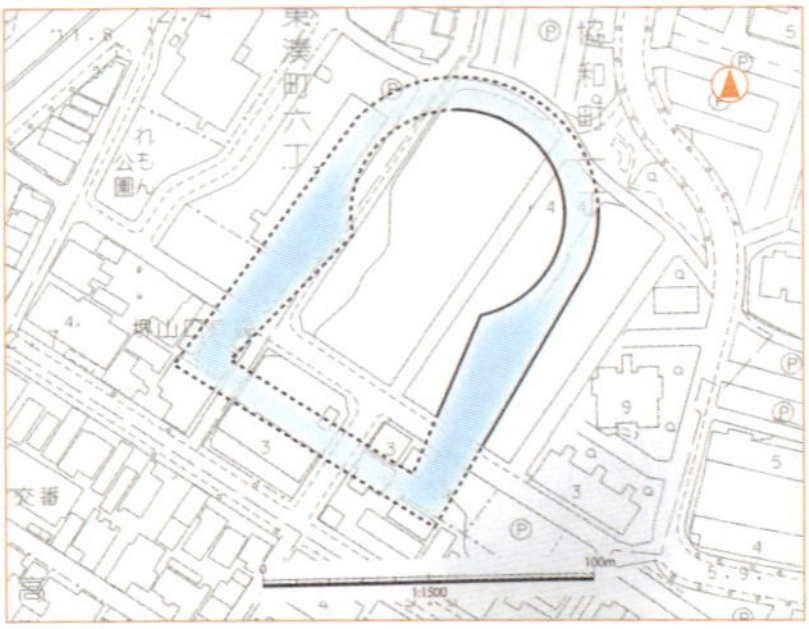

『堺の文化財 百舌鳥古墳群』（堺市文化財課）より

長山古墳

●前方後円墳●墳丘長110m●4世紀後半
●堺市堺区協和町1丁

住宅街の道が丸いカーブを描いている理由は、これ。

大塚山古墳《おおつかやまこふん》（現存せず）

戦後の復興と同時に周辺の住宅開発が盛んになり、その結果古墳の多くが削られ、さらに1985年の宅地造成によって完全に姿を消してしまった古墳が上野芝にある。

古墳の規模は墳丘長が168mもあり、現存していれば百舌鳥古墳群の中でも5番目の大きさ。御廟山古墳（P74）に次ぐスケールで、戦後に破壊された前方後円墳の中では最大のサイズだったそうだ。そんな巨大古墳が、なぜ消えてしまう運命にあったのだろうか。

「当時は、まだ古墳を〝文化財として守る〟という意識が低かったことも不運でしたね。宅地造成をする同じタイミングで発掘調査が行われたと聞いていますが、要は古墳が壊される時にしか調査のチャンスがなく、ブルドーザーが横を通っているようなところで調査をして、調査が終わったらどんどん崩されていくような状況だったそうです」と橘さん。

発見の喜びに浸る間もなく、目の前で古墳がどんどん崩されていく。発掘チームにはきっと忸怩《じくじ》たる思いがあったに違いない。

しかし、この調査では非常に貴重なものが数多く発掘された。刀や剣などが200本以上、甲冑などの武具、鉄製の斧や鋸、ほかにも銅鏡や勾玉などの玉類、櫛などの副葬品が多数見つかったそうだ。

「被葬者は、履中天皇陵古墳の被葬者との縁が非常に深い人物なのかもしれません。武具が多く含まれていたことから、当時の政権で軍事を担っていた人物だったかもしれませんね」（橘さん）

現場を自転車で走ると、ここが後円部か、このあたりが前方部だったのかと、頭の中に古墳の姿がぼんやりと見えてくる。でもやっぱり本物を見たい、見たかった。

西側上空から見た宅地造成中の古墳

堺市博物館（P50）には大塚山古墳から出土した埋蔵品が多数展示されている

後円部のアールが見事に残る街並み

墳丘があったことを坂が示している

大塚山古墳 map P55 B-3

●前方後円墳●墳丘長168m、後円部直径102m、後円部高さ14.5m、前方部幅114m、前方部高さ11.9m●5世紀初め●堺市堺区上野芝町4丁

古墳の「キホンのキ」②

古墳には、どんなかたちがある?

単純だが、真上から見たときに円形のものは「円墳」、四角いときは「方墳」という。円と四角を組み合わせたものが、よく知られている「前方後円墳」。ほかに、前方後円墳のアレンジバージョンである帆立貝形古墳や、前方後方墳、双方中円墳、双円墳、八角墳などがある。時代によって古墳のかたちにも流行が見られるようだ。古墳デザイナー(プロデューサー)がさまざまなプランを立て、大王に提案をしたのかも。

前方後円墳は、鍵穴のようにも見えるし、トイレのマークのようにも見えてしまうが、そのなりたちは、おそらく円墳の周りに濠をつくるうちに、古墳に出入りするための橋となる道筋を残しておく必要があり、その橋のようなものがだんだんと太く広がって方墳がくっつき、前方後円墳となっていったのではないか……という説が有力だという。でも、ほんとうのところは謎、である。

なぜ、古墳の周りには濠が?

古墳の多くは周りに濠がめぐらされている。古墳を造るためには大量の土が必要となるが、古墳にする場所の周囲の土を掘り、その土を積み上げて墳丘を造っていった。その土を掘ったあとの窪みが、すなわち濠になっていったのではないかと考えられている。そこに雨水が溜まり、自然の要塞がかたちづくられたのかもしれない。濠には二重、三重のタイプがあり、現在、三重の濠を持つのは、百舌鳥古墳群の仁徳天皇陵古墳(P16)を含むごく少数の古墳だけである。

百舌鳥・古市古墳群の89基は、すべてこの4種類に分けられる

◎古墳の用語解説

古墳【こふん】

土を盛って造った墓。4、5世紀に巨大化し、5世紀（古墳時代中期）に大きさのピークを迎えた。

周濠【しゅうごう】

古墳の周囲に掘られた濠のこと。

前方後円墳【ぜんぽうこうえんふん】

古墳の形式の1つで、円形と方形の古墳が組み合わさったもの。双つの丘を成し、真上から見ると鍵穴形に。わが国では、3世紀中頃から7世紀初頭（畿内では6世紀中頃まで）にかけて築造され、日本の代表的な古墳形式といわれる。

陪塚【ばいづか】

「従者の墓」という意味があり、大きな古墳のすぐそばに同じ時代に築かれた小さな古墳を指すことが多い。学術的に不明なことも多く、諸説ある。【ばいちょう】とも言う。

副葬品【ふくそうひん】

古墳の石室や石棺などに収められた品物。鏡や剣、腕輪や玉などの装飾品のほか、武器や農具もある。

墳丘長【ふんきゅうちょう】

前方後円墳のサイズを示す時に使われるもので、古墳の長さをタテヨコで測った長い方を指す。方墳の場合は一辺の長さ、または長辺20m×短辺15mなどと表し、円墳の場合は直径で表す。

陵【みささぎ】

天皇・皇后の墳墓のこと。古市古墳群には皇后の陵と言われている古墳（百舌鳥古墳群にはない）が2箇所ある。

百舌鳥古墳群

百舌鳥八幡エリア

Mozuhachiman Area

ここだけ別格。百舌鳥の顔とも言える、歴史の積み重ねが圧倒的な場所。

高層住宅化が進む一方で、広い車道から狭い道に一歩入れば空気感の違いに驚く。祭りや信仰を支えてきた場所だ。そんな場所にある古墳は「公園」というよりも、古くから地元の人たちの安らぎや恵みの源となってきたことが実感できる。

鎮守山塚古墳のある光明院。山門には、この先は聖域を表す「大界外相」の石標が

三が日や秋祭りではごった返す八幡宮の境内も、ふだんはのんびり

百舌鳥駅前の[ロアール]は古墳好きでなくとも寄りたい評判のパン屋さんだ

前方部にも後円部にも美味いあんこが。あんパン190円

抑えた甘さがパン好きの女性に好評のメロンパン115円

これは定番の御陵クリームカスタード入115円

朝7時から営業している駅前のカフェ。KOFUNオリジナルクッキー380円とKOFUNカプチーノ600円。厚焼き卵のサンドウィッチ(800円)は口当たりも抜群

万代山古墳は狭い道沿いに見ることができる

いたすけ古墳の壊れた橋の上にアオサギがよく止まる

濠を隔てて東側から後円部を望む。周囲は旧い日本家屋が多く、他エリアとは違う空気感がある

歴史ゾーンに鎮座するサンクチュアリ。

32 御廟山古墳《ごびょうやまこふん》 世

欽明天皇（532〜571年）の頃に建てられたという非常に古い歴史を持つ百舌鳥八幡宮（P82）。境内には樹齢700年とも800年ともいわれる大楠が枝を広げて立ち、

濠で楽しそうに泳ぐアヒル。人がいると寄ってくる

荘厳な空気が満ちている。300年の歴史を持つ「月見祭り」の舞台でもあり、界隈は由緒ある街道の趣があって、都市型住宅街とはちょっと違う空気が流れる。

この百舌鳥八幡宮の近くに、八幡宮と縁の深い古墳がある。神社の西側にある御廟山古墳はその昔、八幡宮の奥の院として祀られていたそうだ。毎年、正月になると人々が精進潔斎をして濠を渡っていたという。後円部には延享《えんきょう》4年（1747）の石灯籠が今も残る。

そういえば、古市古墳群にある応神天皇陵古墳（P176）のすぐ近くにも誉田《こんだ》八幡宮がある。応神陵の後円部に参道があって頂上の宝殿まで神輿を担いで登っていたといわれている。同じ八幡宮つながりで、祭祀と関係の深い古墳の存在はとても興味深い。

昔の人々も、いや昔の人々だからこそ現代の我々よりずっとピュアな、研ぎ澄まされた感覚で、古墳を聖域と捉え、そこに奥

前方部の濠の対岸には「永尾大神」が

の院を祀るという発想になったのだろう。

「この古墳では、とても貴重な埴輪が出土しました。造り出しの近辺で見つかったのですが、塀で囲った囲形の埴輪の中に家形埴輪が収められたもの（写真右下）で、当時、造り出しの脇で行われていた何かの祭祀に使われていたのではないかと考えられています」（橘さん）

都市型住宅と昔ながらの「百舌鳥」がモザイク状に広がる。右端の緑は髙林家住宅（P84）

写真を見ると確かに塀に囲まれた中に、家らしき建物が入れ子になっている。中の家が神社の本殿のようにも見えて、興味をそそる。

他にもミニチュアらしき、土師器の高杯や甕《かめ》なども見つかっているそうで、これらの埴輪類をどんな風に並べて何を祈り、捧げていたのだろうか。これも謎である。

「古墳時代が謎に包まれているのは、この時代の文字が少ないから」とは、橘さんが何度も口にした言葉だ。文献がないから、核心になかなか迫れないのは確かだが、そんなものを遥かに超えてしまう魅力が古墳には備わっている。逆に言葉が残っていないからこそ、後世の我々が想像の翼を思い切り広げられるのかもしれない。

深い静かな森には小鳥がさえずり、木々が風にゆれ、濠には水鳥が遊び、そこはかとない命の息遣いを感じさせる。「拝所」がなくとも、自然と頭を垂れたくなる荘厳さがこの古墳にはある。

埴輪の中でも特に珍しい「入れ子」の構造（宮内庁書陵部所蔵）

32.御廟山古墳　map P73 B-2

●前方後円墳●墳丘長203m、後円部径113m、前方部最大幅136m●5世紀前半●堺市北区百舌鳥本町1丁

前方部は西向き。平成20年（2008）に行われた宮内庁と堺市による発掘調査により、古墳の規模が推測され、百舌鳥古墳群では4番目の大きさの古墳とされた。墳丘は3段に築かれていて、南側のくびれ部に造り出しがある。第一段のテラスには、高さ75cmの円筒埴輪が隙間なく並べられており、このうち3本に1本は朝顔形埴輪だと考えられている。葺石も葺かれていることがわかったが、石の大きさは径5～15cm程度で、大型古墳にしては葺石のサイズが小さいものが使われている。

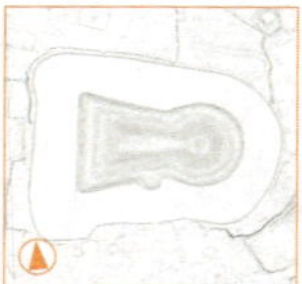

造り出しやその周辺から、蓋、盾、冑、馬、鳥、家、囲形などの形象埴輪や、土師器、須恵器などが発見されているが、埋葬の主体部の構造や副葬品などはわかっていない。周囲には盾形の濠と堤がめぐっていて、最近の調査で二重の濠があることが確認された。墳丘は、陵墓参考地として宮内庁が管理。

北側には自転車でゆったり走れる遊歩道が

かつて"百舌鳥"という字はこのようにも書きました。

33 万代山古墳《もずやまこふん》

御廟山古墳北側の細い道をくねくねと行くと古墳らしき小さな森が右手に。御廟山の陪塚といわれていて、現在は日光教本部内にあり、こちらの神社の御本体となっている。御廟山古墳には複数の陪塚があったそうだが、今残っているのは、この古墳だけである。

戦時中に一時、ここが陸軍の宿舎となり、防空壕を造ろうとしたところ大きな石に当たり、工事ができなかったという話が伝わっている。この石は石室の石だったのだろうか。外からほんの少し見える程度だが、古墳がちゃんと守られてきたことは実に喜ばしい。

自転車1台がやっと通れる路地から、このように見えます

33.万代山古墳
map P73 B-1
●円墳（または帆立貝形古墳）●径25m●高さ4.3m●築造時期不明●堺市北区百舌鳥赤畑町5丁

江戸時代の記録などから、前方部を北に向けた帆立貝形古墳であった可能性もある。

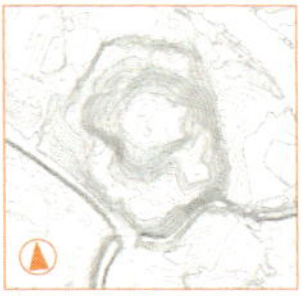

珍しい土製の人形も出た「お寺の中の古墳」。

34 鎮守山塚古墳《ちんじゅやまづかこふん》

百舌鳥八幡宮（P82）のすぐ東隣にある「光明院」という小さな寺の中にも古墳がある。堀に囲まれて外から見ることはできないが、ここから円筒埴輪、蓋形埴輪、動物形や家形の埴輪が出土したそうだ。

「埴輪ではないんですが、ここからは土製の人形が出土していて、もし古墳の築造と同じ時期のものだとすれば、非常に珍しいですし、面白いですね」（橘さん）

寺内には古くから古墳の石棺の一部が置かれていたが、今は堺市博物館（P50）で保存されている。どこの誰のかははっきりしていないが、石棺は比較的大きく、いわゆる"偉い人"のものではないかと考えられているそうだ。"偉い人"たちがある集団の長となり、その長たちがまた大きな長を選んで、国としての組織がオーガナイズされていったのだろうか。国家が誕生する前に延々と造られた古墳群。その一つひとつが、人力・財力、技術力の粋を集めた一種のモニュメントだったのだろう。

ほとんどその姿は見えず、小さく削られてしまった古墳から国づくりという壮大な話に発展してしまったが、古墳はこういう「話の糸口」になるところがまた面白い。

百舌鳥八幡宮本殿東側の道

34.鎮守山塚古墳
map P72 C-1
●円墳●直径34m●5世紀中頃●堺市北区百舌鳥赤畑町5丁

真言宗光明院の寺内にある古墳。独立古墳と考えられている。

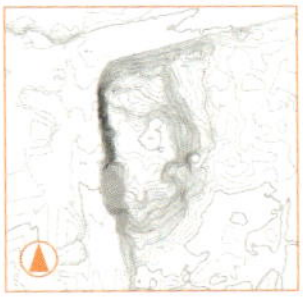

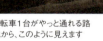

名前もフォルム「愛され系」。地域住民が破壊から守った。

35 いたすけ古墳

いたすけこふん ㊇

御廟山古墳からほど近く、水を豊かに湛えた濠にその姿を映す古墳がある。御廟山の、ちょっと人を寄せ付けない雰囲気とはどこか

前方部南西側から。青空と墳丘が映り込む濠。右手には開発工事の名残である橋が残る

違って、古墳そのものがすごく親密的な気がする。自転車でぐるりめぐると、濠の向こうに、手の届きそうな感じで〝いたすけさん〟がゆったりと横たわる。堤の木々の切れ目から、一部だが墳丘のラインがきれいに見えて、明るい黄緑色の前方後円墳が、陽の光に輝いている。

なんだろう。全体に目線がとても低い。墳丘の高さも見上げるようなものではないし、居丈高な感じが全くなくて、とってもハートフル、フレンドリーなものを感じる。

しかし、前述の大塚山古墳（P69）同様に、〝いたすけさん〟も消滅の危機に瀕していた。古墳の南側のくびれのあたりに半分沈んだ橋が架けられているが、実はこれ、古墳を潰して開発するためのトラックが行き来するための橋だったという。

橋からタヌキくんがわざわざ泳いで顔見せに

「昭和30年（1955）頃のことで、この近辺の住民の皆さんがこの古墳を守らなければい

けないと立ち上がり、保存運動を起こしたことで、ギリギリのところで破壊を免れたんです」（橘さん）

　なんと、こののんびり、のほほんとした雰囲気の古墳がそんな目に遭っていたとは……!?

　当時、ここを宅地開発するにあたっての誘致コピーは「都会の中の水のオアシス、小島に家を建てませんか?」といったものだったそうだ。浮島的な要素を残しての開発だったのだろうか。本当にそうならなくてよかった。ここから出土した冑《かぶと》型埴輪は、市民が古墳を守ったことで、堺市の文化財保護のシンボルになっているが、市民の皆さんに感謝である。

　今、この古墳にはタヌキの一家が住み着いているらしい。時々、一家で橋に現れるそうで、人気者になっているのだとか。

　派手さもないし、中ぐらいの大きさだし、何がどうって言葉では言えないのだが、ここが一番好き、不思議とそんなふうに思える。

　濠の水の澄んだ藍色に、空と古墳がくっきりと映って刻々と変化していくさまはいつまで眺めていても見飽きない。

市民の憩いの場、北側のいたすけ公園から。古墳を住民が守ったことを記した石板は南西側の解説板に移った

前方部北西側（左上）はJR阪和線に接する

35.いたすけ古墳　map P73 A-3

●前方後円墳●墳丘長146m●後円部直径90m、後円部高さ12.2m、前方部幅99m、前方部高さ11.4m●5世紀前半●堺市北区百舌鳥本町3丁

百舌鳥古墳群のほぼ中央に位置し、前方部を西に向ける3段築成の古墳。周囲には一重の濠が巡り、墳丘には埴輪と葺石の存在が確認されている。埋葬部分の構造や副葬品は不明だが、墳丘の形や埴輪の状況から5世紀前半の築造と考えられる。周囲には陪塚と考えられる小型の古墳があり、そのうち、善右ヱ門山古墳が後円部の東側に現存。消滅した陪塚には、吾呂茂塚（ごろもづか）古墳や播磨塚（はりまづか）古墳がある。

昭和30年頃に土取り工事で破壊の危機に瀕していたが、市民による運動で保存が決まり、昭和31年（1956）に国指定史跡に。保存運動の際に後円部から採集された冑形（かぶとがた）埴輪は、実物の鉄製冑を忠実に模したもので、堺市の文化財保護のシンボルマークになっている。百舌鳥古墳群を構成する重要な前方後円墳というだけでなく、我が国における文化財保護の歴史を語る上でも重要な古墳と言える。

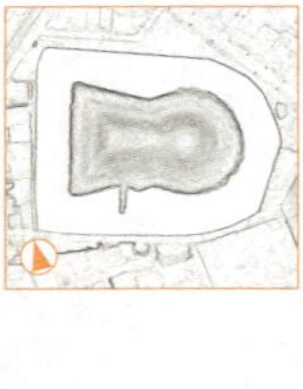

主墳が残ったおかげで 孤独にならず、健在です。

36 善右ヱ門山古墳《ぜんえもんやまこふん》 世

いたすけ古墳後円部側（東側）の細い道を入ると、ぽこっとした墳丘の盛り上がりが見える

いたすけ古墳の後円部のすぐ近く。この辺りには複数の古墳があったそうだが、今はこのみが残り、いずれも、いたすけの陪塚といわれている。百舌鳥古墳群では珍しい方墳で、円筒埴輪と葺石が出土。円筒埴輪は2ｍ間隔で並んでいたそうだが、その光景を想像すると改めて、埴輪って謎だなと思う。古墳を守るため？ 祭祀の一つ？ 何かのメッセージなのか？ 何にせよ、埴輪列というのは、一種の結界やバリアになっていたのだろう。

住宅が間に建っているのですぐには分かりにくいが、この古墳から細い道を曲がるとすぐまた、いたすけ古墳の姿が見えてくる。こういう距離感であれば、主墳と陪塚の関係だといわれても素人なりにも納得がいく。

再びいたすけ古墳を左に見ながらずんずん行くと、ＪＲ阪和線の線路が見え、その向こうはもう大仙公園。ずいぶん遠くの古墳を見に行っていたように思うが、実はこんなに近いところにいたんだ！と驚くことが何度もあった。百舌鳥にはこんなふうに、普通の住宅街に古墳がゴロゴロあるのだ。

36.善右ヱ門山古墳

map P73 B-3

●方墳●一辺28m●5世紀前半●堺市北区百舌鳥本町3丁

石津川の支流・百済川から枝分かれした百舌鳥川の北岸に位置。平成12・15年度の調査では、墳丘が2段築成であると確認しているが、墳丘の周囲には明確な周濠を設けていないと考えられている。

古墳と一緒に、この名所

古墳と共に地元を見守る、百舌鳥のシンボル的神さま。

百舌鳥八幡宮《もずはちまんぐう》

参道が長い！　広々とした道が緩やかな下りの坂道となって、正面の階段へとずっと続く。その先には古式ゆかしい神殿が鎮座する。

神社の由緒では、神功《じんぐう》皇后が三韓征伐《さんかんせいばつ》を終えて、難波《なにわ》に戻られたとき、幾万年の後までもこの地に鎮まり、天下泰平を祈り、民万人を守ろうとの御誓願を立てたとされる。さらに6世紀後半、欽明天皇の時代に、この地を万代《もず》と名づけて神社を創建、応神天皇、神功皇后を祀ったと伝えられており、１４００年

明治8年（1875）の大阪会議の際に大久保利通が堺県令と共に参詣し、「百舌鳥神社」と揮毫

もの歴史を由緒ある神社である。

9月、中秋の名月に行われる「月見祭り」では五穀豊穣を祈って、ふとん太鼓の奉納が行われ、参道も境内も多くの人で賑わう。ふとん太鼓とは、太鼓を納めた台座の上に5段の朱色の布団が積み重ねられたもの。太鼓を納める台座には重厚な彫り物が施され、また、ふとん上部は金縄や大小の房で華麗な装飾が施され、絢爛豪華。1基は約3トンもあって、約60〜70名の男性が担いで練り歩く。

現在、ふとん太鼓は氏子9町より、それぞれ大小1基ずつ奉納されていて、「べーラ　べーラ　ベラショッショイ」と威勢のよいかけ声とともに、9つの町からふとん太鼓が繰り出される。秋の堺を飾る勇壮かつ華麗な祭りをぜひ一度、見てみたいものだ。

名誉宮司の工藤俊之さんと本殿

バス道から表参道を下る。起伏が多い

拝殿前の巨大なクスノキは樹齢約800年を数え、府の天然記念物に指定

南向きの社殿は江戸時代の建築で、昭和46年（1971）に修復。左は仁徳天皇を祀る若宮社

旧暦8月15日に近い土・日に開催される月見祭。令和元年は9月14日（土）・15（日）だ

百舌鳥八幡宮
map P72 C-1
●堺市北区百舌鳥赤畑町5丁706
✆072-252-1089

古墳と一緒に、この名所

御廟山古墳、八幡宮と共に400年以上生きる屋敷。

髙林家住宅《たかばやしけじゅうたく》 重

同じ堺市内の「旧堺」エリアには「山口家住宅」のように京都や奈良でもなかなか見ることのできない17世紀の日本家屋があるが、ここは16世紀、天正年間（1573～92）の築造。しかも現役の住宅である。かつて髙林家は庄屋を束ねる「大庄屋」だっただけあって、家の規模も造りもいわゆる「町家」と呼ばれるものとは全く違う。内部の写真は2017年11月、秋の特別公開でのもの。次回の公開には近くの御廟山古墳、百舌鳥八幡宮とセットで訪ねると、このエリアの深い歴史がよく分かるはずだ。

また髙林家は代々、百舌鳥を中心に旧大鳥郡や旧和泉郡の広大な土地を所有していただけでなく、古墳の調査や保全についても熱心だったという。明治期に調査され、宮内庁に提出されたであろう絵図を、十数年後に髙林家が写し取って制作した絵図は現在、堺市博物館が保管している。一般公開されることもあるため、古墳好きはぜひご覧いただきたい。

4棟あるうち主屋は切妻造の茅葺屋根。屋根の形は「大和棟」といわれ、大阪府と奈良県北部に多い

『百舌鳥耳原三御陵 御陪塚並陪塚ト認ムベキ民有地畧図』（髙林家所蔵）。履中天皇陵の南に大塚（大塚山古墳・P69）、左上に長塚（長山古墳・P68）の文字が見える

髙林家住宅 map P73 B-2

●堺市堺区百舌鳥赤畑町5丁647

※通常は非公開（重要文化財）

白漆喰の土塀がつくりだす見事な景観。左に行っても右に行っても、御廟山古墳に出られる

今でも現役で使えるかまど。ここだけでなく家屋のいたるところに神さまが祀られ、先人の信心深さを伝えている

この天井の高さ！　内部は約半分を土間とし、大きな梁が架けられて広々とした空間をつくっている

百舌鳥古墳群

中《な》百《か》舌《も》鳥《ず》エリア

Nakamozu Area

御堂筋線のターミナルから、手軽に行けて登れる墳丘が4つもあった。

今回登場する中では「美しい古墳」の1、2位を争うニサンザイ古墳がどうしても目立つが、登れる小さな墳丘の存在を見逃すなかれ。幹線道路からはわかりにくい場所にあるけれど、バラエティに富んでいる。とくに御廟表塚古墳は、街道&古墳の無敵のコンビです。

後円部から。風が吹くと周濠の水面が揺れて、湖のような景色に

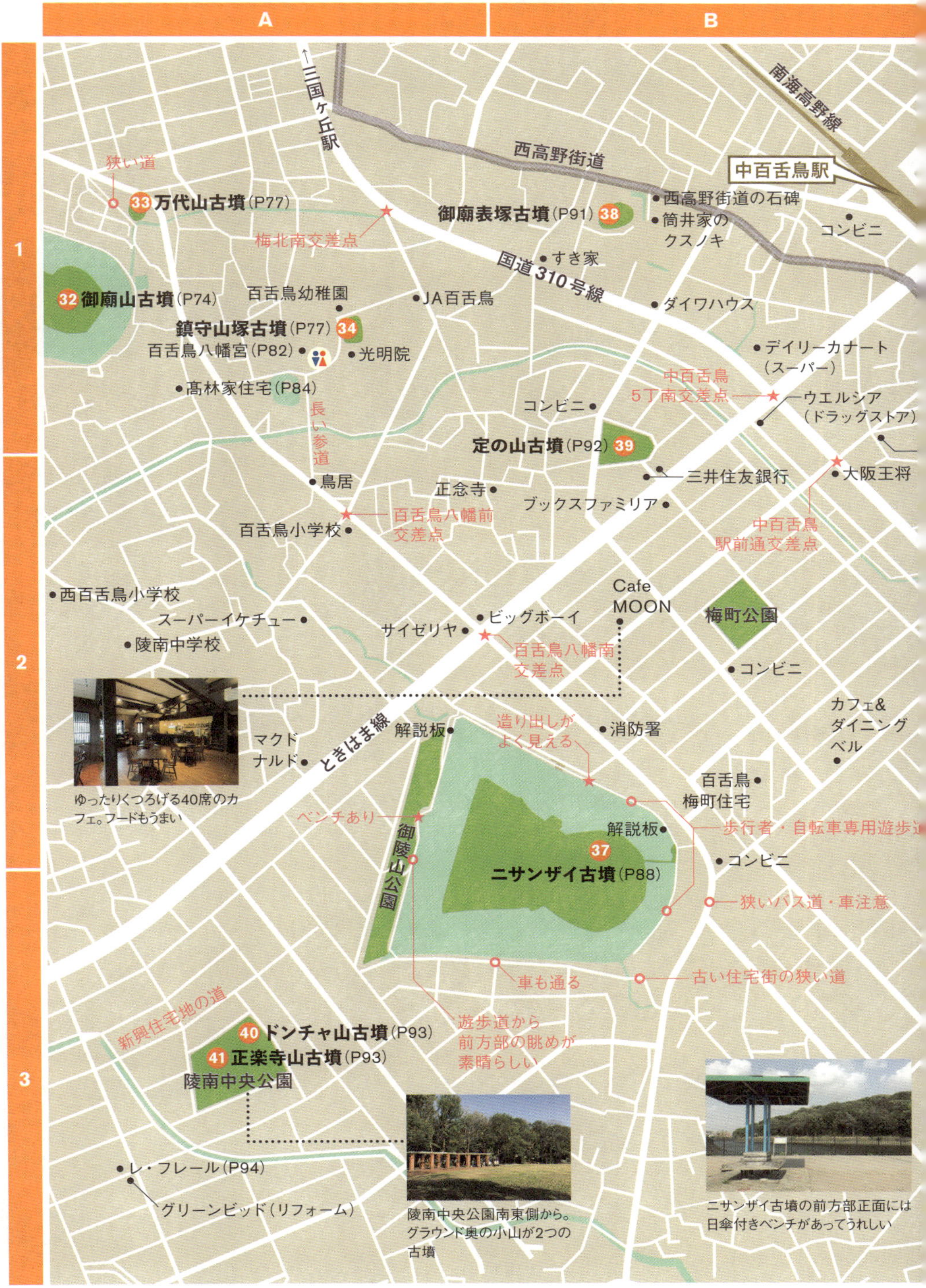

A
B
1
2
3
←三国ヶ丘駅
南海高野線
西高野街道
中百舌鳥駅
狭い道
33 万代山古墳(P77)
梅北南交差点
御廟表塚古墳(P91) 38
西高野街道の石碑
筒井家のクスノキ
コンビニ
国道310号線
すき家
32 御廟山古墳(P74)
百舌鳥幼稚園
JA百舌鳥
ダイワハウス
鎮守山塚古墳(P77) 34
百舌鳥八幡宮(P82)
光明院
デイリーカナート(スーパー)
髙林家住宅(P84)
中百舌鳥5丁南交差点
ウエルシア(ドラッグストア)
長い参道
コンビニ
定の山古墳(P92) 39
三井住友銀行
大阪王将
鳥居
正念寺
ブックスファミリア
百舌鳥八幡前交差点
百舌鳥小学校
中百舌鳥駅前通交差点
Cafe MOON
梅町公園
西百舌鳥小学校
スーパーイケチュー
ビッグボーイ
サイゼリヤ
陵南中学校
百舌鳥八幡南交差点
コンビニ
カフェ&ダイニングベル
マクドナルド
ときはま線
解説板
造り出しがよく見える
消防署
ゆったりくつろげる40席のカフェ。フードもうまい
百舌鳥梅町住宅
ベンチあり
御陵山公園
解説板
歩行者・自転車専用遊歩道
37
ニサンザイ古墳(P88)
コンビニ
狭いバス道・車注意
車も通る
古い住宅街の狭い道
新興住宅地の道
40 ドンチャ山古墳(P93)
41 正楽寺山古墳(P93)
陵南中央公園
遊歩道から前方部の眺めが素晴らしい
レ・フレール(P94)
グリーンビッド(リフォーム)
陵南中央公園南東側から。グラウンド奥の小山が2つの古墳
ニサンザイ古墳の前方部正面には日傘付きベンチがあってうれしい

ザ・ビューティフル！
ポスター登場の常連モデル。

37 ニサンザイ古墳《にさんざいこふん》 世

美しい……！

目にした途端、思わず言葉がこぼれ出た。濠には水が豊かに湛えられ、空の雲がぽっかりと映し出されて、水面からそびえるようなグラマラスな古墳全景が、堤の上からくっきりと見渡せる。圧倒的な量感、そして均整のとれたプロポーションバランス。左右のくびれ部の造り出しもきれいに残っていて、じつに見事である。

5世紀後半。この時代は大王の権力が最も増した時代だといわれているが、大王の威信にかけて、人力と財力を注ぎ込んで造り上げた古墳がこれなのだろう。

「最近の発掘調査で全長が300m以上あることがわかり、もともと290mとされていて全国8番目の大きさだったのですが、7番目に格上げされたんです」と橘さんはうれしげに話す。ランキング上昇！　そんなこともあるのが古墳の面白さだ。直接の関係者ではないが、こちらもなんだかうれしくなる。堤の上からはどこに立っても遮るものがなく、前方部も後円部も造り出しも、古墳の形がとにかく見やすくて、把握しやすい。

北西側、御陵山公園の美しい遊歩道

御陵山公園に馬の埴輪を模した遊具が

前方部北西角の見事なシルエット。外周は堤になっていて、濠沿いには、全体の3分の2ほど遊歩道がめぐる。左手奥の稜線は大和葛城山（959m）

古墳の濠に沿ってウォーキングコースが整備されているのもポイント高し。なんて壮大！ なんて快感！ こんなところを毎日、散策できるなんて、気持ちいいに決まっている。近所に暮らせば、古墳から良い〝気〟をもらって、なんだか長生きできそうな気がする。

さらに、古墳の西側には美しい公園が整備されていて、近くの人々の憩いの場にもなっている。馬形埴輪や古墳型の遊具があり、子どもたちが遊びまわり、その傍で若いお母さんたちがのんびりおしゃべりに興じていた。その中の一人、この辺りで生まれ育ったという女性に古墳のことを聞いてみたが……「小さい頃からいつもあるから、身近すぎて特別なものには感じないです」とさらり。

歴史の教科書と飛行機の上からしか古墳を見たことがなく、憧憬の念満載で古墳を訪ね歩く身からすれば、それって、ずるい！ うらやましすぎる！ すっごい贅沢やん!!と、ジェラシーが入る。

とにかく、この古墳はどこから見てもフォトジェニックでビューティフル！ 見飽きることがない。水際の立ち上がりがひと際美しく、とくに前方部角のあたりのシャープなエッジの美しさなど、つい見とれてしまう。古墳に性別はないが、艶やかな髪の毛をさらりと揺らせて、ふわりと微笑みかける女優のようなオーラさえ感じる。

春夏秋冬、それぞれに見どころはあるだろうけれど、紅葉の季節は一段と美しいという。錦秋をまとった古墳が水面に映る美しさはいかばかりだろうか。

晩秋、ニサンザイ古墳の紅葉は見もの。飛行機からはご覧のとおりの絶景が楽しめる

後円部（東側）の対岸から墳丘に通じる堤が

37.ニサンザイ古墳　map P87 B-2

●前方後円墳●墳丘長約300m、後円部径約170m、高さ約24.6m、前方部幅約224m、高さ約25.9m●5世紀後半●堺市北区百舌鳥西之町3丁

百舌鳥古墳群の南東端にある、前方部を西に向けた大型の古墳で、前方部の大きく広がった墳丘は3段に築かれている。主体部の構造や副葬品はわかっていないが、葺石と埴輪のあることが確認されている。現在は一重の周濠がめぐっているが、発掘調査によって外濠のあることが確認された。造り出しでは蓋形埴輪や須恵器の大甕、高杯などが出土、多くの木製品も見つかった。木製品を用いた儀礼が行われていたと考えられる。

2012年～15年度の発掘調査で、周濠から木造の橋脚跡とみられる柱穴35カ所と橋脚の一部と見られる直径約20cmの木材が2つ見つかった。後円部から周濠にかけて7カ所の柱穴が3列あり、周濠の底からも見つかったことから、幅約12m×長さ45m以上の巨大な木橋がかけられていたと考えられている。「被葬者を運んだ」や「石棺などの重い資材を運ぶため」などの諸説がある。

梅田から地下鉄1本で、街道沿いの〝登れる〟墳丘へ。

38 御廟表塚古墳《ごびょうおもてづかこふん》

地下鉄御堂筋線なかもず駅から、西高野街道をちょっと歩いたところにひっそりと佇む。もともとは、すぐそばに建つ筒井家の敷地の中にこの古墳はあったらしい。筒井家は戦国時代の大名、筒井順慶の子孫という由緒正しい旧家だそうだが、庭か離れに古墳があるとはなんとも凄いスケールだ。居間でお茶を一服しながら〝うちの〟古墳を眺めるなぞ、いやはや庶民にはとても想像できない。しかし、そのおかげでこの古墳が守られてきた。

古墳のすぐそばに筒井家の正門と巨大な楠が2本

　しかも、百舌鳥古墳群の中では希少な登れる古墳だ。発掘調査で、テラス部分に円筒埴輪や朝顔埴輪などの埴輪列が見つかったという。落ち葉をパリパリ踏みしめながら結構な勾配をのぼると、思った以上に高さがある。いつも思うのだが、前方後円墳や帆立貝形古墳の場合、後円部の墳丘にぐぐっと勾配があって、急激に盛り上がるスタイルが多い。一見、小高い丘とか小山に見える古墳も、こうして実際に登ってみると、やはり自然の隆起ではなく、人工物、人が造ったものであることを実感する。

　すぐそばに筒井家を守るように植えられた大楠の木が2本。1本は大阪府指定、もう1本は堺市保存樹木に指定されている。古墳の上にも高い木々が植わっているので、この一角だけ、深い森に迷い込んだような感じだ。

　時々、風がさあっと吹いて、木々がざわめく。すぐ近くのなかもず駅の喧騒が嘘のように静まり返って、たった一人いにしえの時代への入り口にいるような気分になる。

晩秋～冬には落ち葉が。5月から秋までは墳丘は緑に覆われ、ちょっとしたピクニックが楽しめる

38.御廟表塚古墳　map P87 B-1

●帆立貝形古墳●墳丘長約84.8m、後円部径約67.6m、高さ約8m●5世紀後半●堺市北区中百舌鳥町4丁

　円墳のように見えるが、本来は帆立貝形古墳。今はなくなってしまった前方部は西向き。濠は後円部側の一部を残して埋め立てられている。後円部は2段に築かれており、発掘調査で円筒埴輪列が見つかっている。

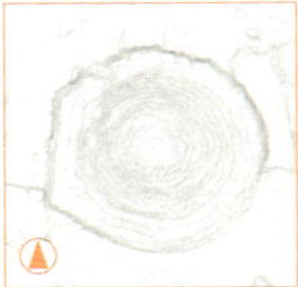

お花見まで楽しめる ほっこり癒し系の墳丘。

39 定の山古墳《じょうのやまこふん》

もう一つ、前頁の御廟表塚古墳と同じく、墳丘に登れてかわいい古墳が近くにあった。御廟表塚古墳がひそやかなタイプとすれば、こちらはオープンハートで開放的だ。現在はまん丸い小山のように見えるが、実は帆立貝形古墳。昭和30年代までは、この辺りは水田が広がり、そこに周濠の跡がクッキリと残っていたという。今は、城の山公園という名の古墳公園になっている。

「ニサンザイ古墳の陪塚かもしれないという説もありますが、距離が離れ過ぎていますしね。おそらく独立古墳でしょう」（橘さん）

こういうサイズの古墳には、仁徳陵のような超巨大古墳と異なる魅力がある。まず全容が手にとるようにわかること。そこに親しみを感じる。そしてもう一つは、かわいらしさである。

古墳がかわいいというのもおかしいが、古墳好きなら誰もが知る古墳女子のオーソリティ、まりこふんさんがその著書で「かわいい」を連発しているのだが、その気持ちが、ここに来て、ようくわかる。ちょこんとして、ぽこっとして、うずくまった動物のようにも見えるし、冬場に落ち葉に覆われた姿は、いま流行りのモフモフに見えないこともない。

不思議なのだが、古墳には結界のようなものがあるように思う。古墳に登ると、周りに目に見えないバリアが、ふわりとベールのように覆われているような気分になるのだ。守られているというか、拒絶されず、受け入れられている感じがする。

さて、この墳丘には大きな桜の木が生えている。古墳と桜。満開になったらさぞや素敵なツーショットだろう。春になって桜が咲いたらここに来て、墳丘の頂上で大の字に寝てみたい。

視界の利いた墳丘に登れるうれしさよ。団地的公園の中に、こんな素敵なボーナスが

39.定の山古墳 map P87 B-1

●帆立貝形古墳●墳丘長約69m、後円部径約55.6m、高さ約7m●5世紀中頃●堺市北区百舌鳥梅町1丁

一見するとただの土まんじゅうのような形をしているが、もともとは前方部を西に向けた帆立貝形古墳で、昭和43年(1968)より行われた土地区画整理事業によって墳丘が著しく変形し、そのまま公園となった。発掘調査で、葺石と埴輪列の存在が確認。前方部が削られるときには、墳丘中央に埋葬施設の可能性のある粘土の塊があったといわれている。

児童公園の中にひっそりと、小さいけれど立派な古墳。

40 ドンチャ山古墳《どんちゃやまこふん》
41 正楽寺山古墳《しょうらくじやまこふん》

ニサンザイ古墳からほど近い陵南中央公園の中に、小さな古墳が二つある。何も知らなければ、公園の中の築山かと思ってしまうが、ここも立派な古墳である。

ドンチャ山古墳は円墳で、埴輪や須恵器が出土している。正楽寺山古墳も円墳で、埴輪は見つかっていないが、須恵器が出土していて、ともに6世紀前半以降につくられた古墳ではないかといわれている。この近くにある飛鳥山古墳は、最近の調査で古墳でないことがわかったという。消滅してしまった古墳もあれば、後に古墳でなかったとわかるものも。古墳の世界は実に奥深く、謎めいている。

古墳の研究というのは、古墳の形はもちろん、出土した埴輪のひとかけらから、例えばその作り方や使われた土などから、多くの情報を得る。それらのデータを積み重ね、データが連綿とつながって、少しずつ全容が解明されていく。物言わぬモノたちが雄弁に語ってくれるとき、研究する人たちはどんなにワクワクするんだろう。

ドンチャ山古墳も正楽寺山古墳も自由に登れる。放課後は子どもたちのいい遊び場になりそうだ。古墳時代がそこに存在する公園で遊ぶってほんとにどうよ!?って、研究者なら羨ましすぎて、文句の一つも言いたくなるだろうな。

古墳は、名前の面白さもなかなかのもので、正楽寺山は何かお寺があったのかなと想像できるけれど、ドンチャ山ってなんだろう? つい〝どんちゃん騒ぎ〟を連想してしまうが(失礼)、名前の由来も少しずつわかってきたら、古墳はさらに面白くなるにちがいない。

さほど大きな公園でもないが、樹木のボリュームがすごい

古墳がダブルで楽しめるなんて、地元の子どもたちは幸せだろうな

秋は見事な紅葉に包まれる。住宅街の楽園

40.ドンチャ山古墳 map P87 A-3

●円墳●直径約26m●6世紀前半以降●堺市北区百舌鳥陵南町3丁

41.正楽寺山古墳 map P87 A-3

●円墳●直径約15m●6世紀前半以降●堺市北区百舌鳥陵南町3丁

レストラン レ・フレール

カフェ、ブーランジェ、レストランと いろんな使い方ができる地元の人気店。

ドレッシングもソースもすべて自家製のローストビーフ150g1,780円。あぁ、ワインが欲しくなるなぁ

ドンチャ山古墳と正楽寺山古墳（前頁）がある陵南中央公園にほど近く、青空に映えるクリームイエローの外観は、地元の人御用達のフレンチレストラン。広々とした店内は、1階がカフェとブーランジェ、2階がレストランになっている。扉を開けると、焼きたてパンのいい匂いがふんわり漂ってきて、食欲がぐぐっとそそられる。

人気はカフェのランチメニュー（1000円～）。ワンプレートランチをはじめ、カレー、ハンバーグセットなどお手頃価格のランチが揃っているうえ、パンをチョイスすれば、ブール、バゲット、フォカッチャ、くるみパンなど、焼きたてパンが食べ放題というのもうれしい。お薦めは数量限定のローストビーフ（1350円～）。肉厚のサーロインロースをしっとりジューシーに焼き上げて、新鮮野菜のサラダをたっぷり添えている。スープと焼きたてパンのセットを選ぶこともできる。分厚いローストビーフをいただけば、お腹も満足。売切御免なのでご注意を。

ブーランジェでは、天然酵母パンやデニッシュ類、惣菜パンが常時30～40種揃うので、好みのパンを買って自転車に積んで、どこかで好きな古墳を眺めながらお弁当タイムというのもおすすめだ。

1.2階からはニサンザイ古墳の墳丘も見え、気分も盛り上がる　2.1階では植物販売とのコラボイベントやジャズイベントなども行われている　3.マネージャーの平畠慎介さん。クリーム色が印象的な外観は、[サカイノマ]（P223）なども手がけた堺出身の空間デザイナー、間宮吉彦氏の設計

レストラン
レ・フレール
map P87 A-3

●堺市北区
百舌鳥陵南町3-413
☎072-276-1888（代）
カフェ8:30～22:00
（ランチ11:00～14:30）
レストラン11:00～22:00
（ランチ～14:30L.O.）
月曜休（2019年9月から）
※祝日は営業
（翌日は昼のみ営業）

味の店一番

地下鉄が来ていなかった頃から「不動の四番打者」とんかつ名店。

ホテルや有名洋食店で修業し、「揚げ物は人に負けへん」の金森良友さんが中百舌鳥駅前通りにカウンター10席のお店を開いたのは昭和49年（１９７４）のこと。「安くて美味い、愛想よし」のとんかつ屋は地元の人や府大生、当時は「中モズ球場」が近くにあった南海ホークス（現・福岡ソフトバンクホークス）の選手たちも足繁く通い、口コミでお客さんは

1. 大定番のロースカツ定食780円。古墳めぐりの後なら、ビールも頼みたいところだ。これに海老フライやハンバーグなどを加えた盛り合わせメニュー（1,200円～）も人気で、メニューを見ると目移りする　2. 予約は不可。満席の時は名前を書き込んで皆さんじっと待ってます。客層は実に多様　3. 現場を仕切る料理主任の森本浩一さんはじめ、皆さん忙しくても、こんな顔で迎えてくれます

増える一方。少し南の現在地に移転し、テーブル席も加えた。ハンバーグやオムライスなどのメニューも増え、味も進化して、ホークスがかつて地元球団だったことを知らない世代も「ここのとんかつはいつ食うても美味いなぁ」と通う。

肉のやわらかさ、デミグラスソースの酸味、キャベツにかかるドレッシングのキレの良さ……どれも素晴らしい。加えて、お客さんの「美味いとんかつへの期待と満足感」が波動となって店内を包む。人が幸せそうに食べる顔を見るのもええな、と自然に思え、食べ終わった後は「今度来たら何を頼もうかな」に気持ちが移っている。古墳めぐりはお腹がすくだけに、こういう場所で幸せになろう。

味の店一番
map P87 B-1
●堺市北区
中百舌鳥町6-882-3
✆072-257-2500
11:30～21:30（L.O.）
無休

古墳の「キホンのキ」③

どんな人が葬られていたのだろう?

古墳に眠る人。これは古墳好きの永遠のテーマであり、謎であり、ロマンである。その人は、巨大な古墳を築造するために何百、何千という人間を動かせる力があった。そして、古墳を造るための優れた技術者集団を抱えることができた人物でもあった。

となると、やはりただ者ではない。大王《おおきみ》クラスの莫大な権力と支配力のあった人間が埋葬されていると考えるのが妥当だろう。日本各地に小さなクニの王がいて、その王たちを束ねていたのが中央の大王というわけだが、百舌鳥・古市古墳群の最盛期である５世紀半ばは、古墳の大きさ＝そこに眠る人物の力を如実に現していたそうだ。身分が高い者ほど大きな古墳を造ってその力を誇示し、支配力を高めていったのだろう。

「倭の五王」の古墳をさがせ。

そこで注目されるのが「倭《わ》の五王」である。中国の『宋書』には、南朝・宋に対して外交を活発に展開した5人の歴代「倭王」についての記載が残っている。それが「讃《さん》」「珍《ちん》」「済《せい》」「興《こう》」「武《ぶ》」の5人の王で、それぞれが実際に誰であるかについて諸説ある。そして、5人が活躍した時代はちょうど百舌鳥・古市古墳群が築かれた年代と重なるので、いったい、どの倭王がどの古墳に埋葬されているのか……と考えるだけでも歴史好きにはたまらない。それぞれが、ある天皇だという説があり、それが〇〇天皇だとしたら、〇〇天皇陵古墳に眠る人かもしれない……という物語を私たちに提示してくれている。そのような想像を膨らませながら古墳をめぐるのは、実に楽しいことである。

これらの人物と古墳のかたちをセットで考えると楽しい

〈倭の五王についての説〉
讃＝仁徳（仁徳天皇陵古墳？）
　または履中（履中天皇陵古墳？）
珍＝履中（履中天皇陵古墳？）
　または反正（ニサンザイ古墳
　または反正天皇陵古墳？）
済＝允恭（允恭天皇陵古墳？）
興＝安康（安康天皇陵古墳？・奈良市）
　または日本武尊《ヤマトタケルノミコト》（白鳥陵古墳？）
武＝雄略（雄略天皇陵古墳？）
　または仲哀（仲哀天皇陵古墳？）

この5世紀を中心に、日本全国に前方後円墳が広がっていった。各地方の王たちの墓を、中央の大王と同じ墓の形にする。つまりそれは、服従するという意思表示になっていたのではないか？ともいわれている。

古墳はその大きさ、かたち、時代、発掘物などで実にたくさんのメッセージを1500年以上後に生きる人間に発信してくれているのである。

百舌鳥古墳群

反正《はんぜい》陵・堺東エリア

Hanzeiryo & Sakaihigashi Area

反正天皇陵古墳と方違神社のある「三国ヶ丘」の空気にひたれ。

堺で一番大きなターミナルから5分ほど坂を登ると、いつの間にか「陵《みささぎ》」の静けさと美しい自然に包まれる。聖地・方違《ほうちがい》神社もある。古墳に近い山の手の「けやき通り」は和めるし、帰りは帰りで堺東の下町っぽい盛り場に立ち寄ると、もっと楽しくなるはずだ。

方違神社の参道
はかつてここまで
あった。堺市に2本
だけしかないくろが
ねもちの木

秋になるとケヤキがこのように色づいて、周囲の景色をやわらかくする
「欅」の名が付く某グループのファンも訪れているというけやき通り

真夏の反正天皇陵古墳を北側から撮影。都心のそばなので住宅でぎっしり。下が方違神社(堺市提供)

ふらっと入れ、美味くて安い焼肉&ホルモンが楽しめる人気店[oto-kichi]

[洋食びもん]のランチはこのセットで700円と超良心的。15時までとうれしい

繁華街のすぐそばなのに山の手ハイソな雰囲気漂う。

42 反正天皇陵古墳《はんぜいてんのうりょうこふん》（田出井山古墳《たでいやまこふん》）世

堺東駅前は、市役所あり百貨店あり商店街あり盛り場あり、という喧騒地帯だが、南海高野線の線路を東へ渡り、緩やかな坂を登っていくと、急に静かな住宅地へと変わっていく。

百舌鳥八幡宮界隈とは同じ「門前町」でも全く違う。

府下屈指の進学校、府立三国丘高校を過ぎる頃から、左手に緑のこんもりとした山のようなものが見えてくるが、これが反正天皇陵古墳。百舌鳥古墳群の中では、最も小さい陵《みささぎ》である。古墳の周りには趣

堺市役所の展望ロビーからすぐ真下に見える

方違神社の境内から見た濠と後円部。波打ち際のようなのんびり感は、堺東という繁華街のご近所とはとても思えない

のある古い日本家屋があれば、モダンで瀟洒な住宅もあり、すぐ近くには「けやき通り」（P106）という並木道もあって、まさしくここは堺市内屈指の山の手。白い石畳を散歩している人や、その人が連れている犬さえも、そこはとなく品があり、全体にハイソな雰囲気がムンムン漂ってくる。そんな街並みの一角に、鈴山古墳と天王古墳という二つの小さな古墳があるのだが、距離が近いことから反正天皇陵古墳の陪塚だと考えられている。

　反正陵古墳のビューポイントは、なんといっても古墳の北東側に隣接する方違《ほうちがい》神社（P104）からがお薦めだ。古墳の濠は一重だが、当時は二重の濠だったことが調査でわかっているそうな。この古墳の周囲にも開発の波が押し寄せて、だんだんと家々が立ち並ぶよう

ここは「北陵」。仁徳は中陵、履中は南陵

正面拝所の東側。静かな住宅街が続く

になり、二重の濠が一重になってしまったのだが、おかげで、古墳本体のフォルムが手に取るようにわかるのはちょっとうれしい。

神社側からは、前方後円墳の後円、丸い円の部分がすぐ近くに見える。濠の水がキラキラと輝き、風がそよいで、気持ちがいい。堺市民が誇る歴史と由緒ある神社の浄らかな空気を背に感じつつ、古代からここに在った古墳を眺めるというのは、なんとも贅沢な気分だ。あくせくと働く日々が、スーッと浄化されていくように感じる。

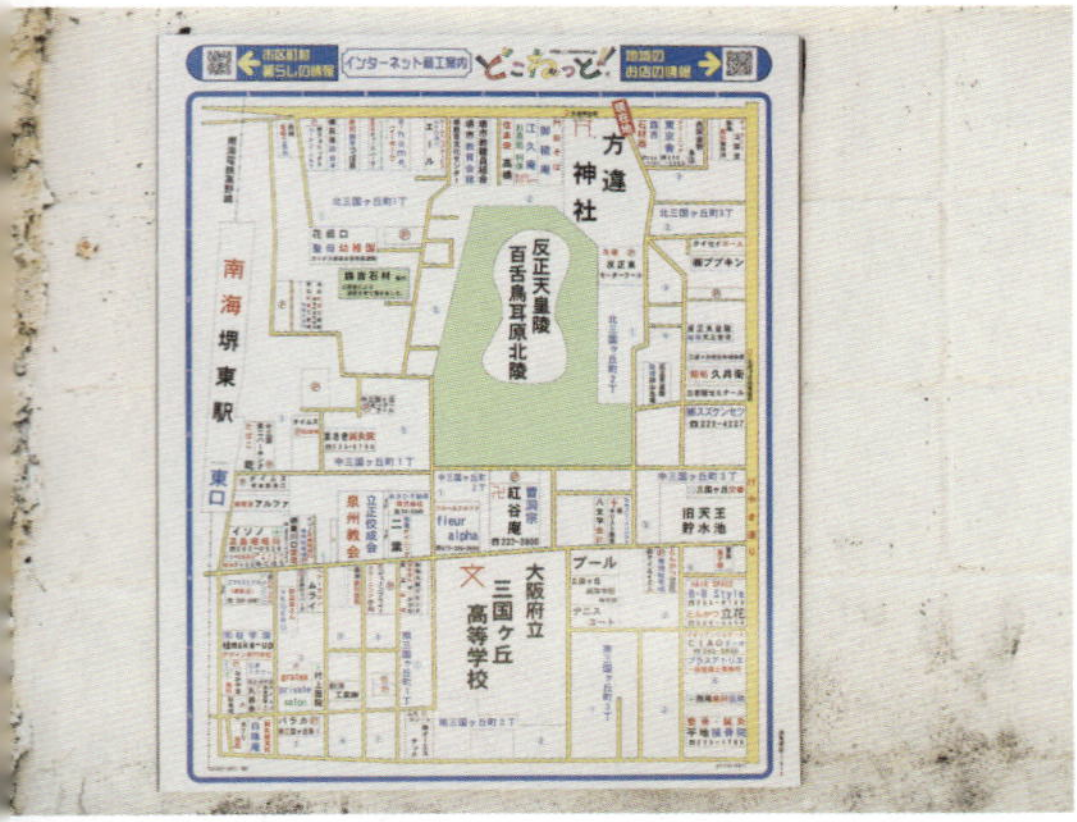

古墳、神社、高校、駅、店……いろんな時代が凝縮された町内地図

堺東から30分もあれば、自転車で回ってお釣りがくる。

町内の地図にも、至極当たり前のように古墳の絵が真ん中にあって、その周りに、美容院や駐車場やとんかつ屋さんが描かれている。時空を超えて、古墳時代と人間くさい現代の暮らしが、一枚の地図に、同時に、普通に収まっている不思議。この街の、古墳と人との距離感の非常な近さを感じる。

「〝古墳空目〟という症状が古墳好きにはよく起こるんですよ。古墳とは全く関係ない形のモノやマークが古墳に見えてしまうという現象で、公園内の人工的な盛り土が円墳に見えたり、女子トイレのマークが前方後円墳に見えたり。前方後円墳って単純化すれば●と▲なので、結構見つかるんですよ。空目なんだけど、古墳の形に近いものを人よりたくさん見つけるとうれしくなりますね」（橘さん）

最強古墳女子の本領発揮の話を聞きつつ、自転車で古墳の周りをぐるりとめぐってみる。反正天皇陵古墳のサイズだと、自転車なら5〜6分もあれば回れてしまうが、静かで緑溢れる周遊路はサイクリングにぴったりだ。

ふと見ると、私たち人間は入れないゾーン、宮内庁の柵の内側の木の根元で、古墳好きの猫がのんびりとくつろいで、あくびをしていた。なんとも羨ましい……。

南の履中陵まで「三陵周遊路」が続く

立入禁止区域でも和む地元のネコくん

42.反正天皇陵古墳 map P99 B-2

●前方後円墳●墳丘長148m、後円部径約76m、高さ13m、前方部幅110m、高さ約15m●5世紀後半●堺市堺区北三国ヶ丘町2丁

仁徳天皇陵古墳（P16）、履中天皇陵古墳（P56）と同様に前方部は南向き。百舌鳥古墳群の中では最北端にあり、現在は百舌鳥耳原三陵の「北陵」反正天皇陵として宮内庁が管理している。百舌鳥古墳群では7番目の大きさ。墳丘は3段に築かれ、そのかたちや出土した埴輪から、5世紀後半頃に造られたと考えられている。円筒埴輪、朝顔形埴輪、蓋（きぬがさ）形埴輪、須恵器などが出土した。

ぽこぽこと可愛らしい ツインズのような古墳たち。

43 天王古墳《てんのうこふん》
44 鈴山古墳《すずやまこふん》

反正天皇陵古墳東側の住宅地に小さな古墳が2つあり、住宅と住宅の間に、すました顔で鎮座している。こんなにかわいらしくて小さな古墳だが、発掘調査ではしっかり円筒埴輪が出土している。さらに鈴山古墳では、反正天皇陵古墳の二重目の濠が見つかり、そこから大量の円筒埴輪が発掘された。

　さらにこの2つは、百舌鳥古墳群44基中5基しかない「方墳」ということにも注目したい。とっても希少、小粒でもピリリと効く山椒のような、存在感のある古墳なのである。

「距離からいってもこの2つの古墳は反正天皇陵の陪塚だと考えられますね」(橘さん)

　ぽこぽこと古墳があって、その横を住人たちが普通に散歩したり、買い物に行ったり、自転車で子供をお迎えに行ったり。日常にこんなに古墳が溶け込んでいる風景は、ちょっとよそにないだろうな。

ミニ・ピクニックしたくなるような鈴山古墳。ここから反正天皇陵古墳の外周まではすぐだ

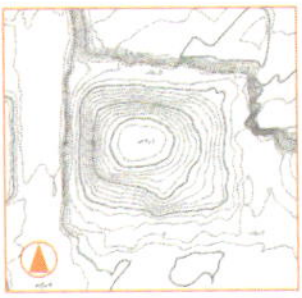

43.天王古墳　map P99 B-2

●方墳●墳丘一辺11m●築造年不明●堺市堺区北三国ヶ丘町3丁

　反正天皇陵古墳の外周にあり、宮内庁が陪塚として管理。

44.鈴山古墳　map P99 B-2

●方墳●墳丘一辺22m●築造年不明●堺市堺区北三国ヶ丘町3丁

　反正天皇陵古墳の外周にあり、宮内庁が陪塚として管理。

うずくまる動物のようなイメージの天王古墳

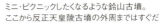

創建2100年を記念して社殿を新築する事業がはじまり、この平成30年1月に新社殿が竣工した

古墳と一緒に、この名所

由緒正しき三国の境目、方災除けの〝ほうちがいさん〟。

方違神社《ほうちがいじんじゃ》

この神社の歴史は非常に古く、紀元前90年といわれる。方違という名のとおり、方災除の神社として知られている。昔から北東と南西は鬼門の方角といわれており、悪い方向に向かう時には、いったん別の方向に移動して、方違《かたたが》えをする習わしがあった。

この神社は摂津、河内、和泉の三つ国の境に位置し（堺という地名の由来はそれ）ている。それぞれの国から見ると、方災が相殺されるため、方角のない聖地と考えられており、方災除の神社として信仰を集めてきた。

また、このあたりは古くから交通の要衝であり多くの人馬が行き交い、さらに熊野詣での通過点だったことから、人々はここで旅の安全を祈ったという。

「三国山」と彫られた手水舎の石

今も世界地図とラピートが刺繍された「旅行安全守」などのユニークな旅のお守りが人気だ。

古墳との関係は明らかではないが、方違神社のホームページには「後に応神天皇はこの地に須佐之男神・三筒男神・母后神（神功皇后）を合せ祀り、方違大依羅神社《かたたがえおおよさみのかむつやしろ》と名づけた。以後、方災除けの神として朝廷武家をはじめ崇敬篤く、関連文献には、仁徳天皇・孝徳天皇・弘法大師空海・平清盛・後鳥羽天皇・徳川家康などの名前が見える」とあり、百舌鳥古墳群に見られる天皇の諱《いみな》も登場している。

境内には清らかな空気が流れているが、それをさらに浄化しているのが、境内から見える反正天皇陵古墳（P100）の存在。古墳と神社のダブルパワーが、ここをより聖地らしい雰囲気にしているのだろう。

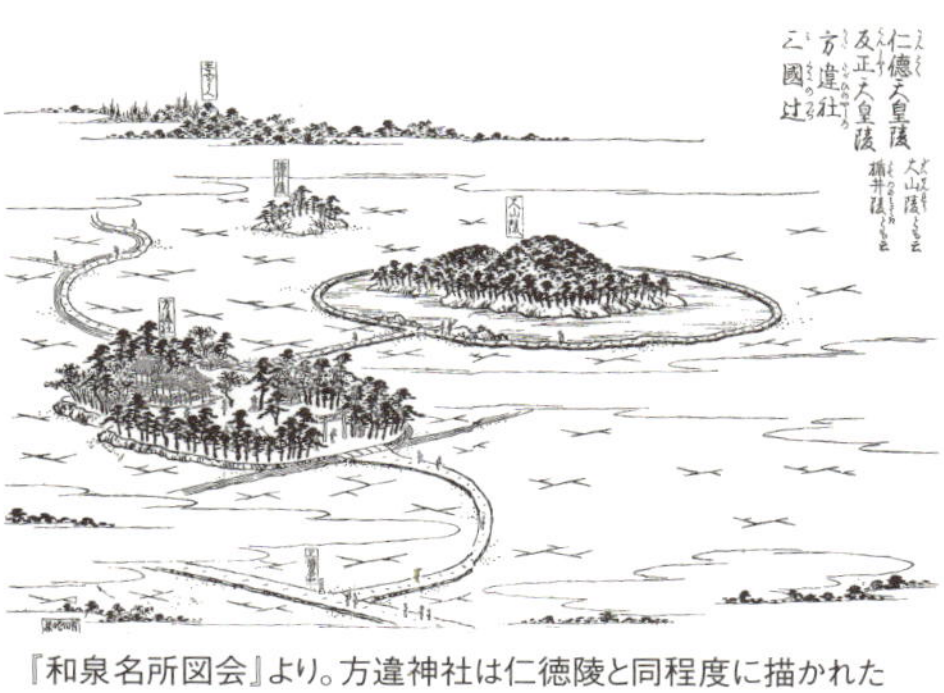

『和泉名所図会』より。方違神社は仁徳陵と同程度に描かれた

方違神社　map P99 B-2

●堺市堺区北三国ヶ丘町2丁2-1
☎072-232-1216　9:00～16:00

●周辺のお薦めスポット

芝生の盛り土がうっかり古墳に見えてしまいます。

旧天王貯水池　きゅうてんのうちょすいち

明治43年（1910）に計画給水人口6万人の規模の上水道配水池として建設。昭和37年（1962）まで約半世紀、その役割を担ってきた。

非常に美しい煉瓦造りでヨーロッパのムードが漂う。建設にあたっては、当時の最新の建材であった煉瓦で築造。堺はかつて煉瓦も重要な産業で、最新技術で製造した煉瓦を惜しみなく使ったのだろう。正面入口には水道施設の先進地ヨーロッパの建築の古典様式にならって「凱旋門」風のデザインを採用した。そのデザインと施工技術の優秀さから、国の登録有形文化財になっている。

●堺市堺区中三国ヶ丘町3丁3　map P99 B-2

熊野詣をする人の頼もしきボディガード神社。

境王子跡　さかいおうじあと

平安時代から熊野詣が盛んに行われた。皇族や貴人の熊野詣に際して先達を務めた熊野修験者によって組織された一群の神社を九十九王子《くじゅうくおうじ》と呼び、参詣者の守護が祈願された。境王子は、熊野街道沿いに設けられた九十九王子の一つだ。

当時、熊野街道は大坂（八軒家浜）から南下して旧堺の東側を通り、方違神社の近くで長尾街道と交差し、反正天皇陵古墳の東側を通っていた。境王子は方違神社の北方付近にあったと考えられ、現在、その場所に石碑が建っている。

●堺市堺区北田出井町3丁4-6　map P99 B-1

ここも寄りたい、古墳の地元店

美食道《グルメストリート》「けやき通り」で〝胃袋は一つしかない〟を思い知る。

方違神社から、反正天皇陵古墳の東側を通って仁徳天皇陵古墳に通じる欅並木が美しい「けやき通り」。

「美味い」の選択肢がありすぎて悩ましいけれど、人間の胃袋は残念ながらそんなに大きくはない。

なに、古墳めぐりは一度きりではないだろうし、次回に「今度はあの店」となればハッピーではないか。

そう、「けやき通り」はあなたがヘビーユーザーとなることを前提として、美しい葉を付けて待っている。

1.彩り、味、栄養の三拍子そろったランチスープセット1,380円　2.パフェは季節替わりに登場する。チーズケーキのパフェは冬から春限定　3.ヘアサロンっぽい感じの外観だけど、料理は本格派です

地元ママたちの御用達。

「のんびり待つ」のが暗黙のルール。

ゼルコバ食堂

ちょっとシャイな店主が一人で切り盛りしている。ワンプレートランチが人気で、取材日には有機れんこんの梅びたし揚げや鶏もも西京焼きなど工夫を凝らしたおかずは見た目も実に華やかだ。さつまいものポタージュも絶品で、味噌のおかげでコクが増し、滑らかな舌触り。丁寧に取っただしは「カフェごはん」の域を軽々と超えている。混み具合は日によって変わるが、13時半以降に予約をして来るのがベスト。ほっこりしたくなる店だ。

●堺市堺区向陵西町1-3-22 富永ハイツ102　☎072-275-9290
11:00〜19:00(L.O.18:00)　※ランチ〜16:00(売切次第終了)　日·祝休

世界パン

周囲がキャベツ畑だった頃から
健康志向のパンで地元の顔に。

世界パン

初代は最初喫茶店を開いていたが、取引先のパン屋さんが廃業したことをきっかけにパンを猛勉強し、大阪万博の1970年に40代後半で開店。生来の健康好きから天然酵母を探求した。複数の国産小麦をトン単位で北海道に発注、商品作りに使うだけでなく店頭でも販売する。「祖父は〝食事をおいしくするのはパン屋の役目や〟が口ぐせで、畑までやっていましたから」と三代目の今井英徳さん。古墳を見ながら大仙公園辺りでここのサンドイッチや菓子パンを食べてボーッとしていたい。

●堺市堺区向陵西町1-9-13　☎072-221-9061
10:00〜19:00　木曜·第3金曜休

1.もっちり粘りがある天然酵母ルヴァン食パン一斤364円。そのまま食べても旨みが歴然　2.ルヴァンと同様、前方後円墳の焼印を押したあんぱん150円。「世界遺産の側に世界パン」というキャッチフレーズを推している　3.店内の什器まで自作する三代目の英徳さんは、「ケヤキを守る会」の活動にも熱心だ

反正陵の最寄り和菓子店らしく ナンバー1名物は「古墳焼き」。

宝泉菓子舗

創業80年を超える、地元住民から学校、企業まで御用達の名店だが、「キャラクター和菓子作りの名人」と言われる店主・前田崇之さんのフットワークと頭の柔らかさで注目の新商品を次々と生み出している。その代表が古墳焼き。おなじみの三笠をくるっと巻いたものとはひと味違い、ファン曰く「モチムチの食感がたまらない」。冬〜春はいちご大福、夏は白玉あんみつ、秋にはぶどう大福の幸せも。

●堺市堺区南三国ヶ丘町3丁5-13　✆072-238-8128
8:30〜18:00　火曜休

1.店主の崇之さんとお母さんの歌代子さん。向かいには旧天王貯水池が　1.式典や贈答に使う和菓子の木型だけでも3桁。これが歴史　3.プレーンな粒あんと抹茶生地こしあんの2種類各175円。両方どうぞ

堺東から来る甲斐もある やわらかで後味抜群のとんかつ。

とんかつ立花

「堺東から」どころか、ここのとんかつ食べたさに堺以外からもファンが来る。注文が入ってから塊から切るチルドポーク自体も美味いけれど、軽めのソースやサクッとした衣がどれも素晴らしく、近くのママたちが2階でお昼を楽しんでいるのも道理かと。ランチだけでしょうが焼き、カレー、ハヤシライスを含め17種類。訪れるごとに一つずつ頼み、いつかはお造りとコーヒーも付いた「社長とんかつセット」（1,950円）を狙いたい。夜は活魚を売りに居酒屋営業もしているので、古墳めぐりのラストにも。

●堺市堺区南三国ヶ丘町3-5-24　✆072-228-0466
11:00〜14:00　17:00〜21:00　木曜休

1.「脂っこいのは……」という人にもお薦めのロースとんかつセット800円。ご飯、赤だしとのトライアングルが楽しい　2.23年前に創業。店主でお店のマークにもなっている立花章さん（左）と息子の良章さん

1.14時を過ぎると柔らかな西日が差し込んで、いい感じ　2.下半分を紙で包むことで「中身がハミ出るから食べるの難しくて」を解決。グッジョブ！自家製チーズハンバーグサンドセット1,210円　3.「ハンバーグのレシピ？聞いていただいたら教えますよ」と片山さん（左）。朝田さんと名コンビ

小腹にしみるハンバーグサンドの 「着地」は内村航平的に決まった。

あおみどり

青と緑が好きな色だという朝田幸介さんが「けやき通りの印象が良くて」即決し、2013年に開いた。とりわけ、ここのハンバーグサンドは印象に残る。焼き上げたハンバーグを休ませることで味が凝縮され、注文ごとに再度焼き、ソースを絡めてサンドする。食パンの薄さが具材と絶妙なバランスで、片山千絵さんによると「10枚切りや6枚切りも試してみたのですが、8枚切りがジャストでした」と。お持ち帰りも出来る。自慢の「あおみどりブレンド」と一緒にぜひ。

●堺市堺区向陵西町1-2-10　✆072-269-4722　11:00〜17:00　木曜・第3水曜休

「アフター古墳」の一杯がうまい堺東。

日本で20しかない政令指定都市の一つ、堺市最大の都心、堺東は
ターミナルそばに百貨店と役所と学校と大企業の支店と飲食街がある、コンパクトな繁華街だ。通称〝ガシ〟。
全国に古墳タウンは結構な数あるが、天皇陵古墳から徒歩5分でこんなに大きな盛り場が待っているなんて、ちょっとほかにはない。
とはいえ、古墳を歩いた後に堺東でビールが飲みたくなる、と言ったらきっと多くの人が同意するだろう。たとえばこんな店で……

ヒビノビア
クラフトビアキッチン&ストア

いろんなビールを飲んで
ひたすら幸せになりたければ。

1

堺市役所
21階展望ロビー

百舌鳥古墳群を眺めるのは
夕方がベスト、ご存じでした?

仁徳(正面)、履中(右)の両横綱揃い踏み。奥はニサンザイ古墳。背後は金剛山(左奥)から紀見峠〜岩湧山〜和泉葛城山〜山中渓と続く稜線

堺市役所21階展望ロビー
map P99 A-2
●堺市堺区南瓦町3-1
9:00〜21:00　無休(入場料無料)

「ビールと暮らすビールのお店」

ショップカードに記された、ビール好きの心にググッとくる言葉通り、日々ハッピーになれる美味しいクラフトビールを飲ませてくれる。オーナーの西尾圭司さんは、すでに中百舌鳥界隈で2軒のクラフトビールの店を経営し、満を持して激戦区・堺東駅前に3店目を開いた。

12本！ものサーバーには、日替わりで新鮮な生樽クラフトビール12種類がスタンバイ中で、見ただけで気持ちが前のめりになってしまう。ペールエール、セゾン、IPA、ヴァイツェンなどなど、香りを楽しむものやどっしりしたボディとコクを味わうもの、苦味、甘み、スッキリなど、味もタイプもさまざま。強者ならば、黙ってメニューの上から順に頼んでみるのもよし。

右側の冷蔵ケースには、国内外合わせて常時100種のクラフトビールが揃い、買って店内で飲むのも、もちろんお持ち帰りもよし。

キッチンからは、ビールがグイグイ進んでしまう秀逸メニューが繰り出され、その見事な相性の良さに、完全にヤラれる。うまいビール（500円～）と最強タッグの料理に「してやられたい」という人は、古墳アフターにぜひ。

2

3

4

ヒビノビア
クラフトビアキッチン&ストア
map P99 A-2

●堺市堺区北瓦町2丁1-24
✆072-232-3615
16:00～22:30（L.O.）
（土・日は14:00～）
※料理は22:00L.O.
無休

1.その名も「ピアノチキン」はじめ、地元の旨餃子、スモーク料理、自家製のシャルキュトリー、ゆで落花生など、ビールのための料理は脱帽もの　2.「ビール？ 今はぜんぜん」と話していた同行者は、なんだかんだ言って6杯ほど飲んでいた……　3.買って店内で飲みたい人は、グラス貸し出し&抜栓料300円で　4.なんともいえない心地よさに包まれる、半地下の店内。奥にテーブル席があり、ビールと料理を楽しむビアキッチンのよう

百舌鳥古墳群だけでなく、旧堺市街や堺港だけでなく、あべのハルカスから大阪の高層ビル街、生駒～金剛～和泉山脈など360度が一望できる。古墳はこの場所から南東～南にあるため、午前や午後の早い時間帯は完全に逆光になって見えにくい。けれど夕方になると、墳丘の緑のグラデーションまできれいに見えます。

ちなみに、仁徳天皇陵古墳の写真（P16）もここからの撮影だ。

虎屋

昼も夜も人が来ては和み、去っていく セントラル・ステーション的居酒屋。

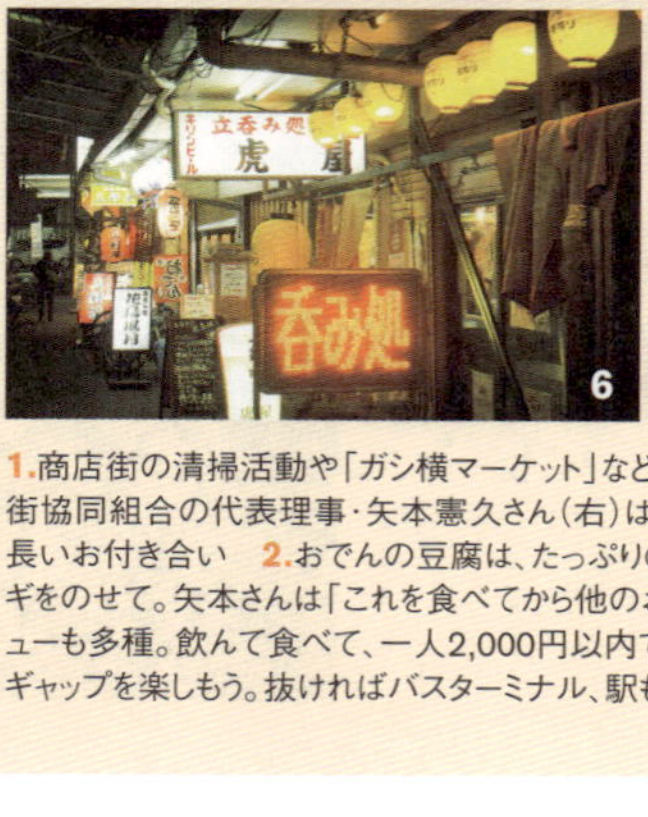

1.商店街の清掃活動や「ガシ横マーケット」などを次々と企画しては実行に移す堺東駅前商店街協同組合の代表理事・矢本憲久さん(右)はヘビーユーザー。ご主人とは商店街つながりで長いお付き合い　2.おでんの豆腐は、たっぷりの出汁の中に入ったものにとろろ昆布と刻みネギをのせて。矢本さんは「これを食べてから他のおでんを注文します」　3・4・5.無敵の定番メニューも多種。飲んで食べて、一人2,000円以内で大満足　6.ご近所の古墳と、立ち呑み街とのギャップを楽しもう。抜ければバスターミナル、駅もすぐだ

堺東ターミナル前の信号を渡り、商店街から少し入った一角。明かりにつられて入りたくなる立ち呑みスクエアがあるが、その中の老舗的一軒だ。「立呑み処」と謳いつつ座って飲めるのが歩き疲れた足にはうれしいし、ガラス戸にトイレも外という昭和さもまた楽しい。ダシのうまみが利いたおでんと燗酒、焼き鳥とチューハイ、ポテサラ、ハムカツ、きずし……隣の人と肩が触れ合う近さで、話が弾む。朝からずっと営業しているので、「夕方は何時からかな」と気にせずどうぞ。

ちなみに、写真の矢本さんのお薦めは「カレーとおでん。ここのカレーの美味さは堺東では常識で、ご飯以外にナンも選べます」。生中でも、ハイボールでもイケそう。

虎屋
map P99 A-2
●堺市堺区
中瓦町2-3-5
✆072-238-0553
9:00〜22:00
月曜休

The OLD TOM

酒・料理・内装・人と四拍子揃って、でも気楽なアイリッシュ・パブ。

1.山本貴志さん・望さん夫妻が醸し出す空気が、この店の素敵なキャラに　2.タンカレートニック（700円〜）はバルーンのグラスにたっぷり入って出てくるので、初めての人から歓声が上がる。ちなみに、矢本さんはこれに熱々のポップコーン（500円）を合わせるのがお気に入り　3.ちゃんとしたパブはフライドポテト（580円）も違う、という見本のような一品　4.小道具一つひとつに味がありすぎ

「猥雑な盛り場」という夜の堺東のイメージをいい意味で裏切っている店。外の景色とは一変する洒落た雰囲気と、いろんな客が思い思いに楽しむ〝パブ〟のノリが見事に調和して、またとない空気を創り出している。前述の矢本さんによると、「お勧めはやはりギネスビール。ゆっくりと注がれるのを見ながら、泡が落ち着くのを待つのは大人の時間ですね。他にも、数種類あるジントニック。これは本当にお洒落で女性の方も喜ばれます」。お腹を満たすフードメニューも充実していて、ここでビール、ウイスキー、カクテルなど、いろんなお酒を試したくなる。堺東の夜は奥が深い。

The OLD TOM
map P99 A-2
●堺市堺区2-1-5
堺東denoビル4F
☎072-247-7437
18:00〜1:00
（土曜15:00〜、
祝日15:00〜23:00）
日曜休

古墳の「キホンのキ」④

なぜ百舌鳥と古市に古墳群が生まれた?

日本史の中で最初の古墳が造られたのは3世紀半ば。奈良盆地東南部の倭迹迹日百襲《やまとととひももそひめ》箸中大市墓《はしなかおおいちのはか》に治定《じじょう》されている「箸墓古墳」といわれている。それから五代にわたって大王の墳墓はこの地に造られたが、その後北上して奈良盆地の佐紀の地に移動し、数代が築かれた。この間の約100年を「古墳時代前期」と呼ぶ。そして、生駒山を越えて新天地として大阪平野へと移動していく。

「交互に」造られた百舌鳥と古市。

4世紀後半に津堂城山古墳（藤井寺市・P118）が築造され、ここから古墳時代中期の幕が上がる。そして百舌鳥古墳群（堺市）と古市古墳群（藤井寺市・羽曳野市）に大王墳とされる巨大古墳が続々と造られ、応神天皇陵古墳（P176）や仁徳天皇陵古墳（P16）といった超巨大古墳が築造された。ここに古墳時代はピークを迎えた。

不思議なことに、百舌鳥古墳群と古市古墳群の巨大古墳は交互に造られたと見られているが、その理由はよくわかっていない。

そもそも、奈良盆地から大阪平野に古墳の築造地が移ったのはなぜか? 河内の勢力が増大し、大和政権に取って代わったという説や、大王の拠点は大和のままで、古墳の築造だけを大阪平野に移した……など諸説ある。

だんだんと巨大化する古墳のための土地の確保が大変だったのだろうか、などと想像するのは現代人的すぎるのかもしれないが、このあたりの移転説は興味を大いに引く。

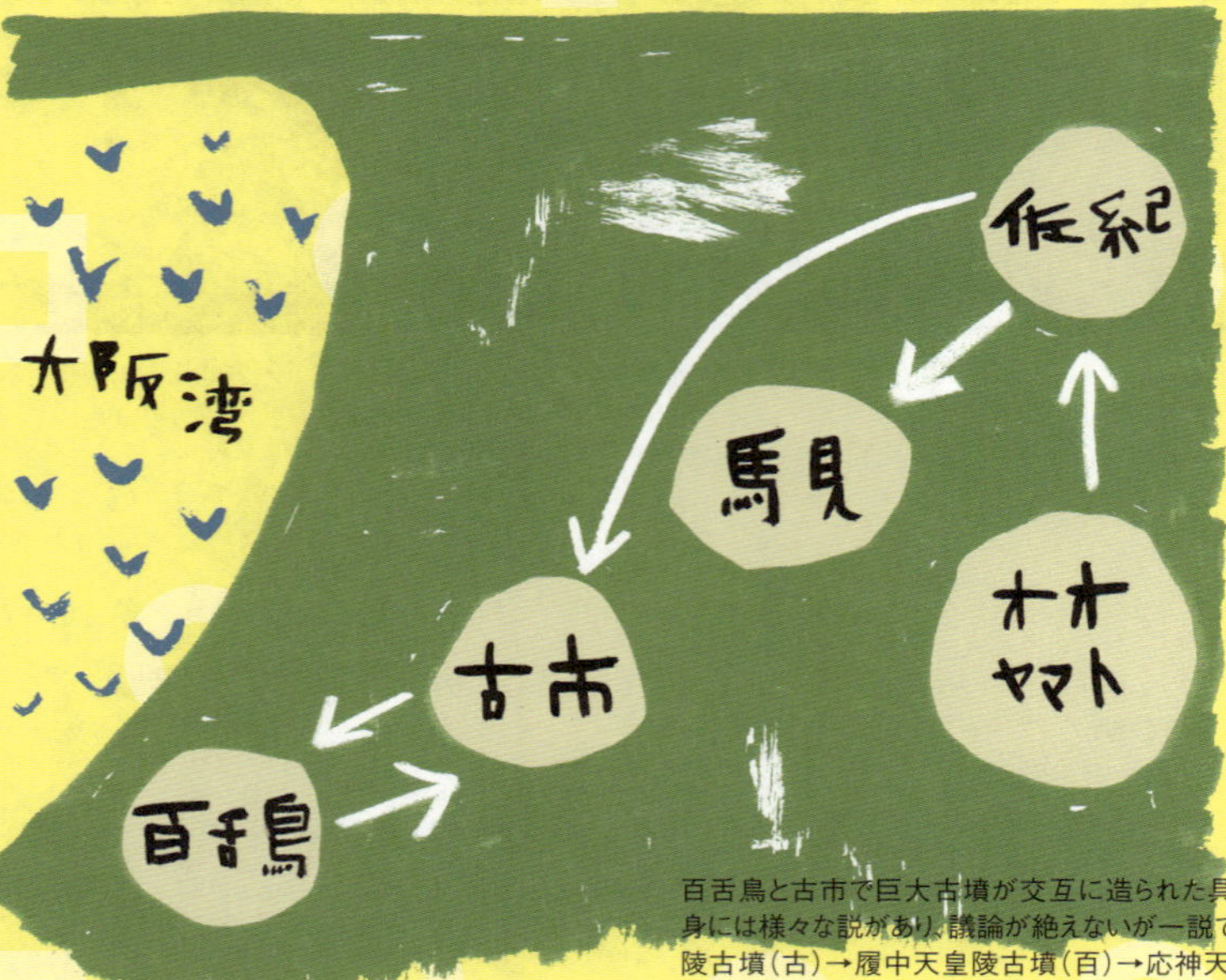

百舌鳥と古市で巨大古墳が交互に造られた具体的な中身には様々な説があり、議論が絶えないが一説では仲姫命陵古墳（古）→履中天皇陵古墳（百）→応神天皇陵古墳（古）→仁徳天皇陵古墳（百）→允恭天皇陵古墳（古）→ニサンザイ古墳（百）→仲哀天皇陵古墳（古）となっている

◎日本の古墳大きさランキング

※百舌鳥・古市古墳群と堺市のホームページより

順位	古墳名	全長（m）	所在地
1	仁徳天皇陵古墳（大仙古墳）《にんとくてんのうりょうこふん（だいせんこふん）》	486	堺市堺区大仙町　→P16
2	応神天皇陵古墳（誉田山古墳）《おうじんてんのうりょうこふん（こんだやまこふん）》	425	羽曳野市誉田　→P176
3	履中天皇陵古墳（石津ヶ丘古墳）《りちゅうてんのうりょうこふん（いしづがおかこふん）》	365	堺市西区石津ヶ丘　→P56
4	造山古墳《つくりやまこふん》	350	岡山市北区新庄下
5	河内大塚山古墳《かわちおおつかやまこふん》	335	羽曳野市南恵我之荘・松原市西大塚 →P222
6	五条野丸山古墳《ごじょうのまるやまこふん》	310	奈良県橿原市見瀬町・五条野町
7	ニサンザイ古墳《にさんざいこふん》	300以上	堺市北区百舌鳥西之町　→P88
8	景行天皇陵古墳（渋谷向山古墳）《けいこうてんのうりょうこふん（しぶたにむかいやまこふん）》	300	奈良県天理市渋谷町
9	仲姫命陵古墳（仲津山古墳）《なかつひめのみことりょうこふん》	290	藤井寺市沢田　→P154
10	作山古墳《つくりやまこふん》	286	岡山県総社市三須
11	箸墓古墳（倭迹迹日百襲姫命）《はしはかこふん（やまとととひももそひめのはか）》	280	奈良県桜井市箸中
12	神功皇后陵古墳（五社神古墳）《じんぐうこうごうりょうこふん（ごさしこふん）》	275	奈良市山陵町
13	ウワナベ古墳《うわなべこふん》	255	奈良市法華寺町
14	平城天皇陵古墳（市庭古墳）《へいぜいてんのうりょうこふん（いちにわこふん）》	250	奈良市佐紀町
14	メスリ山古墳《めすりやまこふん》	250	桜井市高田
16	仲哀天皇陵古墳（岡ミサンザイ古墳）《ちゅうあいてんのうりょうこふん（おかみさんざいこふん）》	245	藤井寺市藤井寺　→P132
17	崇神天皇陵古墳（行燈山古墳）《すじんてんのうりょうこふん（あんどんやまこふん）》	242	奈良県天理市柳本町
18	室宮山古墳（室大墓）《むろみややまこふん（むろおおはか）》	238	奈良県御所市室
19	允恭天皇陵古墳（市野山古墳）《いんぎょうてんのうりょうこふん（いちのやまこふん）》	230	藤井寺市国府　→P144
20	垂仁天皇陵古墳（宝来山古墳）《すいにんてんのうりょうこふん（ほうらいさんこふん）》	227	奈良市尼ヶ辻町

古市古墳群

（藤井寺市・羽曳野市）

街の中に古墳、ではなく「古墳の中に街」。それが45基。

空の広さ、山の近さ、歴史の深さ、街道の美しさで百舌鳥とはぜんぜん違う風景が待っている。古墳もしかり。大河の近くに生まれた古墳群だけに百舌鳥では発見されていない道具も出土。古墳から出た国宝も必見だ。

吊り橋では日本初の登録有形文化財となった玉手橋（1928年開設）東詰から北西方面を望む。右奥は允恭天皇陵古墳

臥龍橋のさらに南、近鉄南大阪線越しに見える応神天皇陵古墳の墳丘

長尾街道を西から走ると、雄略天皇陵古墳が周濠にぽっかりと。「古市へ来た」を実感する

夕暮れの津堂城山古墳。かつての周濠は市民の散策路に

墳丘の斜面に紅梅・白梅が咲き誇る早春の古室山古墳(西側から)

竹内街道から、新緑がみずみずしい白鳥陵古墳を望む

津堂城山古墳では毎年、5月下旬から6月上旬にかけて「花しょうぶまつり」が開かれている。北東側から(保田紀元撮影)

長尾街道を北上してまた西に曲がる場所で存在感を示す渋い日本家屋

上の写真の東側には「右いせ」と書かれた石の道標が

藤井寺市立図書館のジオラマ。埴輪をせっせと運ぶ人たち

古市古墳群

長尾街道エリア

Nagaokaido Area

津堂城山古墳を皮切りに「古市・百舌鳥」の時代がはじまった。

いきなり「登れる大型古墳」の洗礼からはじまる古市古墳群。墳丘から奈良との府県境にある二上山を見ると、その近さに驚くはずだ。長尾街道を西から来た人にとっては、浮島のような雄略天皇陵古墳が驚きの対象だっただろう。界隈は甘党の聖地でもある。

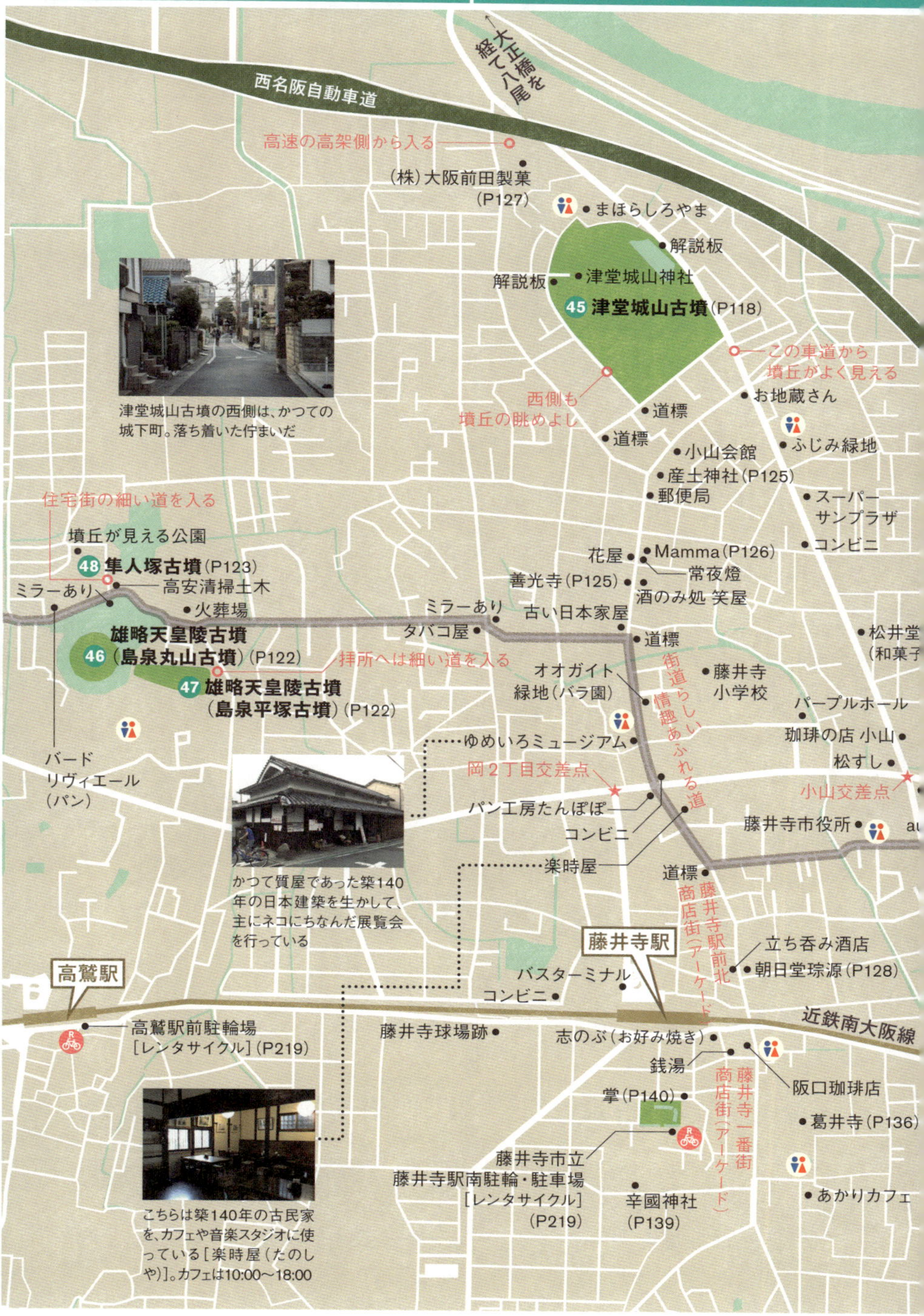

津堂城山古墳の西側は、かつての城下町。落ち着いた佇まいだ

かつて質屋であった築140年の日本建築を生かして、主にネコにちなんだ展覧会を行っている

こちらは築140年の古民家を、カフェや音楽スタジオに使っている[楽時屋(たのしや)]。カフェは10:00〜18:00

クールな水鳥の埴輪を備えた4世紀後半の流行スタイル！

45 津堂城山古墳《つどうしろやまこふん》 世

ああ、いいなあ、おおらかだなあ。ひと目見て、そんな気分にさせてくれるのが4世紀後半に築造された、古市古墳群最古の古墳だ。

室町時代には墳丘に城が築かれていたこともあり、全体に前方後円墳の形はかなり崩れているのだが、周囲の畑といい、公園といい、落ち着いた町並みといい、古墳のくびれあたりで小さな子どもたちが遊んでいる光景といい、思わずほっこりさせられる。貴人が眠る（はずの）場所なのに、子どもの楽しげな笑い声が似合うなんて、素敵な古墳ではないか。

シンボルの水鳥は、もしかしたら日本武尊？

この魅力的な古墳には、注目すべきポイントがいくつかある。その一つは、当時の最新流行スタイルであったということ。藤井寺市世界遺産登録推進室長の山田幸弘さん（P5）によると、巨大古墳には、時代ごとに形や構

造にいくつかの流行があるそうで、この古墳は当時最新の設計プランによって、初めて二重の濠と堤を取り入れたということだ。

さらに特筆すべきポイントは、前方部の濠に島のような施設を造っていること。これも新しいデザインの一つ。一辺17mの四角い島からは、超一級の発見とされる3羽の巨大な水鳥の埴輪（重要文化財）が発掘されたが、水鳥を添えるあたりもまた、心憎いセンスだ。

実物はアイセル シュラ ホール（P138）に展示されているが、なんともいえずユーモラスな表情で、デカいのだがかわいくてファンになってしまった。長い首やくちばし、水かきの造作など非常によく出来ていて、水鳥の特徴を上手く捉えている。やきもののスキルやものづくりのセンスが高度でないと、これだけのクオリティのものは作陶できないだろう。水鳥グッズを早く作ってほしいものだ。

ピクニックにはもってこいの墳丘の上。二上山も見える

東側のゆるやかな斜面を登って墳丘の頂上へ。古墳＝立入禁止の柵というイメージと正反対

「この水鳥はおそらく白鳥ではないかといわれています。白鳥は死者の魂を運ぶとされていますが、白鳥にちなんだ伝説がある日本武《ヤマトタケルノ》尊《ミコト》の墓がここではないかという説もあるんですよ（P200）。でも実際のところはわかりませんけどね」と山田さん。

なぜ浮島があったのか？　なぜ大きな水鳥なのか？　なぜ3羽なのか？　そしてなぜ3羽とも同じ方向を向いて立っていたのか？　などなど、疑問は尽きない。この尽きせぬ疑問を携えて古墳時代にタイムスリップし、当時の現場責任者にぜひとも訊いてみたい。

謎を胸にしまいこんで、ともかく古墳に登ってみることにした。近づくほどに、墳丘がむくむくと高さがあることがわかる。後円部には地元の人びとが信仰する津堂八幡神社がある。静かで古色ゆかしい神社だ。入り口に建つ石碑は、元はなんと古墳の石槨《せっかく》の天井石の一枚だった。非常に大きな一枚板の石だが、石槨の雄大なスケール感が伝わる。

後円部西側にある津堂八幡神社の鳥居

冬でも幼稚園児が楽しそうに遊んでいた

夏は緑のカーペットが墳丘を覆う。北西側上空から後円部を見る。左後方は大和川、右奥は二上山

四季の花が咲き誇り、季節を問わず子どもたちが集う。

神社の横手に回り、古墳の前方部と後円部の間から登っていく。なかなかの急坂で、うれしさゆえに急いで登って息が上がってしまったが、墳丘の上もどこかゆったりとしている。陽の光が枯れ草に柔らかく当たって、大きなラクダの背中にいるような気分になる。後円部の頂には柵が付けられ、中に入ることはできない。円の真ん中あたりに大きな楠の木があるが、その下に石棺が埋まっていたそうだ。

もしかしてここに日本武尊が……などと考えると、ミステリアスな雰囲気がさらに深まる。

前方部に行くと、広々と視界がひらけて、藤井寺市の町並みや西名阪自動車道がずっと向こうまで続いているのが見える。斜面に柿の木が何本も生えていて赤い実がたわわに実っている。それを狙って時折カラスが飛んでくる。下の方からは園児たちの声が響いてきて、なんだか偉大な古墳の上にいるという気がまるでしない。周囲は春になれば菜の花が咲き誇り、季節ごとにハナショウブや睡蓮、コスモスなどが楽しめるという。

その昔、大和《おおやまと》古墳群から佐紀、そしてこの古市へと古墳の築造場所が移動してきた。理由は諸説あるが解明されていない。いずれにせよ、古市古墳群の第1号であるこの古墳の被葬者は、大移動の鍵を握る人物の一人だったのかも。想像に過ぎないが、わからないから自由に発想できて面白いのである。

巨大な石棺は、播州高砂から瀬戸内～大和川経由でやって来た。

後円部の近くには、ガイダンス棟の「まほらしろやま」があり、この古墳の資料などを展示している。見どころは建物前のスペースに設置している津堂城山古墳の石棺（レプリカ）と、竪穴式石槨の天井石（本物）だろう。この天井石は兵庫県高砂産竜山石《たつやまいし》で造られているそうだ。遠く、高砂から瀬戸内海を通って、古市まで運ばれてきたのだろうか。

「そのはずです。おそらく高砂のほうでこのように成形して、船で運んだきたと思います。つまり高砂の方にもすごい石加工の技術者軍団がいたということですね。通信手段もない時代ですが、船での行き来が活発に行われていたので、技術者同士も連携していたかと」

うーむ、当時では瀬戸大橋以上の超巨大プロジェクトだったに違いない。この石棺のレプリカは、実測の図面資料などから忠実に再現されたそうだが、そのサイズがまた異様に大きい。2～3人は入れそうなくらいのメガサイズなのだ。天井石と同じく、高砂の竜山石を使ってつくられたそうだが、当時は石棺全体を赤い顔料で彩色して使っていたという。最古で最大の石棺を真っ赤に塗れば、それだけで異様、かつ凄みのある存在になったはずだ。赤という色は太陽の象徴であり、生命力を表す。古墳に葬られる人物とは、太陽のように大いなる存在だったのかもしれない。

にしても、やはり疑問がむくむくと……。当時、人々は実際にどうやって、このような巨大な墳墓を造ることができたのだろう？

その疑問を解くには、ぜひ、藤井寺市立図書館（P１２４）に立ち寄ってほしい。

レプリカとはいえ、石棺の大きさに唖然

重機のない時代にこんな石を運んだとは

「まほらしろやま」では多彩な埴輪を展示

45.津堂城山古墳 map P117 B-1

●前方後円墳●墳丘長210m、高さ16.9m●4世紀後半●藤井寺市津堂

古市エリアの最北部、4世紀後半に古市古墳群で最初に築造された。明治45年（1912）の調査で後円部から埋葬施設が発見され、竪穴式石槨の中に国内最大級の長持形石棺の収蔵を確認。石室や石棺内からは、銅鏡、鉄製武具・武器、腕輪形石製品、装身具などが出土している。墳丘は、幅の広い二重の濠と堤に囲まれている。「城山」という名は、室町時代にこの古墳が城として利用されたことによる。

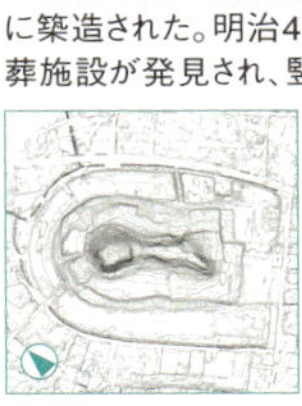

長尾街道の旅人が仰いだ
ちょっと不思議なダブルス。

46 47 雄略天皇陵古墳（島泉丸山古墳／島泉平塚古墳）

ゆうりゃくてんのうりょうこふん
（しまいずみまるやまこふん／しまいずみひらつかこふん）

南東側から。拝所のそばには平塚古墳。浮島の丸山古墳とは離れている（羽曳野市提供）

津堂城山古墳から、産土《うぶすな》神社や善光寺などの古刹を通って、長尾街道を西に進むと、ほどなく雄略天皇陵古墳が見えてくる。

「ここは少し複雑で、もともと丸山古墳という円墳と平塚古墳と呼ばれていた方墳を含めた範囲が宮内庁によって雄略天皇陵古墳と定められました。この方墳も古墳であったかどうかは定かではないのですが」（山田さん）

そして、以下を付け加えた。

「雄略天皇は〝倭《わ》の五王〟（Ｐ97）の一人、大《おお》泊瀬幼武尊《はつせわかたけみこと》ではないかといわれています。となると、全国的に統一を果たした有名な大王ですので、その人の墳墓の規模としては、これでは小さいのではないか？という説もあるんです」

長尾街道から住宅地を縫うように拝所に入る

なるほど、確かにそういわれてみれば、津堂城山古墳（Ｐ１１８）に比べると、かなりコンパクトだ。

謎に満ちた古墳だが、円墳は濠にぽっかりと浮かんでいるようで、青緑色の水面にその姿が写り込んで、なかなか美しい。その濠に沿うように長尾街道が湾曲しているのだが、古代の道を歩く旅人も、街道沿いを歩きながら、ああ、綺麗だなあとこの古墳を眺めていたのではないだろうか。

ふと見上げると、真っ白な白鷺が一羽、悠々と羽ばたいて、何度も旋回している。古墳時代にもこんなふうに白鷺が飛んでいたかもしれない。「おお、あの白い鳥は大王の御遣いじゃ」とか、村の長老が下々の者にお告げをしていたかもしれない。ははーっ！とみな、頭を下げて、神妙に聞いていたのだろうか……。いかん、また妄想モードに入ってしまった。

見えるようで見えない……都市住宅に囲まれひっそり。

48 隼人塚古墳《はやとづかこふん》

うーん、見えるようで、見えない。見えないようで、ちょっとだけ見える。その姿を見たくても断片的にしか見えない。ほぼ全面を住宅に囲まれて、辺りをぐるぐる回ってようやく島泉七丁目公園からその一部を見ることができた。滑り台が微妙な位置にあり、登っても微妙に見えないのが惜しい。

雄略天皇陵古墳の陪塚ともいわれているが詳細は不明。この辺りでは昔から「ハイト塚」と呼ばれていたそうで、「歯痛神」として親しまれてきたとも聞く。隼人という名前から、なんとなくカッコいいイメージがあったけれど、窮屈そうに身を縮めて「あの、僕、ここにいますから」という雰囲気が漂う。ちょっともどかしくて、健気な感じの古墳だ。

古墳を住宅がびっしりと取り囲む

48.隼人塚古墳
map P117 A-2
●方墳●一辺約20m●5世紀●羽曳野市島泉8丁目

雄略天皇陵古墳の北側の住宅地の中にある。「雄略天皇陵い号飛地」として宮内庁が「陪塚」として指定しているが、学術的にはよくわかっていない。立地条件や「日本書記」に見られる「隼人」の記載から陪塚の可能性もあるが、根拠は不明。

長尾街道から島泉丸山古墳。雅な浮島の趣

**46・47.雄略天皇陵古墳
（島泉丸山古墳／島泉平塚古墳）**
map P117 A-2
島泉丸山古墳●円墳●径約75m●高さ約8m／5世紀
島泉平塚古墳●方墳●一辺約50m、高さ約8m●5世紀●いずれも羽曳野市島泉8丁目

古市古墳群の西北部、羽曳野丘陵の最北端にある段丘の上に位置。円墳と方墳を合わせたものだが一見、前方後円墳に見えるのは明治18年（1885）の整備工事によるものらしい。少なくとも江戸期には円墳であったことが、文献資料では確認されているという。

古墳と一緒に、この名所

1500年以上前の古墳造営に励むひとびと。

藤井寺市立図書館《ふじいでらとしょかん》 重

近鉄藤井寺駅と土師ノ里駅のちょうど真ん中あたり。1階展示コーナーにある大ジオラマ「古墳をつくる」が古墳好きには必見だ。

ジオラマでは壮大なドラマが展開される。巨大な古墳で葺石を葺く人や埴輪を運ぶ人、中央では特大のそりである「修羅」に巨大な石を乗せて大勢の人が引っ張っている様子が見える。兵庫県高砂産の竜山石だろうか、薄灰色の石を薄く削って石室の天板のようなものを削り出している人もいる。集落も細かく描かれ、家の外に獲物の肉や皮を干す様子や、男たちが漁をし、女たちが料理をする様子も。相撲はすでにこの時代にあったようで、子どもらが相撲に興じる姿などがも見える。

重要文化財「小修羅」。1600年前の人間は巨石を運ぶためにこんな工夫を凝らしたのか

そうか！ 古代からこの地の人びとは古墳とともにあって、おそらく全国でも最も古墳慣れしている住民といえるだろう。人と古墳の関係がとても密な時代。一致団結して大王の墓をつくる大仕事に関わっている人びとは、どこか誇らしげに見えてくる。と思いきや、隅っこに積まれた岩の上でお団子を食べながらサボっているらしき人物の姿も……。なんだか親近感を覚えて、それもまた微笑ましい。

巨石を動かす人びとの力の入り具合が実にリアルで、文字通りの「修羅場」が展開されている

同じ展示スペースには、三ツ塚古墳（助太山・中山塚・八島塚／P158）で出土した修羅のうち、重要文化財の「小修羅」を常設展示している。小修羅と一緒に出土した大修羅のレプリカも展示。こちらの実物は、大阪府立近つ飛鳥博物館（南河内郡河南町東山）で保存・展示されているので、興味のある人はそちらへもぜひ。

藤井寺市立図書館 map P116 C-2

●藤井寺市林1-2-2

072-938-2197 9:45～17:15 月曜休（祝日の場合は開館、翌日休）

古市最古の古墳のそばに土地の守り神が鎮座する。

産土神社《うぶすなじんじゃ》（小山産土神社《こやまうぶすなじんじゃ》）

津堂城山古墳に近い神社。こちらの本殿は歴史的にも非常に貴重なものとされている。一間社流造《いっけんしゃながれづくり》という建築様式で、主要部分は創建当時の状態をよく留めている。特に本殿の桃山様式の蟇股《かえるまた》は、藤井寺市内で最古のものといわれ、また神仏習合の証でもあるという。

産土とは、産室のある場所の砂、土の事を意味しており、いつの間にか、産土が誕生の土地を意味するようになったという。産土神《うぶすながみ》とは、人が生まれた土地の守護神を指し、誕生から死後まで守護してくれる神とされ、産土神への信仰を産土信仰という。

境内には江戸時代に建てられた古い石灯籠が多く残っているが、それだけ土地の神様として多くの人の信仰を集めていたのだろう。

長尾街道から北に向かうと鳥居が。直線でない道がいい

産土神社
map P117 B-2
●藤井寺市小山4-7-9

「牛に引かれて」のお寺は藤井寺が本家だったのです。

善光寺《ぜんこうじ》（小山善光寺《こやまぜんこうじ》）

近鉄藤井寺駅の北側商店街をまっすぐ北へ行ったところに静かなお寺がある。有名な信濃の善光寺の元祖といわれる寺で、天正年間までは津堂城山古墳の後円部外側に接する善光寺屋敷址といわれる位置にあったそうだ。

本尊の一光三尊阿弥陀如来は、仏教伝来当時、百済から日本へ伝えられた日本最古の仏像といわれている。この仏像は、廃仏派の物部氏によって難波《なにわ》の堀江に捨てられたが、その後、推古天皇の時代に本田善光という人が信州に帰国する途中、難波の堀江で、この御仏を拾って、持ち帰ることにした。

その途中、小山の里の隆聖法師の庵に宿泊した時に、法師がその仏像を祀らせてほしいと頼んだ。一体しかないので、2人で三日三晩にわたり念仏したところ、三日目に御仏が二体になったという。隆聖法師はその一体を本尊とし、河内小山に一寺を建立した。本田善光は他の一体を背負って信濃に帰り、信濃の善光寺の本尊とした。

小山善光寺は、信濃の善光寺より先に建立されたので、日本最初の善光寺と称するようになったという。山門の近くには「日本最初善光寺」の石碑が建っている。

知り合いに長野県人がいたら一緒に参拝を

善光寺
map P117 B-2
●藤井寺市小山1-16-39

Mamma

どこか懐かしくて優しい味。ほっこり和みのドーナツ屋さん

1

4

2

5

3

1.カラフルなドーナツは小ぶりで、フレーバーが楽しくて、いくつでも食べられてしまう。1個130円～ **2.**店内で外を見ながらコーヒーとドーナツの幸せタイム **3.**素敵な雑貨も扱っている **4.**自らも子育て真っ最中の工藤さん **5.**長尾街道から津堂城山古墳に向かう道に入り、善光寺を越えた右手。絶妙の場所だ

津堂城山古墳にほど近い住宅地にある素敵な一軒家。中に一歩入るとふんわり甘い香りが漂っている。オーナーの工藤祐子さんは幼い頃から無類のドーナツ好きで、それが高じて、ドーナツ屋さんになってしまいましたと微笑む。彼女が作るのは、豆乳とおからをたっぷり使った、健康的で体に優しいドーナツだ。

口に含むとさっくりした食感のあと、ふわっモチっとした噛み心地と、自然なフレーバーがいっぱいに広がる。プレーン、フランボワーズ、抹茶、チョコレート、ゆずなど、季節の味を含めて、常時10～11種類のドーナツが並ぶ。ママが子供たちのために心を込めて作ったおやつドーナツ。そんな優しい味わいを、淹れたてのコーヒーとともにどうぞ。新作のカレードーナッツも大人気だ。

Mamma
map P117 B-2
●藤井寺市小山1-11-7
✆072-951-4570
9:30～16:30
日・祝・月曜休

（株）大阪前田製菓

焼きたてのみたらし団子で、元気回復して次なる古墳へGO!

大正時代、天王寺で和菓子の製造卸からスタートした、甘味処「甘党まえだ」でもおなじみ（株）大阪前田製菓の本社と工場が、なんと津堂城山古墳（P118）のすぐ近くにあった。

売り場の一番奥から、なんとも香ばしい匂いが漂ってきた。戦後に売りはじめたオリジナルのみたらし団子が今も健在なのだ。国産米を丁寧に米粉にし、蒸し上げた生地を、しっかりと搗いて団子にする。それを熟練の女性がこんがりと焼いて、とろりとした甘だれにつけて、焼きたてをパクリ。しっとり柔らかく、それでいてムチっとした弾力があって、さらに口どけはふんわり。絶妙の美味しさで、少食の女性でもつい2本目に手が出てしまうはず。

焼きたてを買って、津堂城山古墳に登ってお団子を食べる。なんて素敵なおやつタイム！ 古墳めぐりの最中に小腹が減ったなと思ったら、大和川の河原にも近いここに即、直行してほしい。

1

3

2

1.みたらし団子1本60円〜。ボリュームがあるのだが、食感の軽さと上品な甘さで何本もいけてしまう魔力
2.売店には、乳ボーロをはじめ、ケーキ、和菓子、おかき、クッキーなど、およそお菓子と名のつくものは、ほとんど揃っている　3.大和川にも近く、西名阪自動車道の高架を越えて大正橋を渡れば、対岸は八尾市に

（株）大阪前田製菓
map P117 B-1
●藤井寺市小山6-5-46
072-952-0100
9:00〜17:30
元日のみ休

朝日堂琮源《そうげん》 西店

古墳めぐりのほっこりタイムは、商店街の優しい和菓子とお茶で。

1

二代目の門畑さん夫婦が切り盛りする地元の人に愛される和菓子店がこちら。ケースの中には豆大福、三色団子、草餅など、昔から親しんできた和菓子がずらりと並ぶ。　店内奥はイートインスペースになっていて、選んだ和菓子と一緒に煎茶や抹茶を味わうことができるのだ。

自家製の餡は、国産の小豆を小豆の美味しさをしっかりと引き出して、甘さ控えめに炊き上げる。全体にお菓子はあっさりと上品な味わいで、甘味好きならば2個ぐらいペロリといけてしまうだろう。

さて、ケースの中に燦然と輝くのは（大げさだが）古墳ういろう。抹茶味とプレーン味のミックスで、ぷるんつるりんとした食感が実にいい！人気商品で売り切れ御免なので、欲しい人は早めにお店へ。

抹茶パフェやきな粉餅パフェなどオリジナルパフェもなかなかの人気。古墳めぐりの心地よい疲労感を甘〜く癒やしてくれる。

なんとも愛らしい前方後円墳のかたちをした最中《もなか》は、この料亭と藤井寺市のコラボレートから生まれた古墳スイーツ。

　サクサクの皮に、自分で粒あんを詰めていただくスタイルで、上品な甘みと一口サイズの最中は、つい、いくつも手が伸びてしまう。

　昭和35年（1960）から6年間ほど藤井寺市は「美陵町《みささぎちょう》」と呼ばれていたそうで、市内に多く点在する天皇陵古墳にちなんでいるという。国産小豆と国産もち米を使った可愛い古墳最中、古市古墳めぐりのお土産にいかが？

料亭こもだ

上品な甘みと可愛いサイズ、笑みがこぼれる和スイーツ「美陵」。

1.あんこを詰めつつ「絶対美味しい」と呟いてしまう最中の皮と瓶入り粒あんセットで1,296円　2.レジでの松田捺（なつ）さんの親切な対応にほっこり　3.華やかな美陵（みささぎ）弁当は3,240円（配達も可）

料亭こもだ
map P116 C-3
●藤井寺市御舟町2–47
11:30～21:00
☎072-955-4948
水曜、第1火曜休（水曜が祝日の場合営業）

1.さすが古墳の聖地、藤井寺の面目躍如のような古墳ういろう150円（以下税別）　2.優しい甘さですぐに平らげてしまうきなこ餅パフェ650円　3.感じの良い接客で評判の門畑朋子さん　4.ゆったり取ったイートインスペース。お菓子を買ってお茶を注文すると急須にたっぷりの香り高いお茶を入れて出してくれる。煎茶400円、抹茶450円

朝日堂琮源西店
map P117 B-3
●藤井寺市岡1-13-16
☎072-955-9316
10:00～18:00
不定休

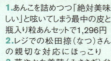

古市古墳群 葛井寺《ふじいでら》エリア

Fujiidera Area

「南北軸」で発展してきた街の南端に、仲哀天皇陵古墳がある。

駅前商店街から葛井寺～仲哀天皇陵古墳へと続く道は、ひとびとに信仰と和みを与え、喜ばせてきた偉大なセンターライン。クールな美しさが自慢の仲哀陵古墳と、安くて美味いものが盛りだくさんで庶民的な駅前周辺の対比がまた、藤井寺らしくて楽しい。

藤井寺に来た時、帰る時に寄りたい［阪口珈琲店］。駅前商店街で45年近くやっておられる「顔」です

藤井寺のことをもう少し知りたい時にぜひ。トイレ休憩にも

葛井寺南大門前でほっこり［あかりカフェ］。サンドイッチやスイーツも豊富

美しいロータリーとしても人目を引く蕃所山古墳も夏になれば墳丘は樹木に覆われる

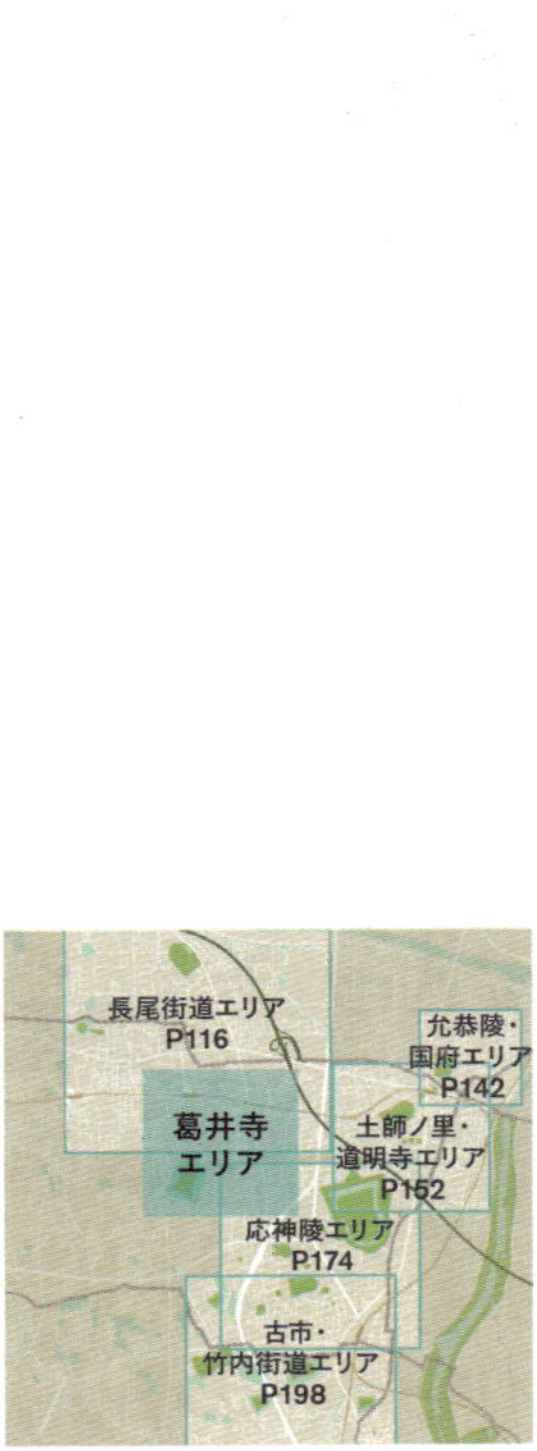

A
B
1
2
3
藤井寺駅南側の名店、[志のぶ]のお好み焼き。帰る前にぜひ
バスターミナル
藤井寺駅
藤井寺駅前北商店街（アーケード）
立ち呑み酒店
朝日堂琮源（P128）
踏切
近鉄南大阪線
藤井寺球場跡
志のぶ
阪口珈琲店
三菱UFJ銀行
銭湯
藤井寺まちかど情報館「ゆめプラザ」
[志のぶ]は現店主・今沢義夫さんのご両親がはじめた。もうすぐ70年
掌（P140）
藤井寺一番街商店街（アーケード）
西門（四脚門）
葛井寺（P136）
東門
藤井寺市立藤井寺駅南駐輪・駐車場［レンタサイクル］（P219）
南大門
辛國神社（P139）
鳥居
あかりカフェ
藤井寺西小学校
この通り、昔ながらの門前町の風情
藤本酒造醸
鉢塚古墳
陵北住宅案内図
50（P135）
道標
解説板
幼稚園の敷地越しに鉢塚の墳丘が見える
葛井寺から徒歩5分ほどの住宅街に、登れる古墳（鉢塚）がある
濠沿いの外周路だが土手が高すぎて濠が見えない
藤井寺の地酒［藤本酒造醸］の直売所。葛井寺で催しがある時は境内にも出店している
車道と歩道を南に行くと濠の水面が見えてくる
墓地
アイセル シュラ ホール（P138）
49 仲哀天皇陵古墳（P132）
藤井寺南小学校
舗装はされていないが歩きやすい外周の遊歩道（歩行者専用）
駐車場の奥
拝所
51 割塚古墳（P135）
解説板
歩行者と自転車のみの道

うるわしき孤高のクールビューティー。

49 仲哀天皇陵古墳（岡ミサンザイ古墳）

ちゅうあいてんのうりょうこふん（おかみさんざいこふん）　世

近鉄藤井寺駅から南へ、にぎやかな商店街を抜けると葛井寺《ふじいでら》が見えてくる。ここは西国三十三箇所札所としてもよく知られている。「藤」ではなく「葛」と書くのは、古代の氏族、葛井氏の氏寺として、7世紀後半に建立されたことから。仏教伝来以降、全国各地で有力な氏族が競って氏寺を造ったが、葛井寺もその一つだ。地名である「藤井寺」は、藤井安基という人が荒廃していた葛井寺の復興に尽力したことから、この字になったという。

葛井寺のさらに南、静かな住宅地に囲まれるように仲哀天皇陵古墳が

拝所近くに宮内庁のボートが。これで墳丘へ

西側上空から。前方後円墳ならではのくびれが美しい。右手（前方部）には拝所が（藤井寺市提供）

ある。この辺りは昭和の早い時期に区画整理されたこともあり、一つひとつの区画が広く、全体にゆったりとした雰囲気の町並みが続く。その真ん中に、ぽっかりと浮かぶように古墳が鎮座している。

「クール」なのは、シルエットだけではなかった。

拝所の近くに宮内庁の管理小屋があり、職員さんが定期的に天皇陵内に入って、管理点検をするそうだ。こんな話を聞いた。陵の内部は、古墳のテラスの段が崩れていて、深い溝がいくつもあるのだという。木々が鬱蒼としていて昼間でもうす暗く、さらに溝が深いため、一瞬帰る方向を見失うことがあるのだとか。ボートで渡るそうだが、どのあたりに着岸させたのか、わからなくなりそうな時があると聞いた。富士の樹海のような怖さがあって、ちょっとゾクッとする。

古墳にはいろいろな性格というか、空気感がある。登れる古墳はやはり親しみやすい感じがあるし、濠に囲まれていても、ウエルカム感を発してくれる古墳もある。でも、ここはちょっと違う。濠の水の色はどこまでも濃

く蒼く、しんと静寂が満ちている。古墳は凛というか、ツンとした表情で向こうに佇んでいる。見る者をほんの少しだけ、突き放す感じがあるのだ。じっと見ていると、背筋がピンと張ってくる。その緊張感が心地よい。素敵な人に、ちょっと冷たくされるほうが、かえって萌えることだってあるのだ。

高圧線も鉄塔も消してしまう冬のご来光マジック！

クールではあるんだけれど、この古墳、クリアでその姿が見やすい。そんなところにちょっと優しさも感じる。美しく、実は優しくてシャイ。そう、宝塚のトップのような、麗人のイメージが浮かんでくる。麗人はまた、とてもフォトジェニックでもある。いくつか美麗なビューポイントがあるのだが、藤井寺市の山田さん一押しの撮影ポイントを教えてもらった。拝所から西へ、前方部の西南の角を曲がった辺りが要チェック。松の木の枝の間から、東に二上山がくっきりと見える。

「12月10日前後と1月5日前後の日の出の時間に来ると、二上山のコブの真ん中から、ちょうど太陽が昇ってくるんです。光がうまいこと当たってね、あの辺りの邪魔な高圧線と鉄塔が一瞬だけ消えるんです。太陽がダイヤモンドのようにきらめいて、ほんまに美しい風景が撮影できますよ」。美麗な古墳と二上山とご来光。なんとフォトジェニックでファンタスティック。いつか見てみたい。

離れがたい気分で周遊路を歩いていると、おばあさんが小さな女の子に話しかけている。

「ほら、あそこ、ピッピちゃんがいるよ」

前方部南東側から西を望む。空の青さと松、墳丘、濠の緑が日本的な美しさ

指さす方を見れば青鷺が一羽、浮島のようなところで羽を休めている。そういえば、さっきからずっと同じところにいるなあ。

「毎日いますよ。あれ、なんの鳥なんやろ」

あれは青鷺です、と山田さん。「へえ、青鷺！ピッピちゃんなあ、青鷺いう鳥さんなんやって！」とおばあさんが女の子に教えている。

「ピッピちゃん、今日もおさかな食べたん？」

「食べたんちがう？　ほら、羽を広げてるわ」

……ひっそりと麗人が佇む夕暮れの濠の畔で、おばあさんと女の子の会話は、いつまでも、のんびりと続いていた。

49.仲哀天皇陵古墳（岡ミサンザイ古墳）

map P131 A-3

●前方後円墳●墳丘長245m●5世紀後葉～末●藤井寺市藤井寺4丁目

羽曳野丘陵の北東部に築造。前方部を南南西に向け、墳丘は三段築成、くびれ部東側だけに造り出しがある。最大で幅50mほどの幅広の濠と堤を周囲にめぐらせている。平成8年（1996）の宮内庁の発掘調査で、墳丘は中世に城郭として利用されていたようで、本来の姿を大きく失っていることがわかった。内部施設や副葬品については不明だが、外堤の発掘調査で円筒埴輪列を確認。また東側の外堤上では、濠を掘る時に出る湧水を排水する大規模な溝が検出され、大型前方後円墳の築造過程を知る重要な発見となった。墳丘と外堤から出土した埴輪は、窖窯（あながま）で焼成されたもの。円筒埴輪のほか盾などの形象埴輪が出土した。

子どもたちの声が聞こえる「楽しい遊び場」の墳丘。

50 鉢塚古墳《はちづかこふん》 世

仲哀天皇陵古墳の北側、落ち着いた佇まいの住宅地の中に、ポコっと膨らんだ小山のように見える。仲哀天皇陵古墳とほぼ同じ時期に造られ、陪塚と考えられており、周りに濠をめぐらせていたことがわかっている。

「5世紀後半の古墳だと思われますが、この頃になると陪塚のほとんどが方墳や円墳といったバラエティに富んだものではなくて、前方後円墳のみになってきます。最後にはそれも消えていくのですが、古墳時代の終わりを予感させる古墳ですね」（山田さん）

入場可なので、さっそく登ってみる。全体的に明るい感じ。クールビューティーな仲哀天皇陵古墳とは違って、ウエルカム感全開だ。頂上すぐ横に幼稚園のカラフルな建物があり、古墳の濠跡の上に建っているのだとか。園児らのピクニック場所になっているとは素敵だ。

ご近所で飼ってるワンちゃんの声が明るく響く

50.鉢塚古墳 map P131 B-2

●前方後円墳●墳丘長60m●5世紀末〜6世紀初頭●藤井寺市藤井寺4丁目

長さに対して、こんもりと高い墳丘が特徴的で、円筒埴輪が出土。墳丘の周りには濠がめぐっていたが現在は埋め立てられ、その上に藤井寺西幼稚園が建っている。埋葬施設や副葬品などは不明だが、墳丘に石を葺いた形跡が認められないことなどから、5世紀末から6世紀初めの築造と推定。

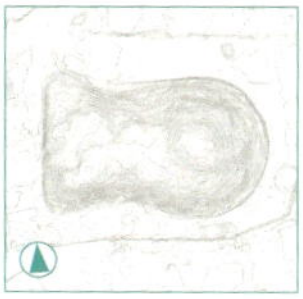

駐車場に残る「孤墳」でも後世に残せる宝物なのです。

51 割塚古墳《わりづかこふん》

葛井寺から細い旧道を南下して、少し西に入ったところ、殺風景な駐車場の中にぽつねんと古墳がある。一辺30mの方墳で、一時、仲哀天皇陵古墳の陪塚ではないかといわれていたが、調査によってこちらの古墳の方が特徴的に古く、陪塚ではないと考えられている。

「津堂城山古墳が古市古墳群に初めて造られ、そこから一気に大型古墳も小さな古墳も築造されていった場所があります。ただここのように小さいものが必ずしも陪塚というわけではなく、独立しているものも多いということですね。このあたりに勢力を持っていた、豪族か何かのお墓かもしれません」（山田さん）

なくなってしまったものも多いが、こうして残ってくれていることで、後世の我々がその時代を知るよすがにもなる。有り難い。

駐車場と古墳。ありそうでなかったロケーションだ

51.割塚古墳 map P131 B-3

●方墳●一辺30m●4世紀後半●藤井寺市藤井寺4丁目

表面から円筒埴輪が採取され、墳丘を完存する数少ない貴重な文化財として平成26年に国史跡に指定された。開発などのために消滅してしまったが、周囲にはほかに落塚古墳という径20mの円墳と、岡古墳という一辺33mの方墳があった。前者は5世紀末〜6世紀初頭、後者は4世紀末〜5世紀初頭に造られたものと考えられている。

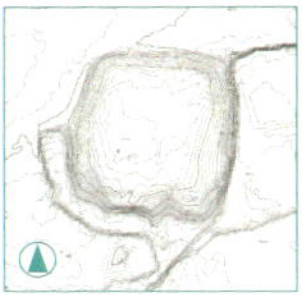

古墳と一緒に、この名所

藤の花が咲き誇る国宝の御仏がおわす古刹。

葛井寺《ふじいでら》 国

古代氏族・葛井氏の氏寺として7世紀後半の白鳳期に建立された。西国三十三箇所観音霊場の第五番札所として信仰を集め、多くの巡礼者が訪れる。本堂の造りも見事で、境内には落ち着いた威厳があり、長い歴史を感じさせる。豊臣家や徳川家の庇護を受け、とくに豊臣秀頼が寄進した四脚門は、

4月下旬にはご覧の美しさ

1041本の手を持つ国宝乾漆千手観音は725年、行基により開眼。時代を超えた圧巻の美しさ

桃山様式を今に伝える。もとは南大門として建てられたそうだが、現在は西門の位置に移建された。

ご本尊の国宝・乾漆《かんしつ》千手観音坐像は、大阪府下唯一の天平仏であり、毎月18日が御開帳。頭上に十一面を頂き、千本の手がその周りを輝く光背のようにかたどっている。御仏のお顔はふっくらと豊かで、その中に万人を見つめる理知的な表情がたゆたう。天平時代の仏師の円熟の技がいかんなく発揮され、写実性と優美さが見事に調和。今にもふわりと触れてきそうな、一つひとつの指先までデリケートな動きで、なんと精巧で美しいことか。

境内には、見たこともないほどの藤の巨木が枝を張り、巨大な藤棚を造っている。晩春にはきっと見事な花を咲かせることだろう。

商店街から入る四脚門は重要文化財だ

本堂は難事業の末、18世紀後半に竣工

寛政2年（1790）に竣工した楼門。両脇の仁王像はその6年後に誕生した

葛井寺

map P131 B-1

●藤井寺市藤井寺1-16-21

✆072-938-0005

8:00〜17:00

古墳と一緒に、この名所

あの水鳥形埴輪にここで会えましたね。

アイセル シュラ ホール（藤井寺市立生涯学習センター）

あいせるしゅらほーる（ふじいでらしりつしょうがいがくしゅうせんたー）重

葛井寺の南門を出てまっすぐ南下すると、船のような形の不思議な建物が。「ここの展示絶対見てほしいです。我々の思いが込もっていますから！」と山田さんが絶賛する施設だ。アイセルとは、Activity＝活動、Information＝情報、Consultation＝相談、Exchange＝交流、Learning＝学習の頭文字。シュラは、古墳時代に巨石を運搬した巨大なそりのようなビークル、修羅（P124）のこと。建物の外観デザインは、船形埴輪と修羅をモチーフに、歴史を継承して未来へと出帆する船をイメージしているそうだ。

山田さんが熱く推す歴史展示ゾーンに早速足を踏み入れてみた。なんと！　津堂城山古墳（P118）から出土した重要文化財の水鳥形埴輪が。しかも、実物ではないか!?　思ったよりずっと大きい。水かきやくちばしがリアルで、ユーモラスな表情がかわいい。よくぞここまで保存できたものよ！と感動する。

さらに、西墓山古墳（消滅）の鉄器が埋まったまま掘り出された埋納《まいのう》施設や、土師の里8号墳（同）の円筒埴輪棺など、素晴らしい出土品（実物）が見られるのだ。

古墳を造った鉄製の道具や須恵器なども展示されている

夕日を浴びた外観が絵になります

雄略天皇の代に創建された緑深き地元の守り神。

辛國神社《からくにじんじゃ》

古い歴史を持つ式内社（延喜式に記載のある神社）で、物部の祖を祀ったことに始まる。室町時代には春日の神を合祀し、近くの地名「春日丘」にその名を残す。その後、明治時代になって長野神社を合祀した。深い緑に囲まれた長い参道は、清々しく美しく「大阪みどりの百選」にも選ばれている。

古来、「健康の守護神」として病気平癒や呆け封じを願う人たちが参詣。10月17日に例大祭が行われ、多くの人びとでにぎわう

葛井寺の目と鼻の先にあるが、鳥居をくぐってから本殿まで緑のシャワーを浴びて進み、いい気に包まれる

辛國神社　map P131 A-2

●藤井寺市藤井寺1-19-14
✆072-955-2473　9:00〜16:00

身長165㎝ほどある手前の女性（藤井寺市の方です）と比べても、水鳥たちがどれだけ大きいかわかるでしょ

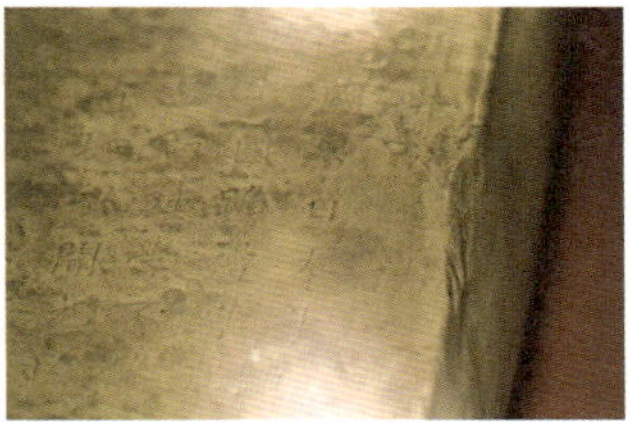

藤井寺に本拠を置き遣唐使として海を渡って36歳で8世紀前半に中国で逝去した井真成（いのまなり）の墓誌に「日本」の文字が

アイセル シュラ ホール（2階歴史展示ゾーン）　map P131 B-3

●藤井寺市藤井寺3-1-20　9:30〜17:15
月曜休（祝日の場合は開館。翌日休）、12/29〜1/5休　入館無料

掌《たなごころ》

「うどんが好き」「野菜をもっと」二つを実現した、うどん専門店。

1.一日分の野菜カレーうどん1,080円（税込）。注文を受けてからダシでコトコト煮て染み出た野菜のエキスごといただく。すこぶる健康的かつ美味い　2.サラダが出てくるのも、日本野菜ソムリエ協会認定の店らしい　3.同行者が選んだ豚と野菜のうどん。うどん麺量は500g（大2.5玉）まで同額！　4.「お待たせしました」と奥様の堂脇友美さん。奥では店主の秀暢さんが動き回る　5.細い商店街の一角。心地よいジャジーなBGMが流れる

野菜ソムリエ店主夫妻がつくった、うどんの名店。一見、洒落たカフェかバーに思えてしまうが、全くさにあらず。

品書きを見て、横目でも先客のうどんをチェックするが、どれもこれも美味しそうで迷う。野菜ソムリエらしい品書きには「オススメ 1日分の野菜シリーズ」と。さらに「成人1日分の野菜の摂取量350gがこの一杯で」とある。ベースの味は、オーソドックスなダシ、カレー、味噌、チゲの4種から選べるというのもうれしいが、トッピングがまた凄まじく、鶏天、海老天、野菜天、玉子天などから好みでチョイスする。さんざん悩んで「1日分の野菜カレーうどん」に「鶏天」をトッピングで落着。

大きな鶏天に、季節の野菜もたっぷり10種ほど。このスパイシーな香り、ルックス、ボリューム、熱々の湯気をほわっと頬に受ければ、もう至福。長野県産の小麦粉を使って毎日打つ細身のうどんは、つるんとしながらも、小麦の濃厚な風味が広がって、モチっ、むちっとした弾力がたまらない。

食べ応え十分、満足度も十分。旨いうどんを食べた！という達成感に一瞬、脱力してしまうが、すでに脳内は、今度は親子天うどんにしようとか、冷やしざるもいいんちゃう……と次回の来店へ。

お昼のみならず、藤井寺駅前で呑んだ後、ここのうどんでラストを締める、なんてことが普通にできる藤井寺市民のみなさんに、ただただ妬けてしまうのであります。

掌
map P131 B-1
●藤井寺市春日丘1-2-3
☎072-931-2723
10:30～16:00
17:30～21:00
日曜休

古墳の「キホンのキ」⑤

古墳には「設計図」があった?

古墳は当時、超一級の最新土木技術によって築造されたのだが、その中心となったのが土師氏《はじし》である。彼らはかなり精密な設計図のようなものと持っていたと考えられている。

百舌鳥古墳群の履中天皇陵古墳（P56）の墳丘図を80%縮小すると、古市古墳群の仲姫命陵古墳（P154）にぴたりと一致する。また古市古墳群の墓山古墳（P188）を200%拡大すると、応神天皇陵古墳（P176）になり、百舌鳥古墳群のニサンザイ古墳（P88）を66%に縮小すると古市古墳群の白鳥陵古墳（P200）になる。相似形の古墳があるということは、精密な設計図が何種類かのパターンで存在していたのではないかと考えられている。

実際、マス目を使って、コンパスで円を描くと古墳の設計図が描ける。当時はコンパスの要領で、杭と縄を使って正円を描いたのではないかといわれている。

この時代は紙がなかったので、木の板などに書いたかもしれない。また粘土などで模型を作って、大きさや形を決めたのではないかという説もある。人間のやることはいつの時代も面白い。

古墳の設計・施工をした集団。

百舌鳥・古市古墳群には古墳時代の遺跡が数多く見つかっている。住居や倉庫、作業場と見られるもののほか、埴輪を焼いた窯跡も発見され、古墳づくりに深い関わりのある人々が、数多く住んでいたと考えられている。

これらの人々のリーダーとして、正確な設計図をもとに、精巧な技術で巨大古墳の築成を成し遂げたのが、優秀な技術集団の土師氏だったという。しかし彼らが、どこからどのようにして集まり、技術集団として働くようになったのかは不明で、まだまだ謎が多い。

どんなかたちにするのか、
顔つき合わせて考えていたのだろう、きっと

古市古墳群

允恭《いんぎょう》陵・国《こ》府《う》エリア

Ingyoryo & Kou Area

くねくね道を進めば縄文時代まで遡る。タイムマシン的楽しさ満載！

近鉄土師ノ里駅の北側は、允恭天皇陵古墳とそれを取り巻く陪塚の街だ。コンパクトなエリアなのにくるくると表情が変化して、時間旅行のだいご味がしっかりと味わえる。大和川と石川が合流し、主要街道の十字路でもある場所だからなのかもしれない。

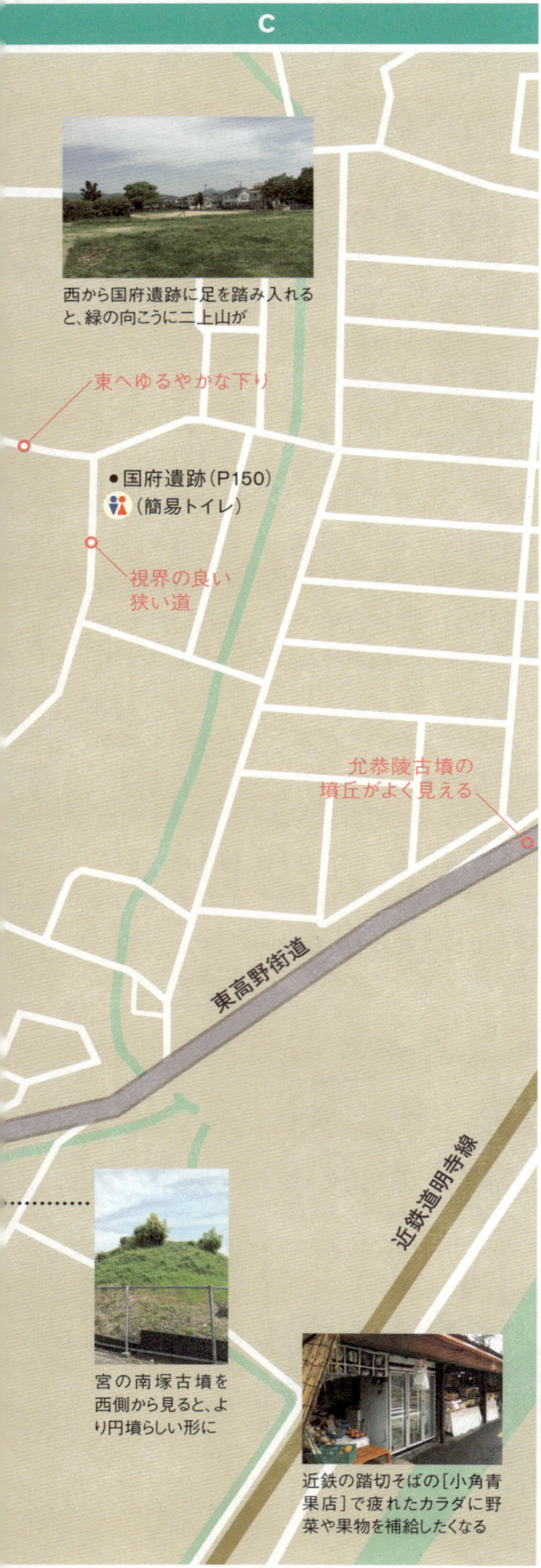

西から国府遺跡に足を踏み入れると、緑の向こうに二上山が

宮の南塚古墳を西側から見ると、より円墳らしい形に

近鉄の踏切そばの［小角青果店］で疲れたカラダに野菜や果物を補給したくなる

A
B
1
2
3
↑柏原・八尾
国道170号線
古市古墳群では拝所へのアプローチが「真正面から」でない古墳が多く、ここも国道沿いに入り口があった
人気のコロッケ店[寛CHAN館]、笑顔が似合う店主・渡邊寛治さんのコロッケ90円
志貴県主神社(P149)
古い民家の並ぶ道
ここからも国府遺跡に入れる(二上山が美しい)
このあたりからも住宅越しに拝所が見える
物社南交差点
寛CHAN館(コロッケ)
小さな広場
林町会館
拝所への歩道
拝所
食品館アプロ
きよ乃(お好み焼き)
狭い道
未舗装の外周遊歩道(歩行者・自転車)
国府衣縫塚公園
衣縫塚古墳(P148) 54
52 允恭天皇陵古墳(P144)
このあたりは洋風の洒落た家が並ぶ
この部分石段の段差あり
地元らしいお好み焼き屋さん[きよ乃]の焼きそばでまず腹ごしらえ
JA大阪南
允恭天皇陵参拝の碑
ペットハウス
小さな公園
国府八幡神社
道標
宮の南塚古墳(P148) 55
レンタサイクル/もずふるレンタサイクル(P219)
後円部の眺めよし
解説板
国府町会の看板
古いお地蔵さん
土師ノ里駅
理容店
53
唐櫃山古墳(P147)
コンビニ
街道らしい風情の道
長尾街道と東高野街道の交差点にて。道標が多いから安心だ
道標
スクランブル交差点
近鉄南大阪線
小角青果店
踏切
道標
道明寺↓
長尾街道
57 鍋塚古墳(P156)
久保医院

西側から。濠に水がないため、段々畑か棚田のようなイメージ。左は拝所（藤井寺市提供）

ゆるやかでおおらか。オープンハートな御陵さん。

52 允恭天皇陵古墳（市野山古墳）

いんぎょうてんのうりょうこふん（いちのやまこふん） 世

近鉄南大阪線土師ノ里駅から長尾街道に沿って東へ向かうと、すぐに見えてくる小さな古墳が唐《から》櫃《と》山《やま》古墳、そのすぐ近くに允恭天皇陵古墳の後円部が見える。

允恭天皇陵古墳の拝所は、住宅地に囲まれた場所にあるため、まっすぐアプローチできず、横からそおっと入っていく。「そおっと」という表現が合うのは、拝所の間近に住宅が迫っているせいもある。古市古墳群の天皇陵は、そんな「横からそおっと」、あるいは「横からくねくね」と入る場所が結構あるのだが、時々、拝所への入口を見過ごしてしまうこともあり、それもまた、発見感があって楽しい。

同じかたちの古墳が各地にある、その心は「設計図」の存在。

拝所に向かうアプローチから古墳を眺める

と、濠にほとんど水がないことがわかる。だいたい空濠で、雨の時以外は水がほとんど溜まらないそうだ。そのため古墳の裾のラインがよく見える(本物の裾はもっと下に埋まっているらしい)。濠に水を湛えている、見慣れた大型古墳の光景とはひと味違うのだ。

「この古墳は、三段に築かれた非常に大きなものなんですけど、ほぼ同じ形で作られている古墳があと2つほどあります。同じ古市古墳群の墓山古墳(P188)、茨木市の継体天皇陵古墳がほとんど同じフォルムの古墳です。ほぼ同型同大で、後円部と前方部のこの開き方とか、前方の造り出しの位置とか、今でいう設計プランが全く一緒なんですよ。同じ三段築成の古墳はたくさんありますが、細部まで一致するというのは貴重です。僕はおそらく設計図があったんだろうと思っています」

と藤井寺市の山田さんは言う。

設計図を持って?「そう、それを持って」

別の土地に行って、また古墳を造ったと?

「です、です」

前方部北西から拝所へ。天皇陵らしくない道

ほう。すると当時、大手ゼネコンのような建築集団がいて、本社から支社へと設計図が行き来していたのだろうか。となると、スパイ活動も活発に行われていたかもしれないし、大王への設計コンペなどもあったかもしれない……と面白いように妄想が浮かんでくる。

百舌鳥古墳群の3天皇陵と向きがまったく違う理由は？

地図を見ながらそんな妄想にふけっていると、ふと一つの疑問が湧いてきた。古墳の方向について、である。この古墳は前方部を北に向けているが、逆に仁徳天皇陵古墳（P16）は南向き。古墳の向きに意味はあるのだろうか。

「確かに古墳の向きってあちこち変わっていて一定していないのですが、それ自体にとくに意味はないようですね。要は地形に合わせて造っているんです。このあたりは標高が高い尾根にあたっているのですが、その尾根の方向にフィットするように設計されているんです。ほら、この場所（拝所）が一番高くて、向こう側（東西両側）に行くと土地がすこっと落ちていってる。ここが頂点ですよね。高く、下からも見えやすい、尾根のキワキワの場所に古墳を造っているということになります」（山田さん）

まさに「見せるため」の物件だ。効率よく自然の形状を利用して、高い場所にさらに土を盛り、さらに高く、大きく見える古墳を造る。

「そうです、効率よく、です」

北側の住宅地には以前濠があった区画が残る

後円部（南）から北を望む。上部の緑のラインは大和川（藤井寺市提供）

昔も、仕事の効率をちゃんと考え、最小努力で最大効果を狙うやり手のプロデューサーみたいな人がいたんだろうか。そして、そんな人が大王への設計コンペで見事、仕事を勝ち取るのだ（すべて妄想です）。

ここに眠るのは倭の五王の一人「済」か!?

王君といえば、中国の歴史書に記されている、倭《わ》国、すなわち我が国で力を持っていた五人の王（讃《さん》、珍《ちん》、済《せい》、興《こう》、武《ぶ》）がいる。この倭の五王（P97）が誰なのかについては諸

52.允恭天皇陵古墳　map P143 A-2

●前方後円墳●墳丘長230m●5世紀後半●藤井寺市国府1丁目

国府台地の北端に築造。整った美しさは古墳時代中期の代表的な墳形といわれている。前方部を北に向け、墳丘は三段築成。くびれ部両側に造り出しがある。周囲には幅25〜30mの内濠と外堤、さらにその外側にも溝をめぐらせる。内部施設や副葬品については不明だが、外側の溝から埴輪が出土。埴輪は窖窯（あながま）で焼成され、円筒埴輪のほか家・盾・靫（ゆぎ）・蓋・人物等の形象埴輪が出土している。埴輪の特徴から5世紀中葉から後葉につくられたと考えられ、応神天皇陵古墳（P176）よりも新しく、仲哀天皇陵古墳（P132）よりも古いといわれている。

説あるが、允恭天皇陵古墳が造られたのは最近の研究で5世紀後半といわれており、五王のうちの「済王」でないかといわれているそうだ。

　よく見ると、この古墳は偉い人のものなのに、拝所までの道筋にあの面倒な金網が張られていない。低い植栽が植えられているだけで、その植栽もところどころ隙間が空いていて、すうっと入っていけそうな（ダメです）、そんなゆるやかさがある。この古墳に眠る王君は、無駄に威張ることなく、庶民の声に耳を傾けてくれる気さくな大王だったのではないかだろうかと、好感度がかなりアップする。

「オープンハートな古墳でしょう？」

　山田さん、その言葉いただきました！

被葬者は当時の防衛大臣？それとも農水大臣だった!?

53 唐櫃山古墳《からとやまこふん》

　この古墳は、近鉄土師ノ里駅の東側、允恭天皇陵古墳のいわゆる陪塚といわれている。ごく小さな帆立貝型古墳だが、この形は古市古墳群では非常に珍しい。新しく堺大和高田線を造る時に、後円部の半分ほどが削られてしまったそうで、もとはもっと大きな古墳だったらしい。盗掘されていたが、武器や武具・馬具・装身具などが出土した。

　内部には竪穴式の石槨があったそうで、人物が埋葬されていたと考えられる。石棺は残っていて、数年後に藤井寺市がここに展示施設を造るそうで、楽しみである。

このパーティションが外される日も近い

　西側には長持山古墳（消滅）という古墳があり、2つの家形の石棺が埋まっていたことがわかっている。他にも甲冑がほぼ完全な形で出土したというが、山田さんによると、陪塚はメインの古墳の埋葬者と近しいというだけでなく、武器や軍事を担った今でいう防衛省の大臣や、農業を担った農水大臣のような、右腕として活躍した高官やその一族の墓である場合が多いのではないかという。他の古墳でも大量の刀や農具が出土しており、軍事と農業は当時、とても重要なものだったのだろう。
「今はもうなくなっているのですが、允恭天皇陵古墳の二重目の濠に唐櫃山古墳がかかってくるだろうと考えられています。そういう関係性からも、ここは允恭天皇陵古墳の陪塚の可能性は高いと言えますね」（山田さん）
　近くの住宅は、允恭天皇陵古墳の円弧に沿って曲線状に並んでいるが、このカーブ自体が外側の濠跡と一致しているという。古墳と人の暮らしの接点をしみじみと感じる場所だ。

53.唐櫃山古墳
map P143 A-3
●帆立貝形古墳●墳丘長59m●5世紀後半●藤井寺市国府1丁目

　内部には竪穴式石槨があり、家形の石棺が収納されていた。材質は九州産の石材とされ、消滅した長持山古墳とよく似ている。允恭天皇陵古墳の陪塚と考えられ、允恭陵古墳の被葬者と深い結びつきがあった人物の墓とされている。

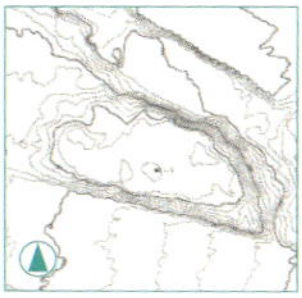

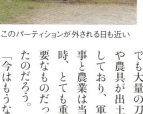

象やアヒルの遊具の向こうになんともかわいい古墳があった。

54 衣縫塚古墳《いぬいづかこふん》

周りは洒落た住宅地で囲まれ、金網がなければ公園の築山にしか見えない。しかしここからもしっかり埴輪が出土している。允恭天皇陵古墳の陪塚とされているが、不明なことが多いという。この辺り、昔はぶどう畑で、そこにポコンとこの古墳があったという。今も昔もなんとものどかな風景だったようだ。

子どもが成長すれば「あのお山は?」と親に必ず聞くことだろう

54.衣縫塚古墳　map P143 B-2

●円墳●直径20m●5世紀後半●藤井寺市国府1丁目

允恭天皇陵古墳の前方部東側にあり、宮内庁によって允恭陵の陪塚に。以下の逸話が残っている。平安時代の初め、この辺りにいた衣縫造金繼(きぬぬいのみやつこかねつぐ)の娘はたいそう親孝行で、両親の亡き後も嫁がずに墓守をしていた。近くの潮音寺にある衣縫孝女の碑は、もともとこの墳頂部にあったといわれており、そのためにこの名が付いたという。

「国府」という地元とともに永く生きてきた古墳。

55 宮の南塚古墳《みやのみなみづかこふん》

国府八幡神社のすぐ横にあり、近づくと墳丘の高さがよくわかる。すぐ後ろに允恭天皇陵古墳が迫るように見えていて、二つの古墳の関わりの深さが伺える。春には国府八幡神社の桜越しに見える古墳の姿がとても美しい。

すぐ右(北)隣は国府八幡神社。右手奥には允恭天皇陵古墳の墳丘が

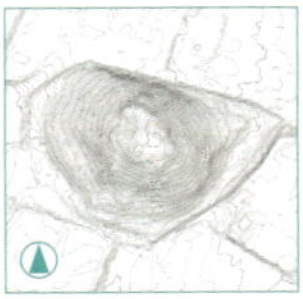

55.宮の南塚古墳　map P143 B-3

●円墳●直径40m●5世紀後半●藤井寺市国府1丁目

宮内庁によって允恭天皇陵古墳の陪塚と定められている。発掘調査で円筒埴輪と衣蓋形埴輪が出土している。

古墳と一緒に、この名所

大和川と石川の合流点近く、交通の要所に立つ神社。

志貴県主神社《しきあがたぬしじんじゃ》

允恭天皇陵古墳から東高野街道へ向かう道は細く、くねくねとして車も少ないので、自転車には好都合。その途中にあるこの社は、「延喜式」にも記載のある由緒ある式内社だ。

社名は古代、この地域に志紀県《しきあがた》という地方の単位があり、それを治めていた首長（県主）が祖神を祀ったことに由来するといわれている。そして、ここは河内国総社に定められている。律令制時代、国司が着任後に行う最初の仕事は、赴任したクニ（令制国）の神社を順にめぐって、参拝することだった。平安時代になって国府の近くに「総社」を設け、そこを詣でることで巡回を省けるようになった。総社とは、そのクニの神社の代表というわけだ。

西も東も、昔ながらの国府の町並みが見える

さほど広くない境内だが、土地と共に時間を過ごしてきた神社であるとはひと目でわかる

雄略天皇が河内に行幸したとき、志紀の大県主の家の屋根に堅魚木《かつおぎ》が上がっているのを見た。堅魚木は天皇の家に使う建築法で、それに似せて造ったことを怒り、大県主に謝罪させるという話が『古事記』に記されている。

それだけ勢力を誇る大県主だったのだろうが、この一族の長には、ちょっとやんちゃな一面も感じてしまう。風情ある神社なので、古墳めぐりの途中にぜひ立ち寄ろう。

志貴県主神社
map P143 B-1
●藤井寺市惣社1-6-23

古墳と一緒に、この名所

古墳時代より、弥生時代より さらに遡った縄文の遺跡。

国府遺跡《こういせき》

志貴県主神社から東に細い道をさらに進むと、小さな公園になっている遺跡に出るが、なんとここでは、ほぼ完全なかたちの人骨が90体も発見されていると山田さんは言う。

「国府遺跡は、旧石器時代から続く複合遺跡で非常に有名です。縄文時代から弥生、古墳時代まで、連綿と人々の暮らしが営まれてきたところです。律令時代になるとこの地にお寺が出来て、そこに塔心礎《とうしんそ》が残っています」

土の成分が骨を守るのに適していたそうだが、いや、それにしても縄文〜弥生時代の人骨が90体というのはすごい。縄文、弥生時代が終わり、その後この地にたくさんの人が到来し、壮大な古墳群を造営していくのだ。長く、脈々と、

古墳や副葬品を見た後で藤井寺市の市章を見ると、腑に落ちる

人びとが暮らしを営んでいたことを実感する。

　地名から連想できるように、奈良・平安時代にはここに河内国府が設置され、河内国の政治的中心地であったと考えられている。

　発見された人骨の中には、藤井寺市の市章のモデルとなった玦状《けつじょう》耳飾を装着している人骨も見られたという。これらの人骨が確認された範囲は現在、花壇で示されている。

　平成9年（1997）に調査で出土した人骨に付属していた鹿角製腰飾り1点、鹿角製首飾り1点、猪牙製足輪3点（左足1点、右足2点一対）は、藤井寺市指定有形文化財に。この人骨の年代は、縄文時代晩期で、壮熟年の男性であることがわかっている。

　時代を超えて太古の昔へタイムトリップできるとは、歴史好きにはたまらんエリアだ。

東高野街道が合流する場所に
国府八幡神社がある

国府遺跡
map P142 C-1
●藤井寺市惣社
※見学の問合せ
藤井寺市教育委員会
教育部文化財保護課
✆072-939-1419

前頁の志貴県主神社の前の道を東に抜けると、急に視界が開け、空の広さに驚いてしまった

古市古墳群

土《は》師《じ》ノ里・道明寺エリア

Hajinosato & Domyoji Area

笑い声が響く、登れる墳丘よりどりみどり。華やかさナンバーワン。

近鉄土師ノ里駅前の鍋塚古墳からはじまり、助太山～古室山～大鳥塚と登れるスター墳丘が勢揃い。古墳ピクニックならここだ！魅惑の古墳に加え、歴史ある東高野街道沿いに国宝のある寺社が両サイドに。街道沿いの風情ある景色がまた、たまりません。

府指定の天然記念物、道明寺のモクゲンジ。境内には入れないが外から見られる

道明寺商店街の景色を引き締める名喫茶［チェリー］のカツカレー1,000円。サンドイッチも、もちろんコーヒーも美味しい

A
B
1
2
3
仲姫命陵古墳の外周を回っていったん下りると、古室山古墳の緑のじゅうたんが手招きする
消滅した古墳のあった場所に出来た、栖塚古墳公園
JA大阪南
レンタサイクル／
もずふるレンタサイクル(P219)
唐櫃山古墳
(P147)
53
金網越しに
後円部が
見える
近鉄南大阪線
鍋塚古墳(P156) 57
土師ノ里
ミラーあり
ミラーあり
澤田八幡神社
久保医院
ミラーあり
三国(中華)
古室八幡神社
解説板
金網越しに
後円部が見える
56 仲姫命陵古墳(P154)
玩具と
模型の
ウエダ
62 松川塚古墳(P162)
自治会の掲示板
ここから
後円部の外周は
比較的広い道
古室山の
眺めよし
拝所
でこぼこ道の
狭い外周遊歩道
民家の脇を入る
ものすごく狭い道
中国料理
大鳳
居酒屋さとう
61 古室山古墳
(P160)
中山塚古墳(P158) 59
道明寺
交差点
助太山古墳(P158) 58
八島塚古墳 60
(P158)
郵便局
道標
広報板
高速道路の
高架の陰に
なっている
古室山の
眺めよし
西側に
墳丘への
石段あり
コンビニ
細い道
赤面山古墳(P162) 63
道明寺
西山畑
公園
駐車場越しに
見える
盾塚古墳公園(P218)
大鳥塚の
眺めよし
64 大鳥塚古墳
(P163)
玉寿司
仲姫命陵
古墳の石碑
タバコ屋
道標
応神天皇陵古墳の
拝所への入口
大鳥塚の
眺めよし
そば切り蕎香
西名阪自動車道
道明寺
5丁目北
交差点
古市陵墓監区
事務所
(御陵印を押す
ことができる)
66 誉田丸山古墳(P179)
向かって左にカーブしている
国道170号線
拝所
(圧倒的な墳丘のボリューム)
65 応神天皇陵古墳(P176)
二ツ塚古墳
(P180)

北西角から。きりっと張り出した前方部（中央から右）や、後方部とのくびれ（左）が一目瞭然に

かたちも彩りもすべてが綺麗なべっぴんさんの古墳。

56 仲姫命陵古墳《なかつひめのみことりょうこふん》（仲津山古墳《なかつやまこふん》） 世

近鉄土師ノ里駅を出ると目の前に現れる鍋塚古墳を横目に細い道を自転車でくねくね走って、目指すは仲姫命陵古墳だ。応神天皇の皇后、仲姫命の墓とされるが、古市古墳群の中でも第2位（国内第9位）の大きさを誇る。

「時期的には、応神天皇陵古墳（Ｐ１７６）よりも古い時代の古墳です。幅の広い堤と幅の狭い濠で形成されていて、この古墳ができた時期から陪塚が見られるようになります。駅前の鍋塚古墳などは、堤にかかっていてまさに典型的な陪塚といえますね。三段築成の前方後円墳で、墳丘の形がとても綺麗です。内部はテラスも左右の造り出しも綺麗に残っているし、紅葉時には木々が真っ赤に染まって、本当に綺麗ですよ」（山田さん）

山田さんがあまりに綺麗、綺麗を連発するので、綺麗な古墳もさらに美人古墳に見えてくる。仲姫命という女性もきっと美しい女性だったんだろうな、などと想像してしまう。

仲姫命陵古墳から応神天皇陵古墳までの間には、魅力的な古墳がいくつもある。しかも「入場可」の古墳が多いのはうれしい。夫婦の陵の間に点々と楽しそうに古墳が並んで、なんだか子どもたちみたい。学術的には全く違うけれど、楽しい古墳ファミリーゾーンといえるかも。家族でお弁当を持って入場OKの墳丘に登って、ピクニックなんぞが似合いそう。

近くには道明寺や道明寺天満宮、東高野街道沿いにはおいしいパン屋さんにオーガニックなごはん処などもあって、ちょっとした小旅行気分を味わえる。歴史も古墳も古刹も、あれこれ楽しさ満載のエリアである。

北側の近鉄南大阪線上空から。前方部と違い後円部沿いには遊歩道が

56.仲姫命陵古墳　map P153 B-2

●前方後円墳●墳丘長290m、前方幅193m、後円部径170m、後円部の高さ26.2m●4世紀後半●藤井寺市沢田4丁目

古市古墳群の中でも台地の張り出した最も高い場所に位置する。以前は5世紀前半頃の築造と推定されていたが、堤上にめぐらされた円筒埴輪の特徴から、埴輪の製造時期が津堂城山古墳のものよりは後で、応神天皇陵古墳のよりは前と見られている。先に亡くなった応神天皇の陵（応神陵古墳）よりもだいぶ前に造られたことになり、逝去後だけにしか陵が造られないとは限らないが、ここは実は仲哀天皇の陵ではないかという学説もある。

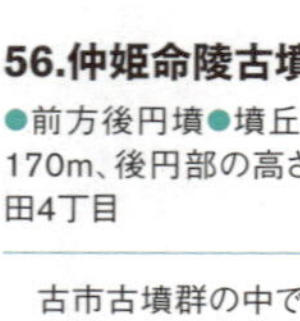

くびれ部の両側には、後円部に掛かる方壇状の造り出しがあり、幅が狭くて深い周濠と幅広の堤はこの古墳の特徴となっている。

古市古墳訪問者への第一撃、「改札出たら、目の前古墳」。

57 鍋塚古墳《なべづかこふん》 ㊎

まさに駅前古墳。近鉄土師ノ里駅の改札を出れば、どんなにぼんやりしていてもこれが目に入る。子ども連れの家族が頂上で手をつないでいる景色が微笑ましい。
「ここは丸く見えますが、方墳です。仲姫命陵古墳の陪塚といわれ、可能性は高いと思います。ちょうどあの辺りの住宅地まで仲姫命陵の外堤が回ってきていて、この古墳も本来はもっと大きかったので、古墳の裾が外堤に接していると思われます。時期的にも同時代なので、陪塚だと考えられますね」（山田さん）
鍋塚古墳は4世紀の後半から5世紀初頭に造られたといわれているが、この頃から巨大

土師ノ里駅改札口横にある駅前広場で墳丘が手招き。左は仲姫命陵古墳

な前方後円墳にこういった方墳が付属して造られるようになってきたという。「東の方に玉手山（柏原市）という山がありますが、あの辺りに古墳時代の前期の古墳があるんですね。前期はだいたいあの辺で築造が終わって、今度はこちらの方に津堂城山古墳（P118）が築かれて、古市・百舌鳥と古墳時代の中期～後期まで広がっていくっていう感じですね」

道路の側から見るとわからなかったが、墳丘に登って下を見ると地上からかなりの高さがあるのがわかる。見晴らしも良くて、古墳時代の前～中～後期まで見渡せてしまう。こんな素敵な古墳が駅前でいきなり出迎えてくれるなんて、ほんとにうれしすぎます。

57.鍋塚古墳　map P153 B-1

●方墳●一辺63m、高さ7m、5世紀前葉●藤井寺市沢田4丁目

小ぢんまりと見えるが、実際は大型の方墳。現状から確認はできないが、濠を伴っていた可能性がある。発掘調査が行われていないため埋葬施設や副葬品については不明だが、円筒埴輪列や墳丘斜面に石を葺いた葺石があることが確認された。墳丘の表面では家・衣蓋・盾・靫形（ゆぎがた）などの形象埴輪の破片が見つかっている。

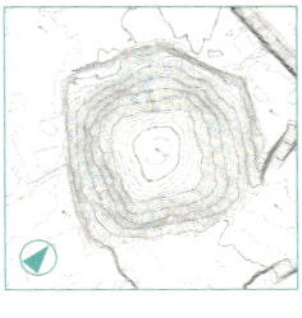

「三ツ塚」と呼ばれる東西に並んだ古墳三兄弟。

58 助太山古墳《すけたやまこふん》 世
59 中山塚古墳《なかやまづかこふん》 世
60 八島塚古墳《やしまづかこふん》 世

西の端にある助太山古墳。小さな古墳だが登ってみると、標高の高さと眺望に驚く

仲姫命陵古墳のすぐ近くに連続する3基の方墳。地元では「三ツ塚古墳」と呼ばれる。

西からまず助太山古墳。目の前にぽっかり現れる感じだ。桜の木がポツンと生えているが、国語の教科書か何かに「ちいさなおやまに、さくらがさいた」などという文章と共に出てきそうな、桜咲く小山という感じがする。

「この助太山古墳は、3基の古墳の中で一番小さいんです。なぜか中山塚古墳、八島塚古墳は仲姫命陵古墳の陪塚とされていますが、ここだけ違うんですよ」と山田さん。なぜ？

「そこはよくわかりませんが、サイズが小さかったことも関係しているかもしれません。個人的には土師氏の長というか、位の高い人びとの古墳ではないかと思います」

この辺りには土師の里南埴輪窯跡群や土師《はじ》寺《でら》跡礎石群などがあり、土師氏一族が住んでいたこととも関係が深そうだ。

中山塚古墳と八島塚古墳の間からは、一大発見と言われる大小の修羅《しゅら》とテコ棒が出土している。発見現場は、ちょうど新しいマンション（古墳と古墳の間に建つ、ちょっと心惹かれるマンション）が建っている辺りらしい。

修羅とは古墳に使う巨石を運ぶそりのような形をした木製の道具（P１２４）で、海、川と水路で運んできた巨石を、今度は修羅を使って陸路で古墳築造現場まで運んだといわれている。この修羅は仲姫命陵古墳か、応神天皇陵古墳（P１７６）か、あるいは両方で使われたのだろうか。またはここを造った時に使われたのだろうか。テコの原理で巨石を運ぶなんて、どんな人がどうやってそんなアイデアを考えついたのだろう。興味は尽きない。

中山塚古墳。住宅の右には助太山があり、古墳好きには垂涎の的だろう

58.助太山古墳　map P153 B-2

●方墳●一辺36m●5世紀前葉●藤井寺市道明寺6丁目

「三ツ塚古墳」の一番西側、他の2つの古墳よりひと回り小さい。墳頂部には巨大な石の一部が露出し、横口式石槨という埋葬施設の天井石である可能性が指摘されている。5世紀前葉の築造とされるが、円筒埴輪や葺石が見つかっていないことから、古墳時代の終末期、古市の中で最も遅く造られた古墳の一つであるという説もある。

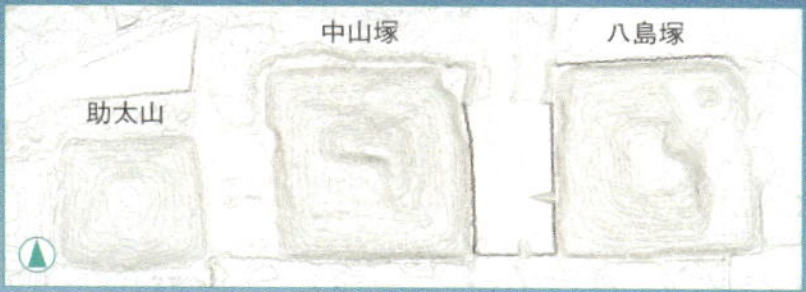

59.中山塚古墳　map P153 B-2

●方墳●一辺50m●高さ8.5m●5世紀前半●藤井寺市道明寺6丁目

「三ツ塚古墳」の中央。濠からは円筒埴輪が出土している。昭和53年（1978）に隣の八島塚古墳の間の濠から巨大な木製のそり「修羅」大小2基が出土した。

60.八島塚古墳　map P153 B-2

●方墳●一辺50m●高さ8m●5世紀前半●藤井寺市道明寺6丁目

修羅発見のニュースは、当時未曾有の大事件として全国を駆けめぐり、世間の注目を集めた。濠からは他に円筒埴輪が出土。

八島塚古墳。仲姫命陵ではなく「仲津山陵」とある宮内庁の石碑。隣の中山塚にも同じ石碑が

「魅力的古墳連続地帯」のシンボル的〝ヤッホー墳丘〟。

61 古室山古墳《こむろやまこふん》 世

登れる古墳としては、古市古墳群で津堂城山古墳（P118）と人気を二分する前方後円墳がここ。よく整備されていて気持ちがいい。

「この古墳は、かたちがとても綺麗に残っているので、フォルムを見るには非常にいい古墳ですね。後円部側と前方部側では、後円部側のほうが一段高くなっているので、非常に古いタイプの前方後円墳であるということがわかります。応神天皇陵古墳（P176）になると、後円部と前方部の高さがほぼ同じぐらいになるんですが、時期的に新しくなるほど

夏は緑のオアシスに。右手は西名阪道

2月下旬～3月上旬は紅・白梅が山肌に

秋の墳丘はこの通り。こんなに行楽的な古墳は日本で一二を争う

前方部が高くなっていくわけです」と山田さん。

墳丘の高さにも流行があるんですね？

「あります」。スカートの丈が流行で左右されるように、かたち、大きさ、高さなど、古墳のデザインも時代ごとに変遷していくのだ。

とにかく、一度上がってみよう。なるほど、後円部がかなり高くなっていて、頂上からの見晴らしがとてもいい。高架になっている西名阪自動車道の車列を見下ろすのは、他の古墳では味わえないスペクタクルだ。木々を通して応神天皇陵古墳のフォルムが見えるし、遠くには二上山も美しい。春には梅や桜が咲いて、人々を楽しませてくれる。

北東側（前方部）から後円部の墳丘を望む。冬はシルエットが鮮明。左奥は応神天皇陵古墳（P176）

斜面には柿の木も数多く見られる。古市古墳群は大阪東南部にあって気候温暖なため、昔から果樹園が多く作られたという。古墳は高さもあり、斜面によく日光が当たるので、果樹園に利用されていたものも多いそうだ。それゆえに残った古墳も少なくないという。

とても綺麗に整備され、墳丘も登りやすく、景色も良く、ピクニックにぴったりの古墳。それ自体のかたちもよくわかって、登れる古墳の中でもピカイチ、明るくて楽しい古墳といえよう。「ヤッホーって感じでしょ（笑）」

ほんとうに「ヤッホー」と叫びたくなった。

61.古室山古墳 map P153 A-2

●前方後円墳●墳丘長150m●4世紀末～5世紀初頭●藤井寺市古室2丁目

古市古墳群の中では中型で、前方部は北東向き。後円部頂上の標高が約39mと測定され、国府台地の高所に位置。視界を遮る巨木が少ない。墳丘の斜面には石が葺いてあり、平坦面には円筒埴輪列があって、家・衣蓋・盾・靫（ゆぎ）・冑形（かぶとがた）などの形象埴輪が確認されている。

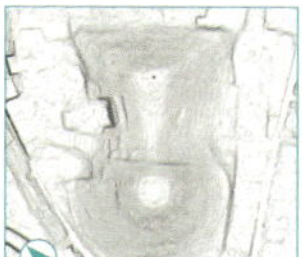

埋葬施設の詳細は不明だが、後円部の頂上に板状の石材が見受けられ、このような石材を用いて築かれた竪穴式石槨であった可能性が考えられる。古市古墳群中で最も早く造られた古墳の一つに数えられている。

線路沿いにポツンと佇んだ ちょっと毛色の異なる古墳。

62 松川塚古墳

まつかわづかこふん

仲姫命陵古墳と古室山古墳の間の道を少し西にいった近鉄線のきわ、駐車場になっているところにポツンとある。一辺20mほどの方墳だが、見た目はもう少し小さく感じる。ここでは葺石と円筒埴輪が発見されているそうだが、埋葬施設など詳細はわかっていない。

「ここの北側一帯に埋没した古墳が11基ほど見つかって、「林（地名）の埋没古墳群」と呼ばれています。方墳や円墳が多く、土師氏など豪族たちの墳墓かもしれません」（山田さん）

5世紀前半から6世紀前半にかけ、この辺りに次々と小さな古墳が造られていった。仲姫命陵古墳や允恭《いんぎょう》天皇陵古墳（P144）と同時期だが、それら大型古墳との関係は今も明確になっていない。まだ埋没している古墳もあるようで、今後新たな発見があるかも。

現代と1500年前との象徴的ツーショット

62.松川塚古墳

map P153 A-2

●方墳●一辺25m、高さ3m、5世紀後半●藤井寺市古室2丁目

墳丘の一部が削られているが、方墳と考えられている。埋葬施設は不明だが、発掘調査によって墳丘斜面に葺かれた葺石と埴輪列が確認された。円筒埴輪、柵、衣蓋、盾、馬形といった形象埴輪が出土。

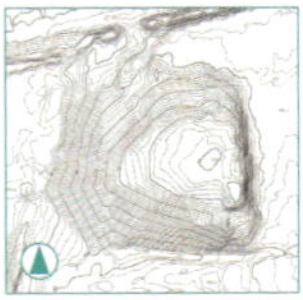

よそでは聞いたことがない 高速道路の高架下に古墳!?

63 赤面山古墳

せきめんやまこふん

古室山古墳の南、西名阪自動車道の高架下にもなんと古墳が。その南には大鳥塚古墳があり、これら登れる人気2大古墳（勝手に命名）に挟まれてひっそりと佇む。高架下に背を縮めるように座っている（ように見える）。

「一辺が20mぐらいの四角い方墳です。見ていただくとわかるように、この古墳のところだけ、高架の橋脚が一本飛ばされています。そうやってわざわざ残そうとしているので、多大な費用がかかっているはずです。ここは光が当たらないので草が生えないんですよね。上から黒いのが見えると思うのですが、水が落ちてきて古墳の表面がえぐれるんですよ。だから土嚢を積んでそれ以上崩れないようには一応はしているのですが……。開発優先の時代に残された、非常に悲しい古墳ですね。ただそうはいっても、ちゃんと残されたということはすごいなと思います」（山田さん）

どこかの陪塚？「もしかしたら古室山古墳や大鳥塚古墳と関係があるのかもしれませんが、よくわかっていません。ただこの古墳はとてもいい場所にある。標高の高いところの古墳はほとんどが前方後円墳で、陪塚以外には方墳などはないにもかかわらず、いい場所に、ぽつんって一つだけあるんですよ」

右半分（北側）にはほとんど日が当たらず、本当にせつない

なにか理由があるのだろうか。古室山古墳と大鳥塚古墳の被葬者に愛されて、板挟みになった女性とか？ 古墳時代にも悲恋のストーリーはあったはずだ……という妄想はともかく、この古墳は金網越しにしか見ることができない。両隣の古墳は、人が自由に登れるのに、何かに耐えるように、息をひそめて佇んでいる。確かに少しもの悲しげだ。「せつない古墳ですよ……」山田さんの言葉が胸に残る。ここを通ることがあれば、金網越しに「来たよ」と声をかけてあげてほしい。

63.赤面山古墳
map P153 A-2
●方墳●一辺22m●5世紀前葉●藤井寺市古室2丁目

古室山・大鳥塚の両古墳に挟まれ、さらに西名阪自動車道の高架下にあるため、一見、単なる土の山のようにも見えてしまう。人を葬った施設などは分かっていない。

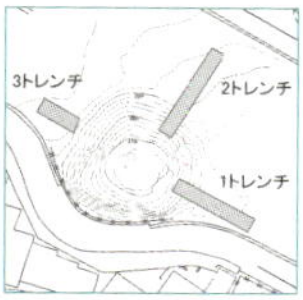

登れる墳丘にはこんな〝静かな森〟もあります。

64 大鳥塚古墳《おおとりづかこふん》 世

西名阪自動車道を挟んで古室山古墳と向かい合っているが、住宅地の中に高い山がいきなり現れる感じ。樹木が結構茂っているので、秘密基地めいた雰囲気だ。今も白っぽい葺石が点々と残っている（持ち帰り厳禁です）。古室山古墳の開放的な感じとは違って、森に入ったような、しんとした静寂が漂う。

先ほど（赤面山古墳）の妄想の続き……古室山古墳に眠る兄は明るくリーダーシップがあり、誰にでも好かれるタイプ、大鳥塚古墳に眠る弟は、物静かで理知的なタイプ（なぜ兄弟なのか根拠はない）。

そして赤面山に眠る女性は、頬を薔薇色に染めた美しい女性。二人の兄弟から愛を受けて悩み、苦しむ。結局、兄の元に嫁ぐことになるのだが、実は女性が本当に愛していたのは弟だった。

応神天皇陵古墳の前に行くか後にするか

女性は苦しみ、悲しみのうちに亡くなってしまう。だから赤面山古墳はちょっとだけ、大鳥塚古墳に近く寄り添っている……全くの妄想であるが、こんなふうにストーリー仕立てで古墳を見るのはとても楽しい。すぐ南には、応神天皇陵古墳（P176）の拝所がある。

64.大鳥塚古墳
map P153 A-2
●前方後円墳●墳丘長110m●5世紀前葉●藤井寺市古室2丁目

古市古墳群の中では中型のサイズで、前方部は南向き。墳丘はほぼ全域がクヌギの林。築造当時、墳丘の斜面には石が葺かれ、平坦面には円筒埴輪が並んでいたとされる。埋葬施設などの構造は不明。変形獣形鏡と位至三公鏡（いしさんこうきょう）と呼ばれる二面の鏡や、鉄製の剣・刀・矛・鏃（やじり）などが出土したといわれている。

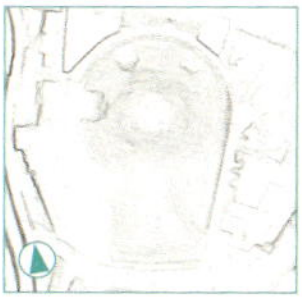

古墳と一緒に、この名所

十一面観音に手を合わせたい地元の名刹、菅公ゆかりの尼寺。

道明寺《どうみょうじ》 国

7世紀中頃に、土師氏の氏寺として建立された尼寺。菅原道真公は土師氏の後裔《こうえい》だという。かつてこの寺には道真公の伯母である覚《かく》寿尼《じゅに》が住職としてたびたび参詣していた太宰府に下向《げこう》する際、一夜の暇を許された道真公は、覚寿尼に別れを告げ

鳴けばこそ別れも憂けれ
鳥の音のなからん里の
あかつきもかな

という御歌を残して、九州へ赴いたと伝えられている。京の都から落ちゆく失意の道真公の足跡が、ここにあることを初めて知った。

綺麗に掃き清められた境内は、尼寺らしく、そこはかとなく、たおやかで高貴な雰囲気が漂っていて、美しく、清々しい。

建立当初は、現在の道明寺町の大部分が境内で濠が四方を囲っていて、今もそれとわかる塔心《とうしん》礎《そ》が残っている。その後、戦国の世には戦火に遭い、江戸期には石川が氾濫して寺が荒廃したこともあって、

昭和27年（1952）に国宝に指定された十一面観音立像。毎月18・25日の2日間は拝観できる

現在は道明寺天満宮の境内になっている地に移り、さらに明治時代の神仏分離令によって現在地に移された。

本尊の国宝・十一面観音立像は、毎月18日と25日に拝観することができる。取材日がちょうどその拝観時期で、幸運にも御仏の尊顔を拝することができた。高さ1mほどの、カヤの一本造の御仏は、彩色や漆箔にせず、頭髪、唇等にわずかに絵具を挿しただけで、あとは木肌のまま仕上げた檀像彫刻だという。

表面は艶やかな光沢があり、きめ細かい木肌が美しい。頭上に十一面を頂き、両足を揃えて直立する姿は、端正で優美。エレガントなお姿である。お顔はふっくらとしながらも、生き生きとした眼差しが、生気を醸している。

また、ここは関西風の桜餅（道明寺餅）など和菓子の材料である「道明寺糒《ほしい》」の発祥の寺としてもよく知られている。上品な尼寺らしく、道明寺糒も控えめに販売していた。「発祥の地ですから、もっと大々的に販売してもいいと思うんですけどねえ（笑）」と山田さんは言った。

「菅公御作 十一面観世音菩薩」の石碑が境内を引き締める。ずっと佇みたくなる、いい「気」が流れている

道明寺

map P153 B-2

●藤井寺市道明寺1-14-31

072-955-0133

6:00～17:00

少し離れた場所にある五重塔の巨大な礎石（塔心礎）。これも「修羅」で運んだのかとあれこれ想像を広げてみた

古墳と一緒に、この名所

東高野街道をはさんで国宝が贅沢に競演する。

道明寺天満宮《どうみょうじてんまんぐう》 (国)

1400年の歴史を持つ神社で、道明寺のすぐ東隣にある。祭神は菅原道真公、天穂日《あまのほひの》命《みこと》、覚寿尼公。古墳と一見関係のないように思えるが、境内にはなんと、あの世紀の発見といわる、大小の「修羅」のレプリカが展示。

神社の氏地内である三ツ塚古墳の周濠から大小2基の修羅が出土したこと、この地が土師氏の領地であったことから、発見された修羅も、おそらく古墳の土木技術のオーソリティである土師氏のものであろうということで、この神社に展示されているのだそうだ。

レプリカとはいえ、法隆寺の宮大工として有名な西岡常一《つねかず》氏（1908～95）によって製作された復元修羅は、非常に精巧に造られていて古墳ファンとしては必見である。

宝物館では2017年秋の京都国立博物館「国宝展」にも出品された国宝「伝菅公遺品《でんかんこう》」の国宝6点、重要文化財2点などが不定期ではあるが、一般公開されている。ぜひ。

2017年にお目見えした復元埴輪窯

昭和53年（1978）に復元された修羅

国宝・伝菅公遺品の青白磁円硯（せいはくじえんけん）は直径27cmと大型。唐の官窯で焼かれた

正月や受験の季節には長蛇の列が出来る拝殿。「まずは天満宮」の地元民は実に多い

2月下旬〜3月上旬、境内奥の梅園は満開に

石段の脇には嘉永3年(1850)製の灯籠が

道明寺天満宮　map P152 C-2

●藤井寺市道明寺1-16-40
✆072-953-2525
9:00〜17:00

玄米食堂すみれ

玄米に野菜、滋味溢れる恵みをたっぷり摂って元気回復!

道明寺からすぐのところにある古民家。懐かしい雰囲気に惹かれて扉を開けると、そこは靴脱ぎ場になっている。靴を脱いで室内に上がるとなんだか古い友人の家に招かれたような気分でホッとくつろいでしまう。お薦めは「すみれプレート」。週替わりのメ

滋養と優しさ溢れる彩り豊かなすみれプレート1,080円。食後のコーヒーもオーガニックの豆で

ニューで、メインのおかずに小鉢もの3種、新鮮野菜のサラダたっぷり、そして玄米ご飯、味噌汁、漬物がついている。

店長の天野典子さんは、お父さんの病気をきっかけに食と健康の関わりの大切さを実感。玄米や野菜を中心とした、体に優しい食を実践するようになり、たくさんの人にも知ってほしいと、最初は奈良県で玄米ご飯をベースにした料理店を開いていた。

その後、縁があって藤井寺市へ。ボロボロだった古民家を、自身が心地よいと感じる空間にリノベートした。国産、添加物除去の食材を中心に、醤油や調味料まで自分が安心できると納得したものだけを使って、心を込めて調理する。

栄養バランスを考えて、丁寧に作られた一つひとつの料理は、素直に美味しくて、体にきちんと染みわたってしっかりと健康を支えてくれる、そんな滋味に満ちている。今は河南町に住むお母さん一家が作る無農薬の野菜を使っているが、天野さんはいつの日か、「畑と調理が一つになるような仕事をしたい」という夢を抱いているのだそう。

ボリュームがあって食べ応えも十分。体がこんな食を欲するのだろう、またすぐに食べたくなる、そんな優しくて奥深い味がする。

1.屋号は「心も体も笑顔になれる＝スマイル」から、野に咲く優しい花の名前を付けたと天野さん
2.食堂だけでなく、雑貨や調味料も買って帰られる
3.道明寺を出るとこの外観がすぐ目に入ります

玄米食堂すみれ

map P152 C-2

●藤井寺市道明寺1-16-52
072-937-3770
11:30～16:00
日・祝・月曜休

パンと暮らしのcoccoya

見て、食べて楽しい。古墳型の塩パンもお見逃しなく!

道明寺のすぐ近く、白い壁のおしゃれな建物。ガラス越しに覗くと、棚の上に焼きたてのパンがずらり。お、古墳型のパンがあるではないか! 慌てて店内に入ると、オーナーの荒堀哲也さん・明子さん夫妻が笑顔で出迎えてくれる。

しおこふん140円。これを頂上で食べられる墳丘(鍋塚、助太山、古室山……)が近くにはいろいろあって、うれしい限り

夫婦で奈良の大和郡山にあるパン屋さんを訪ねた時に、いつかこんな店をしてみたいと考えるようになったという2人。その後、哲也さんがパン作りの修業をして、4年前にこの場所に念願のパン屋さんを開いた。

子育て中の夫妻は、オーガニック食品など体に優しくて安心な食材を大切にし、生地に豆乳やごま油を使ったパンや卵や乳製品アレルギーの人も食べられるパンなどを毎日、朝早くから焼いている。「食べて、美味しくて、楽しくなってくるようなパン」。二人が作るパンは、どれもまさにそんな優しさ、楽しさに満ちている。

売り切れ御免で、夕方早くに店を閉めてしまうこともあるのだそう。朝早くから古墳めぐりを始める日は、ここでぜひ「しおこふん」という名の名物の塩パンを買って、墳丘に出かけよう。どこで食べるかを想像するだけで楽しくなる。

Sai deri and eat

手作りのお弁当を持って いざ古市古墳群めぐりへ!

どこか懐かしくのんびりした風情が漂う、道明寺駅前商店街のお惣菜屋さん［Sai］では、店先に並ぶ出来たてのお惣菜を、地元の人があれこれと買っていく。古墳めぐりの合間にぴったりなのがお薦めの「結弁当」だ。

昔懐かしい竹皮をほどくと、思わず笑みが溢れる、美味しそうなおにぎりとおかずが顔を出す。おにぎりは二種類入っていて、具材や味は季節ごとに多彩に変わる。写真はかやくごはんと高菜のおにぎり。春ならば、豆ごはんや桜えびのごはんになったりもするそうだ。おかずは、ごぼうの肉巻きと鴨肉、レンコン、八幡巻き、芋の天ぷらにだし巻と煮卵で、これも季節ごとに少しずつ変わっていく。

二代目主人の永井俊光さんと奥さんの実和さんが店を切り盛りしているが、鰹と昆布で丁寧にダシをとり、できるだけ地元の野菜や食材を使って手作りしている。古墳の頂上でおにぎりを頬張りたい。

1.竹皮がなんとも嬉しい結弁当650円（税込）は、前日までの要予約　2.永井さん。こんな人がいる商店街ならぜひ立ち寄って、あちこちのぞきたい

Sai deri and eat
map P152 C-2
●藤井寺市道明寺2-9-3
道明寺駅前商店街内
☎072-955-6975
10:00〜19:00
木曜・第3水曜休

1・2.見ていてワクワクするようなパンが並ぶ店内には古墳グッズもあった　3.フレンドリーな接客の荒堀明子さん　4.朝早くに聞こえるニワトリの鳴き声と早起きなパン屋さんを掛け合わせたという店名。東高野街道沿い

coccoya
map P152 C-2
●藤井寺市道明寺1-16-53
☎072-959-3076
9:00~17:00
日・月曜休

虎屋布団店

古墳の街の商店街には
前方後円墳型クッションが!

1.古墳クッション3,700円。このデザインは仲哀天皇陵古墳か、それとも允恭天皇陵古墳あたりか　2.古墳コースター500円、古墳ランチョンマットはサイズ違いで700円、1,300円など。柄も凝ってます　3.道明寺駅と道明寺天満宮の、ちょうど中間にある

道明寺駅前商店街で約50年営業している、中西虎騎さんとフミ子さんが営む布団店。ショウウインドウにかわいい古墳グッズがあれこれ並んでいるのに心惹かれて、つい店内に入ってしまう。

前方後円墳型の古墳クッションや古墳のランチョンマット、コースターなど、生地の柄はすべてオリジナルデザインで、なかなかお洒落。草木染めのコットン生地は、色合いも手触りも優しい。特に、古墳クッションは前方後円墳のくびれの部分が体にフィットして、抱き心地がとてもいい感じ。クッションなどの商品は全国発送可。

古墳好きならこんなクッションを身近に置いて愛でつつ、古墳の思い出に浸るのもいいかも。

虎屋布団店
map P152 C-2
●藤井寺市道明寺
2-5-13
道明寺駅前商店街内
✆072-954-8103
9:00〜18:30
木曜休

古墳の「キホンのキ」⑥

古墳から何が発見されたか？

昭和53年（1978）、藤井寺市で「世紀の発見」といわれる「修羅《しゅら》」が出土した。古市古墳群の三ツ塚古墳（P158）の中の八島塚古墳と中山塚古墳の間の濠の部分を発掘調査したところ、大小二つの木製の修羅が発見されたのだ。修羅とは、重い荷物を乗せて運ぶための古代の木ぞりで、古墳の築造に欠かせない巨大な岩などを運んだとされる道具。

「修羅発見！」のニュースは、考古学上の大発見として大きな反響を生んだ。その後、修羅は宮大工棟梁の故・西岡常一氏によって本物そっくりに復元され、現在は道明寺天満宮（P166）の境内に保管展示されている。出土した本物の修羅は生駒市にある施設で保存処理が行われ、現在は大阪府立近つ飛鳥博物館（河南町）に展示されている。

修羅復元時には、実際に「牽引実験」を行っている。藤井寺市の東部、石川の河川敷で市民や中学生、自衛隊員など約400人が牽引の人手として協力。14トンもある花崗岩を乗せて綱で曳く実験が行われた。

修羅の名の由来は、阿修羅が帝釈天《たいしゃくてん》と争って勝ったという仏典の故事から「帝釈（大石）を動かせるのは修羅」ということによるという。古墳の築造現場は、阿修羅のごとくの形相の人々が巨大な岩を運ぶ、文字通り〝修羅場〟だったに違いない（P124・P138）。

海外の高級品から農機具まで。

埋葬されていた人の石棺や石室の中には銅鏡、剣、腕輪、玉をつないだ首飾りなどが収められていることが多い。ペルシャ朝のガラス碗が見つかった古墳もある。時代が新しくなると甲冑や弓矢など鉄製の武器、農工具、金メッキした馬具、飲食に使う土器などが発掘されている。このように一緒に埋葬されている品々を副葬品と呼ぶ。

また、古墳の周囲の濠を発掘調査すると大量の埴輪が見つかることがある。古墳の周りにテラスのような場所を築き、そこにずらりと埴輪を並べたようである。他にも須恵器、土師器などの土器のほか、目を見張るように美しい服飾品なども発掘されている。研究者の目で見ると、それぞれが専門的な研究に値するほど、興味深いものだそうだ。

百舌鳥なら堺市博物館（P50）、古市ならアイセルシュラホール（P138）か羽曳野市文化財展示室（P194）へぜひ

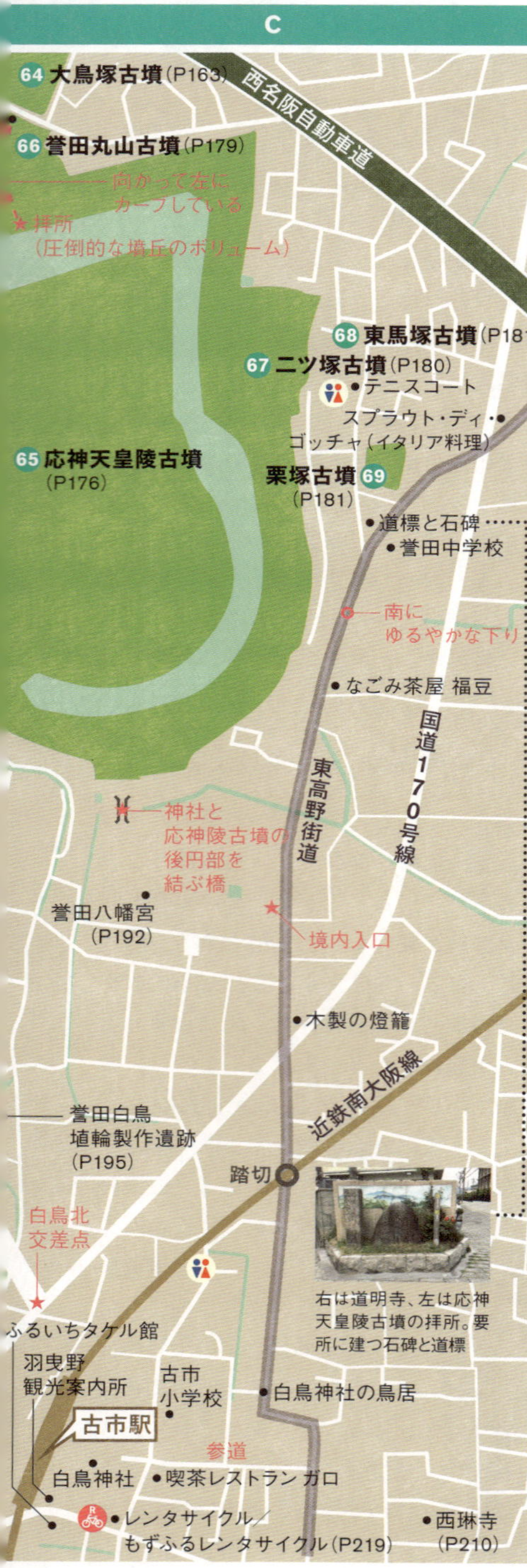

右は道明寺、左は応神天皇陵古墳の拝所。要所に建つ石碑と道標

古市古墳群

応神陵エリア

Ojinryo Area

威風堂々、応神天皇陵古墳が鎮座する最強パワースポットエリア。

同じような古墳でも、このエリアのそれは男性的で毅然として誇り高い感じがする。藤井寺と羽曳野、空気感の違いなのかもしれない。応神ファミリー古墳のバラエティ感も見ものだし、誉田八幡宮と羽曳野市文化財展示室のお宝にもぜひ、お立ち寄りください。

百舌鳥・古市で唯一、御陵印が押せる場所。

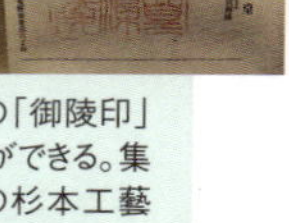

応神天皇陵古墳拝所のそばにある［古市陵墓監区事務所］では百舌鳥・古市古墳群の10基をはじめ17基の「御陵印」を参拝客が押すことができる。集印帖（写真は京都の杉本工藝製）や御朱印帳などを持参のこと。「駅のスタンプとは違いますので、ついでに何かの紙に……というのはご遠慮いただければ」とのこと。9:00〜17:00　※土日祝はインターフォンで呼出を

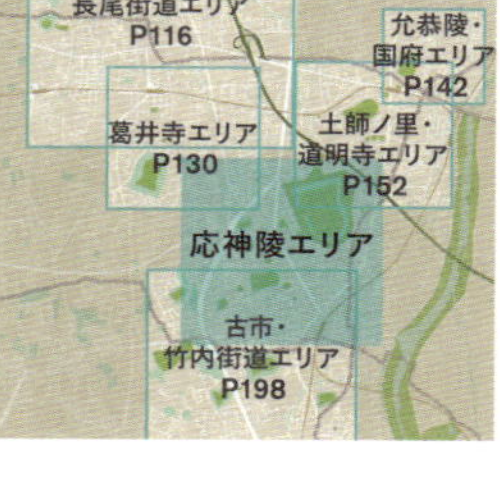

A
B
1
2
3
西古室交差点
71 サンド山古墳(P183)
車道沿いにある
応神天皇陵古墳の拝所への入口
古市陵墓監区事務所(右頁のコラム)
アイセル・シュラホール(P138)
藤井寺南小学校
蕃所山古墳(P182) 70
ロータリーになっている
応神陵前交差点
←仲哀天皇陵古墳(P132)
解説板
未舗装の道だが歩きやすく、外濠外堤の眺めが素晴らしい
大蔵屋
2019年4月27日にオープンした[大蔵屋]では古墳グッズやお菓子を販売。古墳ギャラリーもあり、埴輪作りも体験できる
畑沿いの道
畑沿いの道
73 はざみ山古墳(P184)
東山古墳 72 (P184)
パルネット藤が丘店
野中交差点
野中東交差点
コンビニ
外環状線
75 野中宮山古墳(P186)
野中神社
遊歩道
羽曳野警察署
大蔵屋(古墳グッズ)
74 稲荷塚古墳(P185)
野中南交差点
ミラーあり
道標
77 野中古墳(P189)
解説板
セラヴィ いちぢくの花(フレンチ)/香港亭(中華
不二電機
野中5丁目交差点
細い道
細いけれど歩きやすい外周路
ここから稲荷塚の墳丘が見える
羽曳野市役所
76 墓山古墳(P188)
墓地の中に道あり
78 向墓山古墳(P190)
79 浄元寺山古墳(P190)
小さな公園
羽曳野市文化財展示室(P194)
段差のある道
81 西馬塚古墳(P191)
80 青山古墳(P191)
小さな公園
駐車場越しに墳丘の西側がよく見える
池越し(西側)に仁賢天皇陵古墳の眺めよし
羽曳野市立中央図書館(1F パルネット文洋堂書店)
イズミヤ(4F アミーゴ書店)
山吉(居酒屋)
軽里北交差点
サーフショップ
りそな銀行
白鳥交差点
FLOUR(P212)
柿の種(P213)

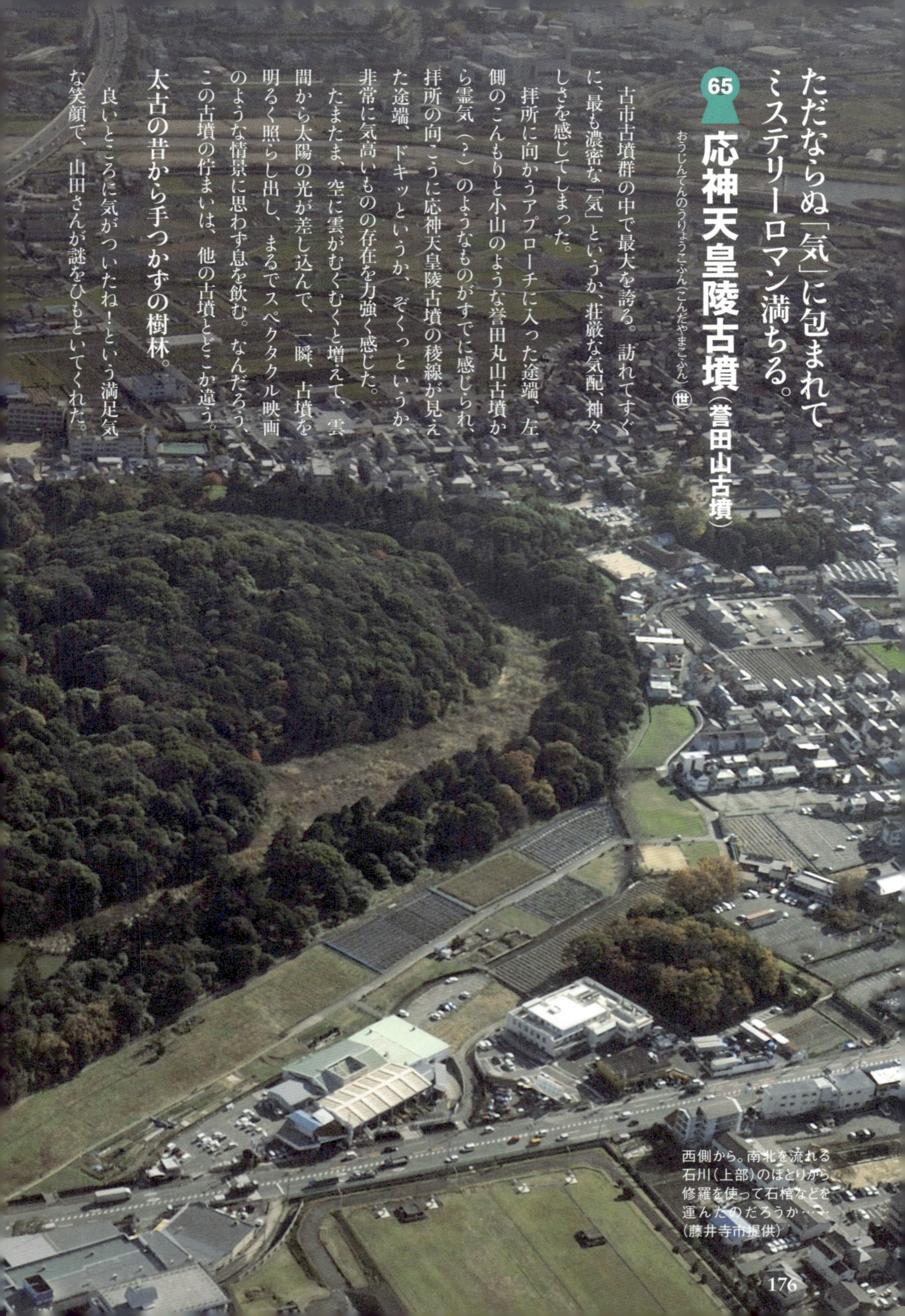

ただならぬ「気」に包まれて ミステリーロマン満ちる。

65 応神天皇陵古墳《おうじんてんのうりょうこふん》（誉田山古墳《こんだやまこふん》） 世

古市古墳群の中で最大を誇る。訪れてすぐに、最も濃密な「気」というか、荘厳な気配、神々しさを感じてしまった。

拝所に向かうアプローチに入った途端、左側のこんもりと小山のような誉田丸山古墳から霊気（？）のようなものがすでに感じられ、拝所の向こうに応神天皇陵古墳の稜線が見えた途端、ドキッというか、ぞくっというか、非常に気高いものの存在を力強く感じた。

たまたま、空に雲がむくむくと増えて、雲間から太陽の光が差し込んで、一瞬、古墳を明るく照らし出し、まるでスペクタクル映画のような情景に思わず息を飲む。なんだろう、この古墳の佇まいは、他の古墳とどこか違う。

太古の昔から手つかずの樹林。

良いところに気がついたね！という満足気な笑顔で、山田さんが謎をひもといてくれた。

西側から。南北を流れる石川（上部）のほとりから、修羅を使って石棺などを運んだのだろうか……（藤井寺市提供）

「この古墳のすごいところは、まず、樹林が他の古墳と全く違うんです」

ほかの古墳のほとんどは後世の人が樹木を植えているが、ここだけは手つかずの自然な樹林が育ち、生い茂っているのだそうだ。古くから、応神天皇陵古墳の墳丘の上には、誉田八幡宮の社があり、全体が神域だったので おそらく、樹木を伐採したとは考えにくい。

人くささがないというか、古来、人の出入りが制限されていたことで、さらに神域としての清浄な空気感が醸成されたのだろう。

「人の手が加わらない非常に古い樹林帯が完成していると思います。冬になってもほとんど落葉する木がない、いわゆる照葉樹林帯の古墳ですね。このあたりの気候でずっと自然任せにしておくと、この古墳のような樹林帯になります。樹木の生え方は、奈良の春日山の原生林ともよく似ています」

木々が描く稜線は、今まで見慣れた古墳の、あのもこもこした感じはなく、どこかふわりと柔らかな、それでいて力強い息遣いのようなものを漂わせている。古代の木々と古墳が、一種の近寄りがたさを与えるのだろうか。

誉田八幡宮と一体で千年以上。

もう一つの見どころは後円部。そこに接するように広大な誉田八幡宮の境内が展開する。「八幡様」といえば応神天皇のこと。もちろん誉田八幡宮は、応神天皇を主祭神としている。応神天皇の諱《いみな》は、誉田別尊《ほんだわけのみこと》といい、ここ、羽曳野市誉田にゆかりがあると伝わっている。

古くは、毎年9月の大祭には、神輿が境内北側の太鼓橋を渡って、応神天皇陵古墳の後円部の頂上にあった御堂までお渡りするという儀式が長く続けられてきた。この神事は八幡宮と応神天皇とのゆかりの深さを物語る上でも重要な祭祀である。境内の案内板に描かれた、19世紀初頭の『河内名所図会《ずえ》』にも応神天皇陵古墳と誉田八幡宮の密接な関係を見ることができるので、ぜひご覧あれ（P193）。

応神天皇陵古墳は、そのフォルムにも大きな特徴がある。古墳北側の拝所から見ると、前方部の右側（西側）の形が少し崩れているのがわかる。もとはきれいな左右対称の前方後円墳だったが、永正7年（1510）の地震などで、古墳の下の活断層に沿って墳丘が崩落した可能性が高いそうだ。

「二ツ塚」に眠るは誰？

「実は古墳の前方部の東側のラインも大きくえぐれたような形になっているのですが、これは応神天皇陵古墳より先に造られていた二ツ塚古墳を避けるようにしたためといわれています。二重の濠の外濠は、二ツ塚古墳の濠と連結していた可能性もあります。しかし何と言っても古市古墳群で最も大きい古墳ですから、巨大な力を持った人物の墓に間違いありません。普通なら、二ツ塚古墳を潰してしまって、きれいな前方後円墳を造ると思いますが、潰すどころか、まるで二ツ塚古墳を守るように応神天皇陵古墳を築造しているのです。よほど縁の深い人物の古墳と考えられますね」

住宅ぎっしりの仁徳とは違い、西側には畑が

小さいけれど、二ツ塚古墳の被葬者は、応神天皇陵古墳の被葬者が非常にリスペクトしていた人物とも考えられる。古墳の規模がピークを迎えた時代に、最大級の古墳を造らせた当時の権力者。とてつもない大物が自分の古墳のかたちを曲げてでも、すぐそばに墓をつくりたいと考えた。そこまで大切に思った人とは、一体、どんな人なのだろう。もしかすると大王の母？　そういう説もあるらしい。

もう一度振り返ると、原生林が続く懐深い陵は、もう一つの小さな古墳をしっかりと抱いて、静かに佇んでいた。

「国宝展」の豪華な馬具はここから出土しました。

66 誉田丸山古墳《こんだまるやまこふん》 世

応神天皇陵古墳の拝所に向かう途中の左手にある古墳。円墳ということだが、柵内には入れないし、木が鬱蒼《うっそう》と茂っていて森のようにしか見えない。しかしこの古墳からは、なかなかすごい出土品が発見されている。

「国宝の金銅製龍文透彫鞍金具《りゅうもんすかしぼりくらかなぐ》（P192）など、大陸から伝来したとされる非常に美しい馬具などが見つかっていて、大王にふさわしい副葬品といえますね」（山田さん）

精巧なつくりで絢爛豪華な馬具は、おそらく大王クラスの人物への貢物だったのだろう。応神天皇陵古墳の陪塚に定められているが、古墳の位置や副葬品から、応神天皇陵古墳の被葬者と深い縁があるといって間違いない。

右頁下写真の拝所から左に首を捻ると、この墳丘が目の前に聳える

66.誉田丸山古墳
map P174 C-1

●円墳●直径50m●高さ7m●5世紀前半●羽曳野市誉田6丁目

応神天皇陵古墳の北側の外濠に接して造られた。1848年に見つかったとされる金銅製の豪華な馬具は国宝に指定され、現在は誉田八幡宮が所蔵。中国北部から朝鮮半島に広がる地域で造られ、日本に持ち込まれたものと考えられる。

古市古墳群の中では最も大きな拝所。仁徳天皇陵古墳（P16）は南向きだが、こちらは北向き

拝所がすぐに見えない。恵我藻伏崗陵（えがのもふしのおかのみささぎ）と書かれてある

65.応神天皇陵古墳 map P174 C-1

●前方後円墳●墳丘長425m●後円部直径250m●高さ35m、前方部幅300m、高さ36m●5世紀前半●羽曳野市誉田6丁目

古市古墳群最大の古墳で、百舌鳥古墳群の仁徳天皇陵古墳（P16）に次いで2番目の大きさを誇る。古墳を築造したときに使用した土の量は約143万㎥にものぼる。墳丘は三段に積み重ねられ、斜面は一面に石が葺かれていた。テラスと呼ばれる平坦な部分には推定2万本に及ぶ円筒埴輪が並べられていたと考えられている。墳丘の周りには二重の周濠がめぐっているが、東側にある先に造られた二ツ塚古墳を避けて少しいびつな形になっている。出土遺物には、円筒埴輪や盾・靫（ゆぎ）・家・水鳥などの形象埴輪のほか、蓋形の木製品やクジラ・タコなどの土製品がある。

本家（応神陵）の傍なれど陪塚にあらず。その心は……

67 二ツ塚古墳《ふたつづかこふん》 世

「この古墳は応神天皇陵古墳よりも古くからあって、天皇陵古墳をつくるときに、この二ツ塚古墳をよけてつくられたというふうにいわれています」（山田さん）

陪塚ではないということでしょうか？

「違いますね」

前述したが、大王の墳墓を造るのに、わざわざそこを守るように壊さないようにする古墳とは、ここの被葬者がいかに大切にされていたかがわかる。応神天皇陵古墳はこのあたりの丘陵の一番良いところではなく、地震によって断層が崩れているところがあるのだが、そこに重なるようにつくられている。普通なら避けるべきなのに、無理をしてつくっているのも、この二ツ塚古墳のせいなのである。

大王をも遠慮させる人物、一説には大王の母ではないかといわれているそうだが……一体どんな人が眠っているのか、謎が深まる。

テニスコート越しに見るしかないが、古墳の解説表示板が据え付けられている

67.二ツ塚古墳 map P174 C-1

●前方後円墳●墳丘長110m●高さ9.9m●4世紀後半／羽曳野市誉田6丁目

応神天皇陵古墳の東側、内側の堤に接して造られた。墳丘からは円筒埴輪や形象埴輪が出土。

応神陵との関係が一目瞭然（藤井寺市提供）

応神陵と二ツ塚を守る東高野街道・陪塚コンビ。

68 東馬塚古墳《ひがしうまづかこふん》 世

69 栗塚古墳《くりづかこふん》 世

応神天皇陵古墳の東側、二ツ塚古墳の近くに方墳が二つ、ポツポツと並んでいる。2基とも応神天皇陵古墳の陪塚といわれている。

二ツ塚古墳に接近しているのが東馬塚古墳で、調査では応神天皇陵古墳の外堤の上に造られていた可能性が高くなった。二ツ塚古墳の近くで地形的な制約があったと思われるが、あえてここにつくっていることから、応神天皇陵古墳との関係は非常に高いのではないかといわれているそうだ。

栗塚古墳も同じように、応神天皇陵古墳を築造するときに計画的に造られた可能性があるという。方墳といわれても、樹木などのせいでまるい円墳に見えてしまうのが、発掘調査をすると埴輪列が直線的で、墳丘の裾のラインが方形だということがわかるらしい。栗塚からは衣蓋、家、鶏、馬、犬、人物など、さまざまな形象埴輪が多数出土したという。

説明を聴きながら、基本中の基本の疑問が湧いてくる。一体どうしてあれだけ埴輪をずらーっと並べる必要があったのか？

埴輪の意味には諸説あるらしいが、これだけの数の古墳に、これだけの埴輪をつくって、コツコツ、ずらーっと並べる。手抜きとか、サボるとかは、考えなかったんだろうか。古代人の勤勉な仕事ぶりに改めて感嘆する。

右頁のテニスコートの北側と住宅に接するようにある東馬塚古墳

68.東馬塚古墳 map P174 C-1

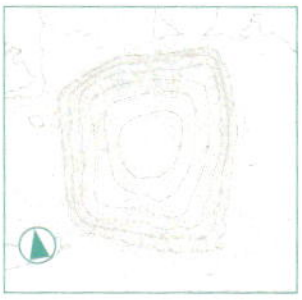

●方墳●一辺30m、高さ3.5m●5世紀前半●羽曳野市誉田6丁目

応神天皇陵古墳の外側の堤上に造られた陪塚と考えられているが、最近の調査結果などから二ツ塚古墳の陪塚である可能性が高いとも言われている。墳丘周辺からは円筒埴輪が出土。

69.栗塚古墳 map P174 C-1

●方墳●一辺43m●高さ5m●5世紀前半●羽曳野市誉田6丁目

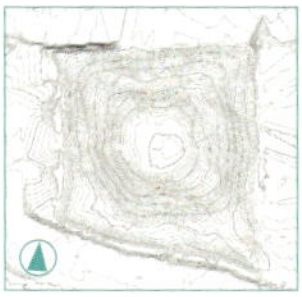

応神天皇陵古墳の東側に近接して存在し、陪塚と考えられている。昭和63年（1988）に墳丘の西と南側の発掘調査が行われ、墳丘の規模や外部施設について多くの成果が得られた。その結果、墳丘の南西角はすでに大きく削られ、築造当初よりひと回り小さくなっていることが判明。二段築成で墳丘斜面には葺石が葺かれており、外堤には円筒埴輪列がめぐっていたことが確認された。周濠内からは、奈良時代の土師器や雨乞に使用されたと考えられる土馬、下層からは円筒埴輪や形象埴輪などが大量に発見された。

東高野街道から側道を少し入った場所にある栗塚古墳

ヨーロッパのような風景。ほんとうに日本の古墳？

70 蕃所山古墳《ばんしょやまこふん》

応神天皇陵古墳の拝所から国道170号線に出て、さらに西に入った藤ケ丘という閑静な住宅地にも古墳がいくつかある。宅地開発の際に古墳が守られたのは、宮内庁によって陪塚に指定されたケースがほとんどだという。

ここもその一つで、住宅地内の古墳そのものがロータリーの中心になっている。綺麗な築山に木が数本生えて、絵本に出てきそうな小山のイメージ。ロータリーを囲む家々が羨ましい。いつもこんなかわいい古墳を見て暮らすことができるのだから。名残惜しいので、自転車で何度もぐるぐると回ってしまった。

木々が茂ると墳丘のシルエットが見えにくくなるので、晩秋〜冬は逆に見頃の時期かと、はい

70.蕃所山古墳
map P175 B-1
●円墳●直径22m●高さ3m●5世紀後半～6世紀前半●藤井寺市藤ヶ丘2丁目

モッコ塚とも呼ばれている。周辺の街が出来るときに現在のような形で墳丘が保存された。直径22mの円墳だが、本来はもう少し大きかったと思われる。墳丘の周りに濠があったかどうかは不明で、埴輪や葺石は確認されていない。

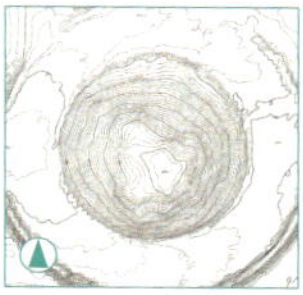

盛り土にも見えますが、これも立派な独立古墳です。

71 サンド山古墳《さんどやまこふん》

蕃所山古墳から北に少し行ったところにある藤ヶ丘会館に隣接している。「応神天皇陵古墳の陪塚といわれていますが、距離も遠く、造られた時期からしても、可能性は低いように思われますね」（山田さん）

近くにはいくつかの小型古墳が見つかっているそうだが、蕃所山古墳やサンド山古墳を含めて、大体5世紀～6世紀前半に築造されたという。一説によると、これらは大型の前方後円墳の陪塚ではなく、独立古墳としてまとまりをもって同じエリアに造られている可能性もあるそうだ。松川塚古墳（Ｐ１６２）で触れた、林の埋没古墳なども同じだという。

小さいけれど複数の独立古墳。それらが古墳群のような固まりを形づくっているとすれば、単なる身分制度のヒエラルキーだけでは語りきれない何かがあったのかもしれない。

古墳は身分や権力のみでなく、そこに眠る被葬者そのものの人格をときに感じさせる。巨大な権力から離れて、少しずつ自由な考えで、独立独歩で生きていく人たちが現れてもおかしくはない。そうやってクニは国家へと成長していったのだから。もしかすると、サンド山古墳や蕃所山古墳には、そんな勇敢なパルチザンが、眠っているのかもしれない。

応神天皇陵古墳の陪塚という宮内庁の石碑が

71.サンド山古墳
map P175 B-1
●墳形不明●5世紀後半●藤井寺市藤ヶ丘1丁目

宮内庁によって応神天皇陵古墳の陪塚とされている。古墳の形が崩れており、現在の形は長さが30m、高さが3mの双円墳状に見えるが、本来の墳形はよくわかっていない。埋葬施設や副葬品も不明。出土した埴輪から5世紀後半頃に築造されたと考えられる。

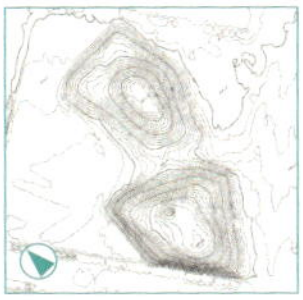

農工具が多数出土したのは それを担ったボスが眠る？

72 東山古墳《ひがしやまこふん》 世

応神天皇陵古墳の西側一帯は、広々とした田畑が続いているが、その田畑を挟んださらに西側にこの古墳がある。山田さんによると「東山古墳は、円筒埴輪などが出土していますが発掘調査はほとんどされていません。このすぐ北側にアリ山古墳という古墳があり、今は消滅してしまいましたが、実在している間に調査したら大量の鉄製品が出てきました。甲冑類ではなく、農工具とか槍とか弓矢の矢とかそういうものがたくさん出てきています」

農工具には何か重要な意味がある？

「おそらく、農具や工具、いわゆる生産関係を牛耳っていた人物が埋葬されているんじゃないかなと思います。当時、軍事は重要でしたが、農業という生産を担うことも同じくらい重要なポストだったということです」

〝応神内閣〟で防衛大臣と農水大臣を兼務していた人物だったということだろうか。

そして、この古墳の被葬者の地位や権力を示すことはもちろん、そういう部下を召し抱えていた政権の長、つまり応神天皇陵古墳に眠る被葬者が、それだけ優れた君主であることを示す目的もあったのではないかという。

応神天皇陵古墳西側の畑の側道から墳丘の様子が

資料写真を見るとどばーっという感じで大量の鉄製品が出土している。その迫力に「うわー！」と現代の我々も感嘆するのだから、昔の人は実際の埋葬風景を見て、畏敬の念を否が応でも抱いたに違いない。古墳とは巨大な「見せ物件」ではなく、中身までしっかり詰まった、実のあるスゴいものなのだ。

72.東山古墳 map P175 B-2

●方墳●南北54m・東西57m●5世紀初頭●藤井寺市野中2丁目

応神天皇陵古墳の西側に南北に二つの古墳が並んでいたうちの南側の方墳。北側にあったアリ山古墳と濠を共有する。応神天皇陵古墳と密接な関係が考えられる。

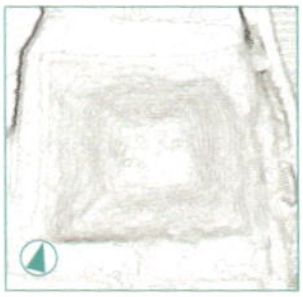

横を行き来するクルマにも涼しい顔で佇むシザーズ。

73 はざみ山古墳《はざみやまこふん》 世

東山古墳の西、外環状線（国道170号線）に沿った場所にある中型の前方後円墳。

「応神天皇陵古墳と同時代か、もしくは少し新しく造られた古墳だといわれています。周濠の一部が埋まっていて、後円部側で濠が途

和鋏と言われればたしかにそうかという感じ(藤井寺市提供)

切れてしまっているんですが、その形が和鋏《わばさみ》に似ていることから、この名で呼ばれるようになったといわれています」(山田さん)

古墳の両側に造り出しがあり、後円部から石棺が出たといわれている。その石棺をどこかの水路の橋にしたというような話がこの辺りに伝わっているそうだが、真偽のほどは不明。場所がわかればぜひ行ってみたいものだ。

濠は水鳥の楽園になっていて、楽しそうだ

73.はざみ山古墳 map P175 A-2

●前方後円墳●墳丘長103m●5世紀初頭●藤井寺市野中1丁目

野中交差点から北東に見える樹木の茂った小さな山がこの古墳。前方部は東向き。墳丘の周りに濠がめぐっており、その外側には堤の存在が知られている。堤を輪郭づけるための掘り込みがあったことも発掘調査で確認されている。道を隔てて南隣の野中宮山古墳は逆に前方部が西向き。この古墳も墳丘の周りに濠と堤があり、堤を輪郭付けるための掘り込みも確認ずみ。その位置関係から、両古墳に葬られた人物の密接な関係が想定できるという。

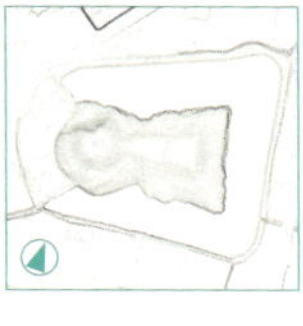

百舌鳥で結構ポピュラーな「帆立貝形」は古市ではレア。

74 稲荷塚古墳《いなりづかこふん》

家々に囲まれるような、いびつな形の古墳。「古市古墳群では非常に珍しい帆立貝形古墳です。古市ではここと唐櫃山古墳(P147)の二基だけなので、貴重ですね」(山田さん)

古墳の前は駐車場、すぐ横は住宅というなんとも窮屈な感じが、ちょっと気の毒になる。陪塚ではなく、独立した古墳と考えられるそうだ。築造時期は、5世紀後半から6世紀初頭までの間といわれているが、この時期あたりから、大型の古墳が造られなくなり、古墳の新たな時代が始まっていくのだ。

古墳の前に文明の利器が並ぶ。クルマの排気ガスがかかるのが忍びないが

74.稲荷塚古墳
map P175 A-2

●帆立貝形古墳●墳丘長50m、後円部直径39m、前方部長11m●5世紀末頃●藤井寺市野中5丁目

現在は住宅に囲まれているが、周囲には濠があったことが調査で確認された。本来は西側に前方部を向けていたとされる。墳丘には円筒埴輪が並べられていたようだが、葺石は元々なかったようだ。

北側からは濠をめぐらせた、古墳そのものの感じだが、見る角度によってイメージがぜんぜん変わる

行楽と教育と鎮守の杜……はるか昔から「地元密着型」。

75 野中宮山古墳《のなかみややまこふん》

はざみ山古墳のすぐ南にあるこの古墳には公園、幼稚園、そして神社という、いろいろな施設が共存している。この辺りは古くから野中村という集落で、野中宮山古墳は村の氏神様が祀られた宮山として、地区の人々に大切に守られ続けてきたそうだ。「ここは非常に古い古墳で、津堂城山古墳とほぼ同じぐらいの時期に築造されたのではないかといわれています。今、幼稚園が建っている辺りは明治初頭には分校がありました。そのため古墳の詳しい調査はされていません」（山田さん）

子どもたちがこの古墳を登って登校していたと思うと、古墳と人びとの距離の近さがよくわかる。埴輪の欠片なども児童が普通に拾っていたのだろうな。7世紀頃には、古代寺院「野中満願寺」があった場所とも伝わる。

野中神社は桜と紅葉の名所としても有名だ。古墳の裾に広がる公園では、古墳に見守られるように子どもたちが元気に遊ぶ。古くは寺

があり、学校や幼稚園があり、今も氏神様を祀る神社がある。地域に寄り添い、地元の人びとと共にある古墳といえるだろう。

75.野中宮山古墳　map P175 A-2

●前方後円墳●墳丘長154m●5世紀前半以前●藤井寺市野中2丁目

発掘調査で三段造りの前方後円墳であるということがわかり、堤もこれに沿って前方後円墳形になっていることが判明した。また、前方部が後円部よりも約4m低くなっていて幅も狭いなど、古い形態を残した古墳であるとみられている。円筒埴輪をはじめ、家・蓋・盾・囲形や各種の動物形などの数多くの埴輪が発見され、5世紀前半以前に造られたことが確認。濠の中から、平安時代〜鎌倉時代位に使われていた土器が多く出土している。

昭和59年（1984）、墳丘南側の調査で前方部の南側に張り出す造り出しが発見された。高さ1m、幅27m、前方部からの突出15mという大型である。この造り出しには小型円筒埴輪列や壺形埴輪列、水鳥形埴輪列などがあった。翌年には前方部墳丘端と堤の調査が行われ、前方部から堤まで8mあることが確認されている。その後、墳丘北側と後円部東側の調査では、前方部北側には南側のような大型の造り出しがないことがわかった。北側の前方部くびれ部からは約40個体の円筒埴輪列も検出された。

後円部には野中神社が。秋は総天然色

南側から見ると公園の築山という感じ

お隣の羽曳野市役所よりも大きな顔で君臨しています。

76 墓山古墳《はかやまこふん》 世

羽曳野市役所のすぐ近くにあり、古市古墳群の中で応神、仲姫命《なつひめのみこと》（Ｐ１５４）、仲哀《ちゅうあい》（Ｐ１３２）、允恭《いんぎょう》（Ｐ１４４）に次ぐ第5位の規模を持つ前方後円墳。住民票を取りに来て、すぐ横に大型古墳を見ることができるなんて、古市ならではの贅沢と言えないか。

「仲姫命陵古墳と応神天皇陵古墳の間ぐらいの時期に造られた古墳ですね。古墳の両側に造り出しを持っています。すぐ横の野中墓地をつくるときに、かなり大型の人物埴輪の顔が出土しました。等身大以上の大きさといわれています」（山田さん）

この古墳の周りは細い周遊路が巡らされているのだが、古墳がとても近くに見えて迫力がある。その細い道が急にカクカクと曲がったり、段差があったりで、ちょっと探検気分で自転車を走らせる。航空写真を見るとわかるが、この古墳には後述する向墓山、浄元寺山、野中、西墓山（消失）などの方墳が衛星状に配置されている。

「墓山古墳には興味深い点があって、この古墳を２００％拡大すると、応神天皇陵古墳になるんです。設計図のようなものがあって、それにいくつかのパターンがあったんでしょう。精密な設計図と、それを具体化できる確かな施工技術がすでにあったのでしょうね」

ふと藤井寺市立図書館（Ｐ１２４）の古墳築造のジオラマを思い出した。あの中に、工事を指揮していそうな現場監督的な人物が何人かいたが、彼らが、設計図らしきものを持っていたのだろうか。

応神天皇陵古墳と同じデザインで、全国でも22位の大きさを誇り、さらに陪塚を複数備えている。つまりここは、大王クラスかそれに準じる最有力層の人物の墓と考えられるだろう。すぐ北側にある野中古墳は、墓山古墳に付属する陪塚といわれているが、この古墳には鉄で作った多量の武器や農工具が納められていた。このことから、墓山古墳の主が当時、貴重だった鉄を多量に所有していた実力者であったことが推定できるという。

古墳がミステリアスで面白いのは、そこに被葬者がいて、その人物に思いを馳せることができるからだ。生前も建造中も、亡くなった後もなお、己の力を誇示する墓。でもお墓なのに、特有の生々しさがないのはなぜ？

「デカすぎるからですよ（笑）」

山田さんのシンプルかつ明快な解答に、素直に納得してしまった。

一見「のんびり」のようでもミリタリーお宝満載です。

77 野中古墳《のなかこふん》 世

羽曳野市役所から少し西へ行った辺りで住宅地のくねくねした道を登っていくと、登れる古墳があった。一見すると緑の小山で段々がついていなければ、古墳とはわからない。

にしても、なんだろう、こののどかさは。野の中という名前がぴったり似合うのんびりした古墳だ。ではあるけれど、この古墳からなかなかスゴいものが出土している。

「ここからは形象埴輪や須恵器と一緒に、木箱がずらりと5列に並んで発見されたんです。中には甲冑が収められていて、11個も見つかっています。他にも朝鮮半島から渡ってきた土器や石臼、鉄製品が大量に見つかったんですよ」（山田さん）。バリエーション豊かな出土品は、古墳時代の社会の様子をひもとく重要な情報が詰まっているという。研究者をワクワクさせるお宝古墳といえるだろう。

古い住宅街にぽつんとあるのが不思議だが、墳丘に登れるのがもっと不思議

「お！埴輪やね」。山田さんが、さらっと斜面の欠片を示してくれた。おお！ほんまや。

もろもろとした柔らかな風合いの破片に、一筋の模様が描かれている。ゆるやかに弧を描いたかたちは、円筒埴輪か？小さな空き地にあるごく普通の築山にしか見えないけれど、古代以前からの証が、ちゃんとあるのだなあ。さりげなく凄い。でっかい古墳もいいけれど、こういう古墳もなかなか捨てがたい。

77野中古墳　map P175 B-2

●方墳●一片37m、高さ5m●5世紀前半●藤井寺市野中3丁目

中心部には多量の鉄製品を納めた、細長い木箱形の出土品が5か所ほど並んで発見された。鉄製の冑や短甲、刀剣、鏃などの武器、鍬の刃、鎌、斧、錐などの農工具のほか、朝鮮半島から運ばれた土器も発見されている。南側にある墓山古墳の陪塚の一つ。墓山古墳の被葬者の力の大きさを知る、手がかりになると考えられている。

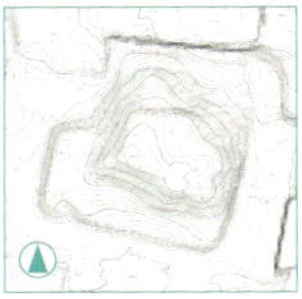

手前の現代人のお墓はなんて小さいのだろうか。後方は応神天皇陵古墳

後円部北側には水をたたえた濠がめぐり、見る角度次第で印象が変わる

76.墓山古墳　map P175 B-2

●前方後円墳●墳丘長225m、後円部直径135m・高さ21m、前方部幅153m・高さ19m●5世紀前半●羽曳野市白鳥3・藤井寺市野中3

盛土は三段に積まれている。後円部と前方部のつなぎ目には造り出しがあり、周囲には深い濠が掘られ、その外側には幅約25mの堤がめぐる。墳丘の斜面は石で覆われ、平坦部には埴輪が列になって並べられていた。中心部には竪穴式石槨が造られ、長持形石棺が納められているといわれている。

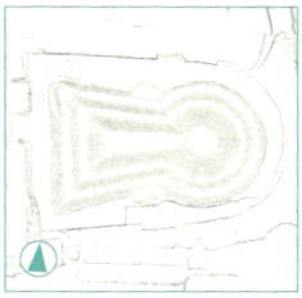

隣が古墳を愛でる公園とは羽曳野の人は贅沢です。

78 向墓山古墳《むこうはかやまこふん》 世

墓山古墳の後円部の東にある方墳。墓山古墳を挟むように浄元寺山古墳と対照的な位置関係にあって、大きさもほぼ同じで一辺68mぐらいの方墳ということから、墓山古墳とともに計画的に築造された古墳の可能性が高い。

「二段築成の方墳で、形が綺麗に見えていますよね。発掘調査で墓山古墳との関連性がよくわかっている古墳です。埴輪の時期も同じだし、墳丘の西側の一部が、墓山古墳の外堤と重なる位置にあるんですね。その部分の濠が少し食い込んだかたちになっていて、このような位置関係の場合、陪塚である可能性は非常に高いと思われます」（山田さん）

お宝ザクザクの羽曳野市文化財展示室（P194）が隣に

墳丘の西側にはベンチと案内板があって、古墳の見学をすることができるので（平日10時～16時）、ぜひ立ち寄ってみてほしい。

78.向墓山古墳
map P175 B-3
●方墳●一辺68m●高さ10.7m●5世紀前半●羽曳野市白鳥3丁目

墓山古墳の後円部東側に位置。墓山古墳の堤に墳丘の一部をくい込ませるように造られ、墓山古墳の陪塚と考えられる。墳丘から円筒埴輪、形象埴輪が出土している。

墓山古墳をお守りする〝陪塚三銃士〟のひとつ。

79 浄元寺山古墳《じょうがんじやまこふん》 世

フェンスに囲まれているが開放的な感じ

向墓山古墳の反対側、墓山古墳を挟んで西側に位置する方墳で、この古墳は墓山古墳の中軸線に北側の辺がピタリと合うようにつくられているという。つまり、墓山古墳との関連が深く、陪塚の可能性が非常に高いという。
「築造の時期がほぼ同時期であることや、古墳の軸線を揃えるとか、墓山古墳とこれらの複数方墳の関係というのは、陪塚の基準になっているように思いますね」（山田さん）
まさに衛星のように墓山古墳の周りに四角い方墳が散らばっているのがわかる。古墳に寄り添うように、あるいは古墳を守るように造られた陪塚。主墳の被葬者と関係が深い人物、あるいは被葬者に関係の深い物（武器や鉄製品など）が埋葬されている（であろう）陪塚という存在は、知れば知るほど謎が深まる。だからこそ面白い。

79.浄元寺山古墳
map P175 A-3
●方墳●一辺67m●高さ約9.7m●5世紀中頃●藤井寺市青山1丁目

墓山古墳の前方部西側にある。前方部正面のラインに並行するように位置し、墳丘は二段築成で濠をめぐらせている。墓山古墳の外堤に接するように位置していて、密接な関係が読み取れる。

昭和な香りがむんむん漂う公園とセットで楽しんで。

80 青山古墳《あおやまこふん》 世

墓山古墳の南西にある青山住宅内に、目立たず、ひっそりと存在している。

「大型の円墳で、造り出しがついています。墳丘は二段築成で濠をめぐらせていて、濠から円筒埴輪や形象埴輪が発見されています。詳しい発掘調査が行われていないので、不明なことが多い古墳ですね」（山田さん）

この辺り一帯には小規模の「青山古墳群」があったが、家々が立ち並ぶ今、その姿を見ることはできない。傍の公園では子どもたちがサッカーをしていたが、昭和な空気が満ち溢れていて、すごく懐かしい感じがした。

南西側の公園は古墳の展望台でもある

80.青山古墳 map P175 A-3

●円墳●墳丘長72m（造り出しを含める）●5世紀中頃●藤井寺市青山2丁目

墳丘の南西部分には幅25m、長さ12mの造り出しがある。墳丘の周りには濠の調査で円筒埴輪や家・衣蓋・盾・靫(ゆぎ)・馬・人物形などの形象埴輪が見つかった。青山住宅を造成する際に大阪府教育委員会が発掘調査を実施したところ、前方後円墳1基、方墳4基が見つかった。新たに確認された5基は、青山古墳を1号墳として青山2～6号墳と名付けられ、これらを青山古墳群と呼んでいる。その後の調査で青山7号墳も発見された。また、南側に隣接する羽曳野市域では軽里古墳群が見つかっているが、その立地から見てこの二つの古墳群は相互に関連があると考えられている。

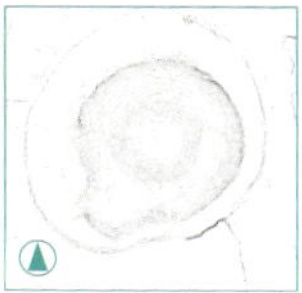

人と古墳が共生している。これって凄いことなのだ。

81 西馬塚古墳《にしうまづかこふん》 世

墓山古墳の少し南にある住宅の中に、家々と道路に囲まれて、ぎゅーっと柵の中に詰めこまれた感じの古墳がある。草もぼうぼうと生えているし、墳丘のかたちもよくわからないのだが、なんだか全体に明るい雰囲気が漂っている。「はーい、ワタシはここにいますよー」とでも言ってそうな感じが面白い。

近くまで行くと、墳丘の高さと大きさにびっくりする

「今、残っているのは、墳丘の中心部ぐらいなので、実際はもっと大きかったはず。我々が立っているこの道のあたりまでが古墳の墳丘だったと思います」（山田さん）

調査では、周囲に濠をめぐらせていることがわかっており、濠の中から円筒埴輪や朝顔形埴輪、家、盾、衣蓋、水鳥などの形象埴輪が出土している。それにしても……ここは家一軒が優に建つ広さ。周りはどんどこ宅地開発が進む中で、よくぞこうやって、残ってくれたものだ。コツコツと古墳を守ってくれた人、研究をする人、周りの住民の人たちに感謝である。

81.西馬塚古墳 map P175 B-3

●方墳●一辺45m●高さ9.4m●5世紀後半●羽曳野市白鳥3-6-1

墓山古墳の付属墳と考えられるが距離が微妙に離れている。濠の跡も見つかっており、そこから円筒埴輪、形象埴輪のほか、須恵器が発見。向墓山古墳や浄元寺山古墳と同じ方墳なので、その関連性が気になるが、墓山古墳からは谷を挟んでいる立地や、地形的にも一段低いところにあるので、関連があるかどうかは不明である。

古墳と一緒に、この名所

源氏以降の将軍たちはみなここを参拝して国を治めた。

誉田八幡宮 こんだはちまんぐう 国

応神天皇陵古墳の後円部に隣接する誉田八幡宮は、手入れの行き届いた清々しい境内に、風格ある本殿が重々しく鎮座する。武士《もののふ》の源流、心の拠りどころとして武家に長く信仰された神社らしく、どこか軍都のような、ピンと張り詰めた空気が漂っている。

「この神社は日本有数の歴史を誇る八幡宮で、主祭神として応神天皇を祀っています。八幡とはもともと応神天皇のことですから、まさに本家本元、由緒正しき八幡宮といえるでしょう。鎌倉時代になると源氏の氏神が八幡であるという信仰が広まり、誉田八幡宮は将軍家や源氏を名のる武士たちの信仰を集めるようになりました。歴史的に源氏しか武家のトップである征夷大将軍になれないので、徳川家康が征夷大将軍になった時も、源家康《みなもとのいえやす》としてこの神社に参拝しています」（山田さん）

瓦などに三つ葉葵の御紋が見えるのも、徳川家が篤く信仰してきた証だろう。

9月15日の秋祭りには、ここから神輿が応神天皇陵古墳へと渡御する「お渡り」の儀式が営まれる

古墳のどこに使われた竜山石かを想像

嘉永元年（1848）に誉田丸山古墳（P179）から発掘された、国宝・金銅製龍文透彫鞍金具の後輪（しずわ）。龍の文様が唐草風に透かし彫りされている。朝鮮半島との交流で生まれた傑作

実は、境内の植え込みや池の中に巨石がある。古墳の竪穴式石槨や天井石の一部といわれているが、応神天皇陵古墳のものかはどうかはよくわかっていないそうだ。「ただし、この石は当時の古墳の石棺によく使われていた

現在の本殿は慶長11年（1606）に再建されたもの。普通に400年もっているのがすごい

兵庫県の現・高砂市で採れる竜山石《たつやまいし》であることはわかっています。どこかの古墳の石槨に使われていたことは間違いないでしょう」

『河内名所図会《ずえ》』には、境内北側の放生橋から階段が後円部の頂上まで長く続き、そこには六角形の宝殿があるのがわかる。人々が祭祀の時に入る神域としての応神天皇陵古墳が、地域の人々との縁が深いことを改めて感じる。

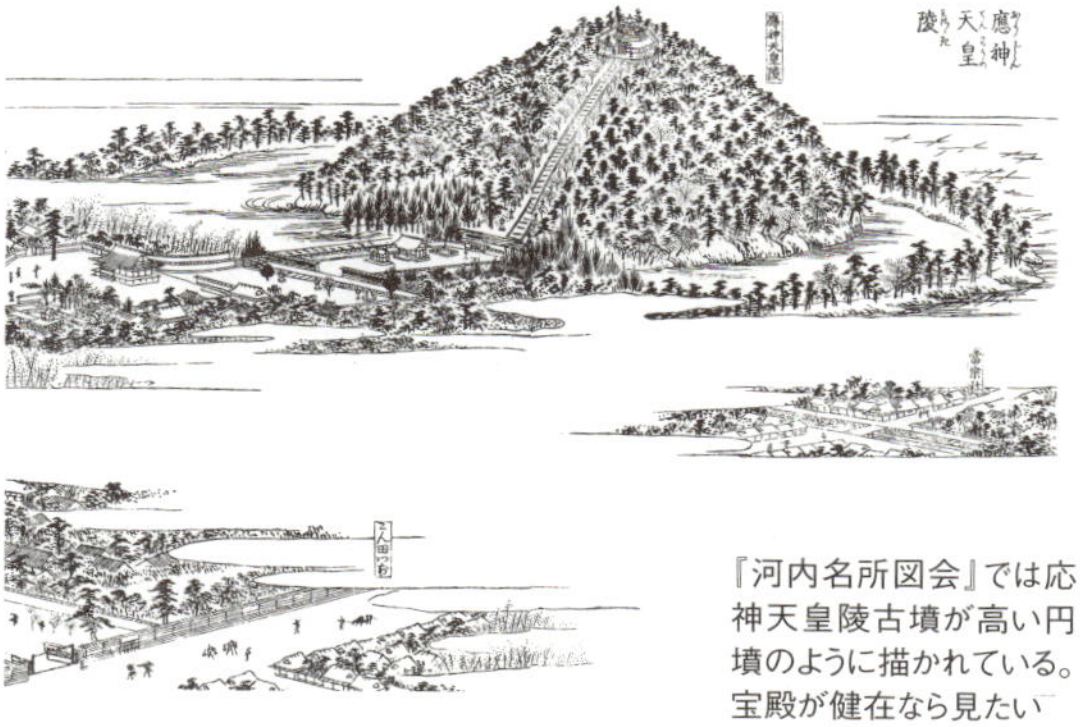

『河内名所図会』では応神天皇陵古墳が高い円墳のように描かれている。宝殿が健在なら見たい

誉田八幡宮　map P174 C-2

●羽曳野市誉田3-2-8　✆072-956-0635

古墳と一緒に、この名所

古市古墳群に埋まっていたのは？ ここへ来れば大体分かります。

羽曳野市文化財展示室《はびきのしぶんかざいてんじしつ》

墓山古墳と向墓山古墳の間にあるロケーションがまずシブい。失礼ながら簡素な建築現場の事務所の如く見えてしまうが、ここには素晴らしい展示物がぎっしりと詰まっている。

室内には古市古墳群の各地から出土した遺物を展示。展示品の中心は埴輪で、栗塚古墳出土の家形埴輪、冠帽形埴輪、軽里4号墳から出土した石見型埴輪、白鳥陵古墳や安閑天皇陵古墳から出土した埴輪のほか、峯ヶ塚古墳（P206）から出土した装飾品も並ぶ。

圧巻なのは、なんといってもその峯ヶ塚古墳の装飾品だろう。金銀の装飾品をはじめ、ガラス玉や銀製の

埴輪の大きさに仰天。墳丘に並んでいたのだ

家形埴輪（栗塚古墳出土）。立派すぎて、今の職人でもこれだけのクオリティは至難の業かと思う

装飾品一つとっても素材やデザイン、ディテールが異なる。滞在時間がどんどん長くなり……

首飾り（のようなもの）ももちろん美しいが、心惹かれたのは花形飾り。金属で作られた薄様の花びらが並んでいるのだが、繊細優美で、ものすごく綺麗なのだ。 今、アクセサリーのデザインに使っても絶対おしゃれ！と思えるほど、センスがいい。この花びらはどうやって身に纏ったのだろう？ さぞやゴージャスで美しい人が纏ったと思うが、峯ヶ塚古墳の被葬者はおそらく男性だという。ゴージャスに着飾った貴人の男性とは？ 思わず、想像をたくましくしてしまう。

狭い展示棚には、これでもかというほど、ぎっしりと逸品が並んでいるので、ゆったり時間をとって見学するのがおすすめだ。

次々と質問したくなる温和でフレンドリーな吉澤則男さん

羽曳野市文化財展示室
map P175 B-3
●羽曳野市白鳥3-147
✆072-958-1111
（羽曳野市教育委員会事務局文化財保護課）
10:00〜16:00　土·日·祝休
※事前に電話連絡が望ましい

土師氏のデザインを形にした大生産工場。

誉田白鳥埴輪製作遺跡《こんだはくちょうはにわせいさくいせき》

1号窯跡。古墳に使われた埴輪の数を考えると、ここも「修羅場」だったのだ

羽曳野市役所南東側一帯には、埴輪窯11基と、工房と推定される建物跡が見つかっている。現在は公園として整備し、緑を取り入れて窯跡の模型が復元された。この辺りの地形は北に向かって傾斜し、その斜面を利用してトンネル状の構造を持つ窯を築いたようだ。

平成3年（1991）の発掘調査で灰原（ゴミ捨て場）が発見された。ここからは円筒埴輪や形象埴輪が出土。「発掘調査から、この地では5世紀後半から6世紀前半にかけての大王級の古墳の築造時期に大規模な埴輪窯が営まれていたと考えられています」（山田さん）

古墳も謎が多いが、古墳築造の鍵を握っていたとされる土師氏も、なかなかミステリアスである。相似形の古墳があることから、設計図を持っていた可能性があったし、土木建築から造形的な埴輪の作陶まで手がけた土師氏というのは一体どんな一族だったのだろう。

天才を多くこの世に輩出した一族であることに間違いはないだろうが、どこから来て、王君一族に気に入られ、有力な地位についたのだろう。衣蓋や家、人間、水鳥、動物など写実性や装飾性に富んだ埴輪を見るにつけ、アーティスティックな感覚と技術の確かさに驚かされる。あのバラエティ豊かな埴輪たちが、まさにここでコツコツと焼成されていたのだなあと思うと、実に感慨深い。

こんな原理で窯が造られたのかと感心

誉田白鳥埴輪製作遺跡
map P175 B-3
●羽曳野市誉田3丁目
✆072-958-1111
（羽曳野市教育委員会事務局文化財保護課）

古墳と一緒に、この名所

デラックスミックスモダンのお好み焼き的な豪華街道。

東高野街道《ひがしこうやかいどう》

南下すると応神天皇陵古墳が見え、誉田八幡宮へ

その昔、京都から高野山への参詣道として用いられた街道で、数ある「高野街道」のうち、いちばん東側に位置する道筋を指す。

京都府八幡市で京街道（大坂街道）と分かれ、河内国の東部を通り、河内長野市で西高野街道と合流し、以南は高野街道として紀見峠、橋本、高野山へ至る古道である。

宮の南塚古墳（P148）あたりから古市古墳群の東側を南下し、安閑天皇陵古墳（P202）辺りまで、古市古墳群をつなぐ。細い道筋に古い民家が立ち並んでいたり、くねくねカーブしたり、カーブを曲がるといきなり古墳が現れたり、さらには遺跡や古刹があったりと、実に変化に富んでいて、自転車で移動するにはぴったりの街道だ。

「はい、ここから登りですよー」

「ここからぐんと下がりますー」

古市古墳群を案内してくれた古墳の賢者、藤井寺市世界遺産登録推進室長・山田幸弘さんのおかげで、このあたりの高低差、等高線を肌で感じることができた。坂を一所懸命登ると、本当に古墳がどんと現れるのだ。

古墳には、大王の墳墓という役割だけでなく、その大王の権力や財力を下々に見せつける役割があったという。そして、すでに交流のあった東アジアからの使節団にも、わが国はすごいんだぜ！とある意味、威嚇するという重要な役割があり、

国道170号線との交差点。木製の燈籠が渋い

そのために古墳は小高い丘や稜線の上にあえて築かれた。実物もしっかり大きいけれど、さらに「デカく」見せるために下からもよく見えるように造ったのだ。その効果は、当時絶大だったに違いない。

当時はこんなふうに家々も建っておらず、ゆるやかな起伏の土地が広がる中、白い葺石が全体に葺かれて、周りにぎっしり埴輪を並べた姿は、一種異様だったはずだ。

薄気味悪いような墳墓を下から見上げた時の圧倒感は、それはすごかったはず。使節団も「おおっ！」とどよめいたにちがいない。その瞬間、わが国の案内人は、きっとほくそ笑んだにちがいない。取材陣が「おおっ！」と叫ぶ度に、ほくそ笑む山田さんのように。

坂が見え、坂道を登りはじめればその先にきっと古墳がある。ちょっと息は切れるけど、ぶわりと古墳が現れて「あった！」と思うときの快感たるや、古墳好きには鳥肌モノ。

古墳に遺跡に名所旧跡、江戸時代にタイムスリップしたような古い町並み、そして寄りたくなるいい店が満載のたまらん街道なのだ。

竹内街道との十字路。正解だけど左右が逆

古墳の「キホンのキ」⑦

「埴輪」っていったい何だ?

古墳で発掘されるものの中で、最も面白く、謎がいっぱいなのが埴輪だ。その種類は実にさまざまで、人形、円筒、水鳥、家の形、犬などバラエティ豊かなものが見つかっている。

まるで古墳を守るように、古墳の外側（周囲）に並べて飾られていたらしい（P52）。たとえば家形の埴輪は、「大王が亡くなった後もこんな御殿で過ごせるように」とか、あるいは「ここは大王が眠る大王の家である」という意味があるのではないかとか、さらには鳥や船はその魂を天に運ぶために飾られた……など諸説ある。

人の形の埴輪は、大王自身を表すのだろうか。または大王が孤独にならぬよう添えられたものなのだろうか。王族が亡くなった時に、お供の者が一緒に埋葬されたという説があり、それがあまりに気の毒ということで、人間の代わりに埴輪が並べられるようになったという説があるが、それも定かではない。

弥生時代に埴輪の原型はすでにあった。その時は円筒の上に壺を置いて、壺の中に供物を入れていたらしい。そして古墳時代にもそれは伝わったようだ、しかし時代を経るほどに、それも変化し、単純な円筒になっていったという。

もしかすると、ざっくりした性格の指揮官が「もうツボいらん。円筒だけでええやん!」と言ったか言わなかったかはわからないが、こんなふうに人間模様を勝手に考えるのも面白い。研究者の人たちも、没頭するうちに、妄想が止まらない時だってあるに違いない。

大王が埋葬時に並べたい埴輪をリクエストする……こともあったのか?

古市古墳群

古市・竹内街道エリア

Furuichi & Takenouchikaido Area

古墳新時代から古墳終焉へと一気に駆け抜けるヒストリカル・ゾーン。

4世紀後半から6世紀前半まで、さほど広くないこのエリアで古墳が造られた時間の幅は、実に150年の長きに及ぶ。それを可能にしたのは、白鳥陵古墳と仁徳天皇陵古墳をつなぐ日本最古の国道、竹内街道（日本遺産）の存在があったことは間違いない。

2019年7月7日にオープンした［古市タケル館］

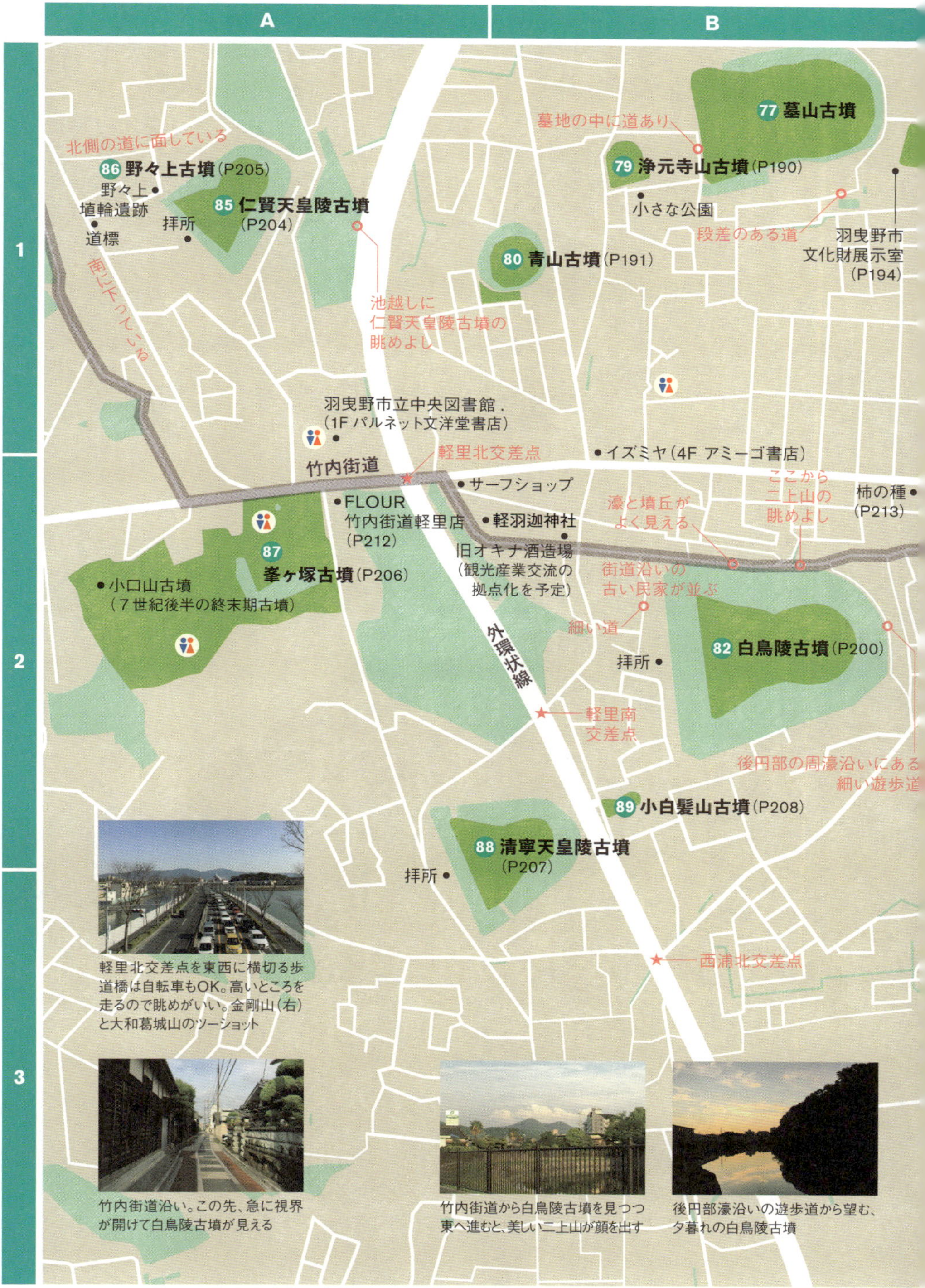

軽里北交差点を東西に横切る歩道橋は自転車もOK。高いところを走るので眺めがいい。金剛山（右）と大和葛城山のツーショット

竹内街道沿い。この先、急に視界が開けて白鳥陵古墳が見える

竹内街道から白鳥陵古墳を見つつ東へ進むと、美しい二上山が顔を出す

後円部濠沿いの遊歩道から望む、夕暮れの白鳥陵古墳

飛んで、飛んで、古市へ……ヤマトタケル〝最後の〟墳墓。

82 白鳥陵古墳《はくちょうりょうこふん》（前の山古墳《まえのやまこふん》）㊥

誉田《こんだ》八幡宮から東高野街道を南へ、途中、竹内《たけのうち》街道と交わる交差点を右折、竹内街道に沿ってずんずん西へと進んでいく。

竹内街道は、大阪と奈良を東西に結ぶ道で、日本書紀の推古天皇21年（613）の条に、「難波《なにわ》より京（飛鳥）に至る大道《おおじ》を置く」と記された「大道」のルートと重なることから、日本最古の官道といわれている。この街道沿いにある、濠に豊かな水を湛えた美しい古墳。白鳥伝説にゆかりのある白鳥陵古墳である。

なぜこの地を「羽曳野」と呼ぶか。

『古事記』や『日本書紀』に記されている白鳥伝説をひもとくと。――日本武尊《ヤマトタケルノミコト》が伊勢の能褒野《のぼの》（亀山市）で病のため亡くなり、白鳥となって大和の琴弾原《ことひきのはら》（御所市）を経由して古市に飛来し、埴生野《はにゅうの》（羽曳野市）から天に向かって羽を曳くように飛び去った――。こ

居合わせた観光客にガイドする山田さん（左）

の伝説は、羽曳野の名前の由来にもなっている。

「日本武尊は三重県で亡くなってそこで埋葬されますが、白鳥に化身して奈良の御所のほうに飛来し、また埋葬されるわけです。さらにそこから白鳥になって古市まで飛んで来る。古市に降り立ってまた陵《みささぎ》を造ったというように言われています。最後にまた古市から飛び立つんですけれども、今度はどこにも寄らずに消えてしまう。だから日本武尊には三つの御陵があるといわれています」（山田さん）

この陵は、日本武尊の最後の墓といわれているが、調査によって築造が5世紀後半だということがわかっている。山田さんによると日本武尊が実在しているとして、地質調査などから年代を考古学的に算定すると、時代が100年ほどずれてくるという。

「日本武尊は、天皇系図では景行《けいこう》天皇の皇子であり、仲哀天皇のお父さんでもあります。なのでお墓も一番古くなるはずなんです。古市古墳群の中で最初の、といえば津堂城山古

空撮写真で見ると、たしかに百舌鳥古墳群のニサンザイ古墳とそっくりだ（羽曳野市提供）

左端の道が古墳の北側を通る竹内街道。もう少し東に行くと、美しい二上山がくっきりと顔を出す

墳（P118）ですよね。あの古墳には浮島のような遺構があって、そこで3羽の水鳥の埴輪が見つかっています。かなり大型の水鳥で、私は白鳥ではないかと。となると、白鳥伝説と関わってきますよね。年代的にも津堂城山古墳が日本武尊のお墓であってもおかしくはないのです。あくまで可能性ですが……」

なかなか謎めいた古墳ではある。通常、天皇が埋葬されている古墳のみ「陵」の名がつくが、日本武尊は天皇にはなっていない。しかし特別扱いというか、拝所に掲げられた扁額にも、「景行天皇皇子日本武尊の陵」と記してある。こういうケースは非常に稀だそうだ。日本史のヒーロー、日本武尊が眠る場所にふさわしい扱いということなのだろう。

百舌鳥──古市を行き来した足跡が。

実はこの古墳は、百舌鳥古墳群のニサンザイ古墳（P88）とほぼ同型、相似形になっているという。「ニサンザイ古墳の方が大きいのですが、この古墳をスケールアップすれば、ほぼニサンザイと同じになりますね」

やはり〝設計図があった〟説ですか？

「そうですね。その可能性があります」

北側には、竹内街道が古墳に沿うように通じている。旅の途中にパッと視界が開けて、水を湛えた濠と古墳の美しい姿が見えたとき、旅人たちは一瞬、ハッとすると同時に、癒されたのではないだろうか。もしかすると、古墳を見ながら一休みしてリフレッシュしたかもしれない。そして再び古墳を後に、目的地に向かってせっせと歩いていったのだろう。

そしてこの道は百舌鳥の仁徳天皇陵古墳（P16）の北側とつながっている。古墳時代にはまだ「大道」としては設定されていなかったかもしれないが、同じ古墳群を形成していた土地同士、往還があったに違いない。

もしかすると……設計図を隠し持った若き土師氏のイケメン建築技術者が、極秘ミッションを抱えてこの道経由で古市と百舌鳥を行き来したかもしれないし、その途中で恋に落ちたかもしれないし、その最中に敵とのトラブルに巻き込まれたかもしれない……。古墳と古道のミックスゾーンは謎めいていて、妄想ストーリーが展開できる魅力が満載だ。

82.白鳥陵古墳 map P199 B-2

●前方後円墳●墳丘長200m●前方部の高さ23.3m●5世紀後半●羽曳野市軽里3丁目

発掘調査の結果、墳丘に造られた平坦面から隙間なく並べられた円筒埴輪が、造り出し付近からは祭祀に使われたと考えられる須恵器が発見された。古市古墳群の南部、新しい時代に属するグループで、それらの中では最大級の古墳である。

二段構成の墳丘は、前方部の幅が後円部径の1.5倍ほどもあり、台形のように大きく広がった形が目を引く。高さも前方部の方が約3m高くなっており、前方後円墳としては新しい時期の特徴だ。北側のくびれ部だけに、前方部側に造り出しが設けられている。墳丘の規模の割に周濠の面積が大きく、幅30〜50mの雄大な濠がめぐる。

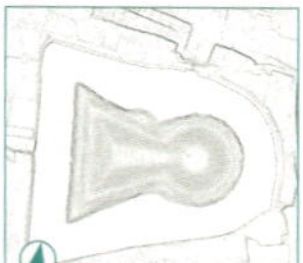

美しい貢物の数々を愛で、遠い国に思いをはせた人。

急な坂道を上がった先にある。高屋丘陵という地に6世紀前半に造られた前方後円墳。室町時代、この墳丘の上には畠山氏の高屋城が築かれていた。津堂城山古墳もそうだが、このように濠をめぐらせていて、小高い山になっている古墳は、ディフェンス面からも山

83 安閑天皇陵古墳《あんかんてんのうりょうこふん》（高屋築山古墳《たかやつきやまこふん》）

城を築くのにはうってつけだったのだろう。

ここから出土した円筒埴輪には、ひれがついているデザインのものがあり、新しい形なのだそうだ。埴輪にも流行のデザインがあるとは、古代にもクリエイティブな人がもちろんいたのだろう。他の人と同じものはイヤで、おしゃれ人間だったにちがいない。

東高野街道とR170との合流点近く

またこの古墳からはササン朝ペルシャ時代のガラス碗が出土している。ペルシャ時代のガラスなんて、正倉院展ぐらいでしか見ることはなかったが、飛鳥時代よりも以前に、遥か遠くの国々と交易があったことを実感する。

海があれば海を渡り、山があれば越え、砂漠があれば踏破して、その先にある未知の国に行きたくなる人は、いつの時代にもいたのだ。

83.安閑天皇陵古墳

map P198 C-2

●前方後円墳●墳丘長122m●後円部直径78m、高さ13m、前方部幅100m、高さ12.5m●6世紀前半頃●羽曳野市古市5丁目

前方部が開き、わずかに後円部の方が高い。周濠の幅約15mで外堤は地形の変形が著しい。墳丘部分は、中世の高屋城の築造や陵墓改修に伴い、本来の形態が大きく改変された。出土した埴輪や須恵器の特徴などから、6世紀前半頃の築造と推定。

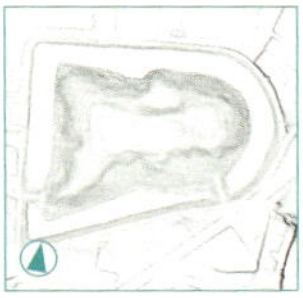

夫婦の陵が至近距離なのは“円満”だった証拠？

84 春日山田皇女陵《かすがのやまだのおうじょりょうこふん》（高屋八幡山古墳《たかやはちまんやまこふん》）

安閑天皇陵古墳から少し南に下った閑静な住宅地の中にある小さな古墳が安閑天皇の皇后、春日山田皇女の陵である。室町時代、安閑天皇陵古墳に畠山氏の居城が築かれた時に、この古墳の墳丘も削られたといわれている。

夫婦の古墳とは珍しいが、小さくて控えめな古墳の姿は、安閑天皇妃の人となりを表しているようだ。おそらく、三歩下がって歩くような、可憐でしとやかな麗人を思い浮かべる（妄想です）。

ここから出土したといわれている鏡や装飾品、琥珀玉などが、羽曳野市の旧家で保存されているそうで、一度見てみたい。墳丘は拝所から覗くことしかできないが、聞くからにやはり美しい人を想像してしまう。

箱庭のようだが皇后の陵なので拝所も（羽曳野市提供）

84.春日山田皇女陵古墳

map P198 C-3

●前方後円墳●墳丘長85m●6世紀前半●羽曳野市古市5丁目

墳丘が崩れているが、昭和54年（1979）の調査で、古墳の西側で周濠が発見され、前方部を北に向けた前方後円墳ということが判明。出土した円筒埴輪から6世紀前半の古墳と考えられている。羽曳野市の旧家に、画文帯神獣鏡（がもんたいしんじゅうきょう）、大刀、金銅飾履（こんどうかざりくつ）、そして琥珀玉が保管されている。

北西側の角から。横から見ても前方部（右側）の幅が墳丘の長さに比べて広いのがわかる

「前方後円墳の時代」が最後を迎えた頃に出来ました。

85 仁賢天皇陵古墳《にんけんてんのうりょうこふん》（野中ボケ山古墳《のなかぼけやまこふん》）

この古墳は6世紀前半築造の前方後円墳なので、世界遺産の登録リストには入っていない。

「古市古墳群では6世紀前半頃から古墳がまったく造られなくなったので、ここはほぼ最後の時期の古墳といえますね」（山田さん）

古市古墳群の南部にあたるこの周辺には、6世紀頃の古墳が点在する。この古墳は、前方部の方が高くて大きく広がる形が特長で、古墳デザインの流行でいうと新しいタイプに入るそうだ。中型の古墳で、拝所から見るとちんまりとそこに座っているように見える。拝所のすぐそばに住宅地が立ち並び、付近には畑なども残っていて、どこかのんびりとした風情の町並みに、小ぢんまりとした古墳が妙にしっくりと収まっている。

前方部の北西側の堤に接する斜面は、現在

濠は四方とも水をたたえる。奥は下田池（左）と上田池

は宅地になっているが、ここで2基の埴輪窯が見つかった。出土した円筒埴輪の特徴から、この古墳の築造に合わせて造られた窯であると考えられているそうだ。

85.仁賢天皇陵古墳 map P199 A-1

●前方後円墳●墳丘長122m●6世紀前半●藤井寺市青山3丁目

航空写真で見ると、近くに古市古墳群の大型前方後円墳がいくつもあるので小さく感じるが、墳丘長122mもあり、中型前方後円墳に属する。前方部の方が高くて大きく広がる形が特長的で、北西が高く南東が低いという段丘の地形のためか、周濠は左右対称ではなく、南東側の幅の方がずっと広くなっている。くびれ部の南東側だけに造出しが設けられている。発掘調査で円筒埴輪列が見つかっている。

「本家」のそばにいるようで、本家より百年以上長生き。

86 野々上古墳《ののうえこふん》

仁賢天皇陵古墳のすぐ近くにある、一辺20mほどの小さな方墳。仁賢天皇陵古墳の陪塚とされているが、付近から出土した埴輪の年代を考えると4世紀後半となり、百年ほどの開きがあるため関係性は薄いと考えられている。

ここと仁賢天皇陵古墳との間に野々上埴輪窯跡がある

86.野々上古墳
map P199 A-1

●方墳●一辺20m●高さ2m●4世紀後半●藤井寺市青山3丁目

羽曳野丘陵の尾根の先端に築造された。詳しい発掘調査は行われていないので詳細は不明だが、この辺りで出土した埴輪から、4世紀後半の築造と考えられている。

途方もないお宝コレクション。いったい誰が眠っている？

87 峯ヶ塚古墳

みねがづかこふん 世

「古市古墳群の中では内部の施設を発掘調査している数少ない前方後円墳で、大変貴重なものが多数見つかっています」（山田さん）

その数はなんと3500点以上にもなるという。銀や鹿の角などの装飾品を付けた大刀や、武器、武具、馬具など軍事的な副葬品が見つかっているそうだが、何と言っても凄いのが、装飾品の数々。金銅製の冠帽や帯金具、銀製の垂飾り、花形飾り、ガラス玉、石製玉類などがザクザクと出土した。

隣の峰塚公園は羽曳野市内有数の行楽地だ

貴重な出土品の数々は、羽曳野市文化財展示室（P194）で実際に見ることができるが、本当に美しく繊細で、古代にこんなエレガントな装飾品があったのか！と感動する。思わず欲しい！と思ってしまうものもある。

お宝がザクザク出土して、発掘当時の現場はさぞかし熱気に包まれたことだろう。立ち会ってみたかった。出土品から見ても、おそらく大王クラスの人物が埋葬されていたと考えられるそうだが、一体どんな人だったのか。

地元では木梨軽皇子《きなしのかるのみこと》や日本武尊の墓だったという言い伝えがあるそうだ。

学術的には時代的誤差があるようだが、一般人が妄想を膨らませるのは自由だ。周りは公園として整備されているので、古墳を眺めつつ想像の翼を自由に広げながら、ひと休みするのもいい。

今は古墳の南側のみ濠がある。後円部の墳丘を高く見せるように効果的に斜面を使って造ってある

87.峯ヶ塚古墳 map P199 A-2

●前方後円墳●墳丘長96m●5世紀末頃●羽曳野市軽里2丁目

古墳の復元整備に伴う12回の発掘調査で多くの成果を上げている。墳丘は二段に築かれており、外部施設として南側以外は二重濠を有している。平成3年（1991）の発掘調査で、後円部墳丘頂付近で新たに確認された石室からは、盗掘を受けてはいたが総数3,500点以上に及ぶ副葬品が発見された。

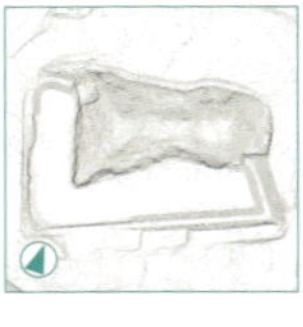

見事な「末広がり」は前方後円墳最後のスタイル。

88 清寧天皇陵古墳《せいねいてんのうりょうこふん》（白髪山古墳《しらがやまこふん》）

南側からの墳丘。前方部の幅がこんなに広くなっている（羽曳野市提供）

大阪外環状線に沿って南下していくと、羽曳野の町並みが続く。藤井寺市とは対照的に、羽曳野市には5世紀後半以降に築造された比較的新しい古墳が多い。古市古墳群の最も南西部に位置するこの古墳も6世紀前半に造られた。古墳のスタイルにも流行があったようで、時代を追ってその形は変化する。

「ここは前方部の幅が後円部の2倍ぐらいになっていて、前方部が発達したスタイルになっています」（山田さん）。地図を見ると、末広がりの形になっているのがわかる。

古市、百舌鳥の両古墳群のはじまりは4世紀末ごろだが、5世紀に入ると前方後円墳の最盛期を迎える。そして、この頃には全国に前方後円墳が普及したそうだ。

「ある地方に前方後円墳が造られるということは、その地方（クニ）がヤマトの王権に従うという意思表示になるわけですね。古墳はそこに眠る人物の権力を誇示するだけでなく、全国規模で見ると、ヤマト王権の配下になったということを表す手立てだったのです」

壮大なスケールの話になってきた。5世紀には日本最大と言われる仁徳天皇陵古墳（P16）が築造され、これが頂点となってその後は古墳の規模が少しずつ縮小していく。6世紀になると全体にコンパクトになり、7世紀末～8世紀初頭には古墳は姿を消す。

羽曳野市の古墳には小規模なものも多い。天皇陵クラスのものはそれなりの大きさがあるが、この時期はいわゆる陪塚、または陪塚でなくとも王族以外の、王族に仕える者たちが競って古墳を造るようになってきたという。つまり豪族や地方の有力者たちが力をつけてきたということになる。

それを象徴するのが、この本の最後に紹介する小白髪山古墳である。

拝所は西側に。そばまで住宅が建っている

88.清寧天皇陵古墳 map P199 B-2

●前方後円墳●墳丘長115m●後円部直径63m●前方部幅128m●6世紀前半頃●羽曳野市西浦6丁目

前方後円墳としては前方部が最も発達した形態で、墳形の最終段階を示すものと考えられている。くびれ部の北側には造り出しが存在。さらに平成15年度の調査で二重目の濠が存在することが判明した。これらの調査で出土した埴輪などから古墳の築造は6世紀前半頃であったと推定される。

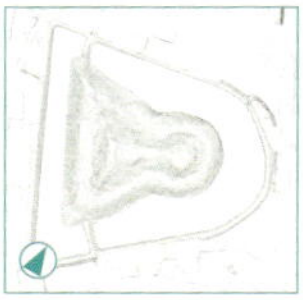

なお、墳丘主軸の東延長線上には小白髪山古墳が築かれており、陪塚であるとすれば、形態が前方後円墳である点で注目される。

王族以外の前方後円墳も！古墳時代、最後のメモリアル。

89 小白髪山古墳《こしらがやまこふん》

清寧天皇陵古墳から大阪外環状線を挟んで位置する小型の古墳。「ここは清寧天皇陵古墳の墳丘の真ん中の軸線の延長上に築かれており、この二つの古墳の関係は非常に深く、陪塚である可能性が高いと考えられています。さらに興味深いのは、この古墳が前方後円墳である点で注目されています」（山田さん）

今まで見てきた陪塚は円墳か方墳がほとんどだった。こんなに小さいのに、ちゃっかり前方後円墳になっている。「ここはおそらく、皇族以外で位の高い人物の墓ではないかといわれています。それまでは王族しか造ることができなかった前方後円墳を、いわゆる王族以外の人物が造れるようになったということ。つまり社会の仕組みが変わりつつあり、身分格差が縮まってきたのかもしれません」

ふーむ。古墳から社会構造の変化までひもとけるとは、なんとも面白い。古市古墳群の中で最古の津堂城山古墳（P118）には陪

フェンスに囲まれているのが少々異様だが、横から見てもたしかに前方後円墳だとわかる

塚はなく、その後の天皇陵級の古墳から陪塚が造られるようになったといわれている。最初は方墳、それが円墳になって、だんだんと格が上がっていくのだそうだ。そうやって陪塚もいろいろなかたちに変化しながら、5世紀代を彩っていった。そして6世紀に入り、いよいよ陪塚も前方後円墳になってくる。

「その後、古墳はどんどんコンパクトサイズになって、造られなくなっていくのです」

飛鳥時代に仏教が伝来し、権力者たちは古墳ではなく、競って寺を建立するようになる。寺を建てることイコール、権力の象徴になっていき、やがて古墳時代は終焉を迎える。クニは国家というものにとって変わる。それが日本史の流れなのだが、ちょっと寂しい。

巨大な古墳を造ることは時代にそぐわなくなってきたのだろう。けれど、1500年以上を経過した今も古墳は燦然と目の前に在る。光り輝いているわけではないが、燦然と。なぜなら、これまで目にしてきた古墳の数々は、すべて自分たちの祖先によって造られたものだからだ。謎めいていて、わからないことも多いけれど、ロマンに満ちた私たちの誇らしき遺産。それが古墳なのである。

89.小白髪山古墳 map P199 B-2

●前方後円墳●墳丘長46m●高さ4.5m●6世紀前半頃●羽曳野市西浦1丁目

羽曳野丘陵から東に延びる台地の上に築造。西には清寧天皇陵古墳が一直線上に同じ向きで並び、その陪塚と考えられている。幅約10mの周濠がめぐり、墳丘には円筒埴輪が並べられていたらしい。

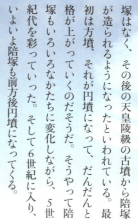

古墳と一緒に、この名所

かつて、7つの伽藍を持つ大スケールのお寺がここに。

西琳寺《さいりんじ》

近鉄古市駅の東側、東高野街道に面してひっそりとした佇まいの小さな寺がある。

「今は小さなお堂しかありませんが、ここは非常に古いです。昔は広大な寺院で、大きな7つの伽藍を有していたといわれています。そこに塔の礎石がありますが、大きさを見ると寺の広大さが偲ばれます」（山田さん）

見れば巨大な大岩がゴロンと横たわっているが、これが塔心礎ならば、塔の大きさはいかばかりかと思うし、そんな巨大な塔を有していた寺の大きさとなると、確かに尋常な大きさではないだろう。寺の古い記録によると、河内国古市郡に根拠を置く渡来系氏族、西文氏《かわちのふみうじ》が6世紀半ばの欽明天皇の時代に建立し、丈六の金銅阿弥陀仏を安置したとある。（1丈6尺＝約4・85m）

地内では立派な鴟尾《しび》が発掘調査で出土している。この鴟尾には、蓮華の模様など他に例を見ない見事な装飾が施されていたそうだ。今、その鴟尾は、羽曳野市有形文化財に指定され、雄略天皇陵古墳（P122）の南にある「陵南の森歴史資料室」に展示されている。

礎石の真上には、何やら文字が書かれている

礎石を掘り起こせばまさに岩。通常、地面から露出されているのはほんの一部分なのだ

小ぢんまりとしたお堂の前で想像を広げたい

西琳寺
map P174 C-3
●羽曳野市古市2-3-2
✆072-956-0603

MAISON INCO

おお、なんと古墳のキッシュ！ ワインや地ビールと一緒にぜひ。

急行停車駅である近鉄古市駅の近くにある居心地のいいカフェ。オーナーの縄手裕貴さんがパティシエ、奥さまの美奈枝さんがシェフと夫婦二人で切り盛りしている。野菜や果物などできるだけ地元の食材を使った料理やスイーツは、地元の人たちに人気だ。なかでも古墳好きが見逃せないのが古墳キッシュ（要予約）。オリジナルの古墳型から作ったという力作で、通常のキッシュサイズの3個分はあるかというボリューム。写真はベーコンとポテトだが、仕入れによって具材は変わる。

また、ワインとクラフトビールの品揃えがとにかく豊富。古墳キッシュをはじめ、お酒に合う料理をあれこれ頼んで、飲みながら食べながらしゃべりながら、カジュアルに楽しめる一軒。古墳めぐりのランチタイムにも、はたまた、古墳めぐりを終えたあとの、美味しい乾杯にもなかなかお薦めだ。

1

4

3

2

1.ボリューム満点の古墳キッシュ1,350円（税別）は2～3人でシェアしたい。前日までの要予約 **2.**初めて見るビールも飲んでみたい。蜂蜜ジンジャーシロップなども販売 **3.**インコが好きというオーナーの遊び心が店内に息づく。愛らしいインコのモチーフの数々に思わずにっこり **4.**古市駅のみならず、白鳥陵古墳（P200）や安閑天皇陵古墳（P202）に近い

MAISON INCO

map P198 C-2

●羽曳野市栄町9-10-102
✆072-959-7380
11:30～16:00（ランチは14:00L.O.）
18:00～22:00（21:00L.O.）
※土曜夜は17:00～22:00（21:00L.O.）、日曜は夜のみ17:00～22:00（21:00L.O.）
月曜休

FLOUR 竹内街道軽里店

スイーツ、パン、ランチが充実。古墳を眺めつつ、優雅にお茶を。

創業50年、地元の人に愛され続ける洋菓子の老舗。この竹内街道軽里《かるさと》店は、広々としたスペースに、ケーキやパン売り場があり、カフェが併設されている。店のすぐそばには、あのお宝ザクザクの峯ヶ塚古墳（P206）があり、カフェスペースの眼前には芦が池がゆったりと広がって、その向こうに白鳥陵古墳と二上山が見える。古墳とカフェ。なんて素敵な響き！古墳好きにはもう、たまらんロケーションなのだ。

お菓子も人気だが、ランチメニューがかなりの充実度を見せる。オーナー自ら畑を耕して野菜づくりに取り組んでいて、収穫野菜をベースに、野菜たっぷりのヘルシーなランチがいただける。古市古墳群カレー（850円）も登場し、早くも人気を集めている。

ケーキは一番人気の定番、ガナッシュをはじめ、ショートケーキ、タルト、ムース、パイなど季節感たっぷりの優しいお菓子が揃う。オーガニックコーヒーとともに、ちょっぴり優雅な、古墳ブレイクタイムをどうぞ。

1.デコポンのタルトや京抹茶のムース、ラズベリーのムースなど、季節感溢れる色彩豊かなお菓子は一個380円〜　2.これがウワサの古市古墳群カレー　3.入り口近くにパンやケーキの物販スペース、奥にはカフェ　4.カフェスペースからは白鳥陵古墳、二上山だけでなく金剛山（右）・大和葛城山のツーショットも

FLOUR 竹内街道軽里店
map P199 A-2
●羽曳野市軽里2-73-1
072-958-4444
9:30〜19:30（カフェ〜18:00）
無休

居酒屋 柿の種

フレンチ出身シェフ自慢の味を
アフター古墳の宴で満喫！

白鳥陵古墳（P200）からほど近い、住宅地の一角にあるこちらのお店は、地元御用達の居酒屋。リーガロイヤルホテルのフレンチ出身、シェフの柿本樹《き》世智《よとも》さんの手になる、フレンチベースのオリジナル創作料理が、あれこれずらりと揃う。

何と言ってもうれしいのは、ドリンクも料理も一品390円（税別）均一メニューがあること。サラダやカルパッチョ、バケットピザにグラタン、ムール貝の天ぷら、パスタにリゾットとどんなわがままなニーズにも応えてくれる。シェフのスペシャリテも別料金で注文できるのだが、しかし！390円と侮るなかれ。その一品一品がさすがホテル出身のシェフならではの手の込んだ仕立てで、コストパフォーマンスが良すぎる！

ランチメニューもなかなかの充実ぶりだが、やはりここは終日しっかり古墳をめぐった後、美味しいお酒と料理とともに古墳について語らいたいもの。楽しき宴に。

1.この料理が全て390円とは…！　ワインにも合う味わいで女性にも人気　2.日曜も営業、夜11時までやっているので、古墳めぐりのラストはここに行きたくなる

居酒屋 柿の種
map P198 C-2
●羽曳野市白鳥1-3-1
☎072-957-6275
12:00〜13:30（L.O.）
18:00〜23:00（L.O.）
※昼営業は月・水・金のみ
火曜休

古墳の「キホンのキ」⑧

「陪塚」って何でしょう?

巨大古墳のそばにある小型古墳でも「家臣的陪塚」もあれば、「ウチのほうがもっと昔からあります」といった、野々上古墳(P205)のような例もある

陪塚とは「従者の墓」という意味がある。大きな古墳のすぐそばに、同じ時代に築かれた小さな古墳がある場合、陪塚の可能性が高い。陪塚には、人体を埋葬したものや、副葬品だけを埋葬したものがある。

陪塚、または「陪冢《ばいちょう》」の表記については、多種多様な考え方があるそうだ。古市古墳群を案内してくれた藤井寺市世界遺産登録推進室長の山田幸弘さんは次のように語る。「陪冢」は、宮内庁の定めた天皇陵に付属する古墳として定めているものとしている。学術的な「陪塚」とは違うため、陪冢と陪塚は、必ずしも一致していないという考えだ。

主たる大古墳と陪塚の関係ついては、そのルールはなかなか一元化できず、どれも微妙な関係性だという。基本的にはまず距離が近いこと、古墳の濠の堤にどこか接していたり、食い込んでいたり、変形させていたり、主墳の中心線の延長にあったり、延長線に沿っている場合は、陪塚の可能性が非常に高いそうだ。陪塚は小さな古墳が多く、土師ノ里周辺にはその昔、陪塚群があった(P162)そうだが、開発によって姿を消している。

主墳と陪塚の関係は非常に興味深い。謎も多く、正解は見つかってはいないが、陪塚の存在によって古墳の楽しみは複合的な面白さを増してくるはずだ。

古墳の「キホンのキ」⑨

あのネーミングの理由は?

古墳時代には文字はあったが、今のような墓石があるわけではない。最初はもちろん誰の墓かわかっていたはずだが、何百年も経つうちに忘れられてしまったのだろう。その後は、昔からの地名をつけて呼んだり、亀の形に似ているから「亀塚」と名付けたりして、固有の呼び方が出来ていったと考えられる。

現在、「○○天皇陵古墳」と呼ぶ古墳は、大半が明治初期に宮内庁が平安時代の「延喜式」などに基づいて、古墳を天皇陵として治定《じじょう》してからのもの。一方で、仁徳天皇陵古墳は「大仙古墳」、応神天皇陵古墳は「誉田山古墳」というように、地元で古くから言い習わされた名前が別にある。そして天皇陵古墳発掘調査というものがほとんど行われておらず、学術的に天皇の陵かどうかはよくわかっていないのが現実なのだ。

銅亀山古墳(P25)という名前を付けた人のセンスに脱帽

古墳が身近な町に育って

久坂部羊

堺市で生まれ育ったので、古墳は小さいころから身近な存在だった。

小学校三年か四年の教科書に、仁徳天皇陵の写真が出ていて、世界でいちばん大きな墓だと書いてあるのを読んで、何となく誇らしい気持になった。

はじめて仁徳天皇陵を訪ねたのはいつか思い出せないが、たぶん歴史好きの父に連れて行ってもらったのだと思う。拝所でこれがそうだと言われても、ピンと来なかった。前方後円墳の美しいデザインをイメージしていたのに、ただの小山にしか見えなかったからだ。

それより父から聞いた地名の由来のほうが印象に残った。

――このあたりは百舌鳥《もず》耳原《みみはら》というのやが、仁徳天皇が御陵を造らせてたとき、どこからともなく鹿が現れて、ぱたりと倒れて死んだんや。不思議に思って調べたら、モズが鹿の耳を食い破って飛び出した。それでこのあたりを百舌鳥耳原というんや。

モズの鋭いくちばしで耳を食い破られたなんて、鹿はどれほど痛かっただろうと想像し、思わず身がすくんだ。

父はよく私を自転車の散歩に連れて行ってくれ、仁徳天皇陵以外の古墳も見せてくれた。履中天皇陵、いたすけ古墳、ニサンザイ古墳などである。

――平安時代に書かれた延喜式には、百舌鳥耳原に三つ天皇陵があって、真ん中が仁徳、南が履中、北が反正と書いてあるが、北の古墳は天皇陵にしては小さいから、ニサンザイ古墳のほうが反正天皇陵やないかと思う。

そんな素人学説を聞かせてくれたりもした。

「田出井山古墳」とも呼ばれる反正天皇陵は、私が通った三国丘高校のすぐ近くにあり、高校二年のころ、授業をサボってひとりその周辺を徘徊したりした。住宅街から隔絶されたような空間で、拝所にはだれもおらず、鬱蒼とした木々に覆われた古墳はいかにも陰鬱な印象だった。明るい高校生活になじめず、孤独と虚無に惹かれていた私は、どんより曇った日などにここを訪れ、コンクリート柵に顔を押し当てるようにして古墳を見つめた。暗くて不吉で物憂げで、とてもいい感じだった。

一方、高校三年の文化祭では、クラスで『緋牡丹お龍』という八ミリ映画を撮ることになり、私は主役のヤクザを演じた。敵対する組との乱闘シーンのロケに、なぜか仁徳天皇陵の拝所が選ばれ、オモチャの刀を振りまわしてリハーサルをしていると、詰め所から管理人のような人が出てきて、「コラッ。ここで暴れたらあかんやろ。砂利が無茶苦茶になるがな!」と怒られた。神聖な場所だからというより、砂利が乱れたら整備が大変だというような怒り方だった。それで撮影場所を大和川の河原に変更し、何人もの敵を切り倒すクライマックスを演じたのだが、私の高校生活は明るかったのか、暗かったのか。

履中天皇陵は小学校の担任だった先生の家のすぐそばにあり、後年、訪ねたときに古墳がまるで庭の借景のようだなと感じた。その後、在宅医療に携わるようになって、堺市の患者宅をまわるようになってからは、たびたび古墳の近くを通った。秋にニサンザイ古墳の横を通ると、紅葉があまりにきれいだったので、思わず車を停め、堀の水鏡に映る彩りに見入ったこともある。いたすけ古墳に近い患者宅に診察に行ったときは、野生のタヌキがいるという新聞記事を思い出し、車を停めて眺めていると、記事の通りに壊れた橋のあたりに何匹か現れた。

*

このように古墳は私には身近な存在だが、今は特に誇らしいとも思わない。たまたま堺に生まれただけで、直接関わってもいないものを誇るのは

何となくおこがましい気がする。被葬者についても、議論があるらしいので、専門的なことには立ち入れないと感じている（だから大仙古墳もここでは仁徳天皇陵としておく）。

それより最近知って驚いたのは、築造当時、仁徳天皇陵が海から直接見えたということだ。当時は海岸線が今より内陸側で、遮るものもなかったので威容が望めたのだろう。これは海路で当地を訪れる者に、かなりのインパクトを与えたにちがいない。

しかし、もし権威を誇るのなら、ピラミッドのように高く積み上げたほうが効果的ではないか。当時の想像図を見ても、横から見た御陵はまったく前方後円墳の優美なデザインを感じさせない。

前方後円の理由は諸説あるようだが、いずれにせよ、その美しさは上から見なければわからない。真上からでなくとも、斜め上からでも全体のフォルムは眺められる。そのような施設が当時もあったとは考えられないだろうか。縄文時代の三内丸山遺跡《さんないまるやま》（青森市）の六本柱建築物のように、高い建物を造る技術はすでにあったのだから、高い視点は確保できたはずだ。遺構がないと反論されるかもしれないが、見つかっていないからない、とは言い切れないだろう。

これだけ美しい墓を造らせたのであれば、古代の天皇も上から見たいと思ったのではないか。いいものを造れば自分も見たいし、他人にも見せたくなるのが人情だ。海から威容を見せつけて、上陸後、さらに高い位置から全体像を披露すれば、客人を畏れ入らせたにちがいない。

であれば現代の我々も、古墳の偉大さが最大限に発揮される上方からの視点を許されてもよいのではないか。御陵を見下ろすのは不敬という考えもあろうが、その威容を見て人々が感動するのであれば、被葬者も喜びこそすれ、怒ることはないだろう。

ナスカの地上絵だって、上から見なければ意味がない。前方後円墳も横からではただの森にしか見えない。世界最大規模の墓ということで、親しめるようにするのなら、人々がその美しいフォルムを堪能できるよう、ぜひ古墳を上から見られる設備を切望する。

くさかべ・よう
小説家・医師。1955年、堺市で生まれ育ち、現在も堺市西区在住。大阪大学医学部卒業。同付属病院にて外科および麻酔科を研修。その後、大阪府立成人病センターで麻酔科、神戸掖済会病院で一般外科、在外公館で医務官として勤務。同人誌「VIKING」での活動を経て、2003年『廃用身』（幻冬舎）で作家デビュー。その後『破裂』『無痛』（同）がテレビドラマ化。2014年、『悪医』（朝日新聞出版）で日本医療小説大賞受賞。最新作は2018年11月発売の『介護士K』（角川書店）。

スゴ技ボランティアガイドと一緒に歩け。

古墳のそばで、墳丘の上で、ひとり妄想にふけるのも楽しいけれど、
観光ボランティアガイドの人から古墳の解説や歴史を聞くのは、一度体験したらやめられません。

「このマット1枚あるだけで古墳に親しめる感じがするでしょ」

NPO法人 堺観光ボランティア協会
樽野美千代さん

「このあと旅行に行かはるんですか」と思わず聞いてしまうほどの大荷物の中身は、古墳ガイドに欠かせないグッズや資料、写真、地図などがぎっしり。さっそくJR百舌鳥駅の陸橋で「あの仁徳天皇陵古墳は前方後円墳ですが、どっちが前方部でどっちが後円部でしょうか～?」「う～ん……」。トートバッグから出てきたのはなんと、座布団ぐらいの大きさのお手製「前方後円墳マット」。しかも、墳丘が色違いに3段! これを現場でくるくる動かしては「こっち向きね」「ここがちょうど前方部の角」「あそこがくびれです」と説明してくれる。参加者はこの立体の「つかみ」でみな樽野マジックに引き入れられ、座が一気に和み、かつテンションが上がる。

樽野さんの労作、前方後円墳マット。この日もたまたま元教え子が参加していたが、彼によると「昔よりも、もっと面白いです!」

御廟山古墳の濠沿いの遊歩道で、墳丘の美しいシルエットをレーザー測量図を使って説明

樽野さん（旧姓大西）は元々、中学校社会科の教師で、仁徳天皇陵古墳に近い堺市立旭中学校から、陵南、深井中央、三国丘、東百舌鳥と赴任。「どこも古墳のそばでしょ。転任希望を出したの（笑）」

やんちゃな中学生が歴史に関心を持つように、工夫を凝らした自前のプリントも常に用意して、授業を面白くしていった熱血先生だった。でも、定年まで働いて今度は大荷物抱えてボランティアガイドとは……疲れないですか?

「何で? 好きな古墳のことだけ話していたら良いねんから、ほんとに楽しいしラクやん!」

恐れ入りました。これからもぜひ、世界の古墳好きの増殖に貢献していってください。

NPO法人 堺観光ボランティア協会
☎072-233-0531

「歴史が嫌いで苦手でしたが、古墳と土師氏に魅せられたんです」

藤井寺市観光ボランティアの会
鈴木繁實さん

かつては「歴史嫌い」だったという鈴木さんが、10年近く前にボランティア活動に参加し、古墳のことを知ってからは、グイグイとハマっていったそうだ。とくにテンションが上がるのが、土師氏関係の遺跡をめぐるとき。「古墳を語るときにね、それを作った土師氏の人びと、つまり民衆の存在を語らずには終わらないと思うんです。一体どんな人たちだったのか。謎でしょう?」と目を輝かせる。

道明寺天満宮の横の崖に作られた登り窯のレプリカ。その中の埴輪の一つは、鈴木さんが焼いたものだそう。満面の笑顔

土師氏ラヴァーの鈴木さんが連れていってくれた場所の一つが消失古墳の「盾塚古墳」。団地の真ん中に、帆立貝型古墳をかたどった築山が。土師氏の首長クラスの墳墓ではないかと言われ、近くの三ツ塚古墳の修羅をはじめ、住居跡や民間の埴輪の棺や「土壙墓（どこうぼ）」も発掘された。道明寺天満宮には土師氏の氏神の社が残っていることなどから、周辺一帯に土師氏のムラがあったのでは、と言われている。

「古室山古墳は11月にはこうなるんですよ」。四季それぞれの古墳の魅力を伝えてくれる

本文で土師氏のハンサムな設計士の妄想ストーリーを書いたことを話すと、「そうでしょう? ミステリーですよねえ、ロマンですよねえ」。おお、わかってらっしゃる! 鈴木さんの話を聞けば聞くほど、土師氏の謎に迫りたくなるし、古墳の向こうに生身の人間が生き生きと見えてくる。「私ね、藤井寺市立図書館のジオラマが大好きなんです。ワクワクしますよね。まさしく土師氏の人びとを描いているんですから」。ホントに好きなんだなあ。土師氏ラヴァーの味わい深いガイド、満喫できます!

藤井寺市観光ボランティアの会
☎072-939-1086（藤井寺市観光協会）

空からも見て、地べたをコツコツ回れ!

古墳コンシャスな乗り物といえば「小型飛行機」と「自転車」。
百舌鳥・古市古墳群では両方楽しめるので、とても便利だ。

「古墳群」という言葉が体感できる ヘリコプターからの大パノラマ

「空から見たい」という思いは簡単にはかなえられないが、お金に余裕のある古墳好きなら一度はトライする価値あり。なんと言っても古墳の細かいディテールはよく分かる。(株) FREEBIRDでは京都・伏見から奈良の古墳群～古市～百舌鳥をめぐるコースを計画中。初めて空から古墳観察を行った考古学者の末永雅雄教授(1897 ～ 1991)の気持ちが実感できるかも。

(株)FREEBIRD ●京都市伏見区向島柳島1
✆075-631-5611 料金や運航期間などは直接お問い合わせを http://www.freebirdjapan.jp/index.html

高度300mから見た仁徳天皇陵古墳。雨だったが、それでもエメラルドグリーンの周濠や造り出し、点在する陪塚までよく見える。ヘリコプターはパイロットを除いて1機3人まで搭乗可能

仁徳天皇陵古墳(奥の墳丘)は甲子園球場の12倍! そこを一周するのは結構な距離があったから、自転車は有難かったです

歩く速度でゆっくりこいで回れ。 百舌鳥と古市のレンタサイクル

古墳めぐりに自転車は強い味方になってくれる。とくに電動アシストなら、急坂で体力を消耗しないので、気温が高い日などはとても有り難いし、年配者にもうれしい。この本の取材でもクルマはほとんど使わず、普通自転車・電動アシスト両方が活躍してくれました。百舌鳥と古市のレンタサイクルステーションをまとめてどうぞ。

〈百舌鳥古墳群〉
さかいコミュニティサイクル
→以下のサイクルポートで貸出・返却が可能。事前登録(当日可)が必要で、普通自転車1日300円、電動アシスト400円。
※のサイクルポートでは電動アシストの貸出・返却不可
http://www.city.sakai.lg.jp/kurashi/doro/jitensha/cycle/index.html
●南海堺東駅前 map P99 A-2
●南海堺東駅南口※ map P99 A-2
●南海堺駅前(駅東側地下)
●JR堺市駅前 map P98 C-1
●JR百舌鳥駅前 map P14 C-3
●南海中百舌鳥駅前 map P86 C-1
●堺伝統産業会館前※
●さかい利晶の杜内※
堺観光レンタサイクル
→以下の場所で貸出・返却が可能。普通自転車1日300円、電動アシスト500円 9:00～16:30 ※印は10:00～
https://www.sakai-tcb.or.jp/rentalcycle/
●堺駅観光案内所(南海堺駅ビル1F)
●大仙公園観光案内所 map P15 B-3
●自転車博物館サイクルセンター※ map P15 A-3

〈古市古墳群〉
高鷲駅前駐輪場 map P117 A-3
→普通自転車1日250円、電動アシスト500円。
平日9:00～16:00(返却～18:00)
土日祝8:00～14:30(返却～15:30) ✆072-952-3280
藤井寺市立藤井寺駅南駐輪・駐車場 map P131 A-1
→普通自転車1日250円。9:00～16:00(返却～18:00)
✆072-955-6199
藤井寺市立土師ノ里駅前駐輪場 map P153 B-1
→普通自転車1日250円、電動アシスト500円。
9:00～16:00(返却～18:00) ✆072-937-8430
古市駅前駐輪場 map P198 C-2
→普通自転車1日250円、電動アシスト500円。9:00～16:00(返却～18:00) ✆072-958-0303

〈百舌鳥・古市古墳群〉
もずふるレンタサイクル(P222参照)
→以下の場所で貸出・返却が可能。電動アシスト1,000円(同じ場所で返却すれば500円)。
●大仙公園観光案内所 map P15 B-3
9:00～16:30 ✆072-245-6207
●藤井寺市立土師ノ里駅前駐輪場 map P153 B-1
9:00～16:00(返却～18:00) ✆072-937-8430
●古市駅前駐輪場 map P198 C-2
9:00～16:00(返却～18:00) ✆072-958-0303

古墳好きよ、「聖地」をめざせ。

古墳好きの聖地は、意外に「人」だったりする。
その人の熱と磁力が「場」をつくり、多くの古墳好きが集まるのだ。

古墳好き、堺好き、街好きのたまり場がこれまで以上にアクティブに変わる。
紙カフェ office WARKS

いまや旧堺の顔といっても過言ではない、古墳好きが各地から集まる雑貨の［紙カフェ］が大きくリニューアルする。店名にある「WARKS」のココロは、「WORKは〈仕事〉だけど、WARKというのは〈覆う〉こと。堺の文化や歴史、古墳、お客さんがここでやってみたいこと……それらをすべて引き受けられる方向性を、WARKという名前に託しました」と店主の松永友美さんは語る。

松永さんは堺生まれ堺育ち。若い頃からずっと地元に関心があった。バーテンダーや実家の印刷会社の営業を経て、「堺を盛り上げたい」「印刷の楽しさを伝えたい」の2つの柱を掲げ、2012年に開店。7年間、さまざまな古墳や堺にまつわるグッズを世に出し、それを伝え、古墳歩きなども積極的に展開してファンを増やしてきた。

今回のリニューアルでは、遊びゴコロ満載の雑貨の展開は変わらないが、それに加え、「着物を着て楽しむ」堺の和体験が売りのスペース「知輪−chirin−」を同店内で展開。「店内で着付けもしますし、近くには着物で出かけたい神社やお店などのスポットがたくさんあります。もちろん古墳もその一つ」。たしかに彼女の主催する古墳歩きには、2割ほどの人が着物で参加している。

いまではポピュラーな「古墳雑貨」が登場したときも驚きだったが、ここで扱う古墳アクセサリーをつけて着物で古墳散策をする人が増えると、堺の古墳が「世界遺産」になるんだな……という時代の変わり目を自然に意識してしまう。彼女自身がメディア（媒介者）なのだ。

ショートカットに涼しい目、着物にブーツは松永さんおなじみのアイコンだ。手には新作2点。パラコート古墳キーホルダー540円〜と、古墳といちゃいちゃシリーズメモロール「ねこ編」888円（以下、税込）

上から／いつの間にか古墳もの知りになれる「こふんえあわせ」1,620円。「古墳といちゃいちゃシリーズ とり編」のデニム地ミニトート3,000円。大人気、3f STAIND GLASS WORKSのチョーカー3,300円

「堺の新たなお土産品」プロジェクトで採用された「もずふるサブレ」734円。中身は出土品満載で、さながら「お勉強サブレ」

古墳を雑貨にするとこんなにかわいいんだ! と目からウロコ……

紙カフェ office WARKS
●堺市堺区市之町東2丁1 山之口商店街内
✆072-228-5201
10:00〜17:00　不定休

今や国内最大の古墳イベント。古墳好きよ、高槻をめざせ!

古墳フェス come come*はにコット

Jリーグなら3万5千人は満員札止めの数。それだけの人たちが集まる「古墳フェス」だと言えば、どれだけスゴいことか想像できるはず。それが南大阪の百舌鳥（堺市）や古市（藤井寺市・羽曳野市）ではなく、北大阪の高槻市で毎年11月に開催されている。場所は「継体天皇の陵墓」と考えられている今城塚古墳（現在は発掘を終え、今城塚古墳公園として開放）と、隣接する［今城塚古代歴史館］を併せた高槻市民の憩いの場「いましろ大王の杜」。

飲食ブースも雑貨に負けじと古墳メニューを考案して出店。大人気

でも高槻市や教育委員会がはじめた訳でもなんでもない。「こんなにいい場所なんだから古墳好き、埴輪好きが集まるイベントをしたい」と地元の主婦でアクセサリー作家の牧梨恵さんが、周囲の人たちを説得し、仲間を募ってまったくの手弁当ではじめたのがこの「はにコット」。来場者は近隣住民だけでなく、全国各地の古墳好き・埴輪好きが年々増え、2018年はついに3万5千人を突破！　秋晴れの下、古墳と埴輪グッズの買い物や、墳丘ピクニックやライヴ、埴輪づくり体験などを思い思いに楽しんでいた。

最近は行政も応援し、協賛スポンサーがついたりもしているが、当初から一貫しているのはあくまでも古墳好き・埴輪好きの自主イベントだということ。それに賛同して多くのボランティアが会場や自転車駐輪場などで来場者を誘導・整理したり、「NPO法人高槻市文化財スタッフの会」のみなさんは希望者に古墳ガイドツアーをしていたりと、「雑貨的なかわいさ」と「社会科の古代学習」が上手く融合して、高槻ならではの「はにコット」的世界をつくっている。

見よ、この壮観な人の波！ 武人埴輪なのにかわいすぎる高槻市のマスコットキャラ「はにたん」や各地の古代キャラ総登場

JR高槻駅・阪急高槻市駅前からレンタサイクルもあるので（取材班は重宝してます）、便利ですぞ。

come come*はにコットVol.9
2019年11月17日(日)　10:00～16:00　※雨天決行
いましろ大王の杜:今城塚古墳及び今城塚古代歴史館
(高槻市郡家新町48-8)　https://hanicotto.com/

左から／この人の顔を見ていると元気ハツラツが乗り移るような、はにコットの言い出しっぺで実行委員長の牧梨恵さん。古墳雑貨の中でも人気のペンケース。中には「石棺」があり、めくると「埋葬された大王」が登場!?　意識高い系女子にもkomegamaの古墳アクセサリーは注目だった。いつも新作が楽しみな、がまぐちアーティストの三谷美香さん

左から／木々の中に出店ブースが点在するエリア。とても楽しそう。午後には古墳シンガー・まりこふんさんのライヴがかつては周濠だった特設ステージで開催され、大いに盛り上がった。「はにコット」では体を使って古代人を体感するプログラムが盛りだくさんで、ここでは実際に砂場で発掘体験をして、遺物（レプリカ）を探すもの。子どもも大人もむっちゃ真剣に取り組んでいました

ザ・古墳街道を東へ、西へ走れ。

百舌鳥・古市の両古墳群は10km程度しか離れていないけれど、電車は天王寺（大阪阿部野橋）で乗り換え必須だ。でも古墳好き・歴史好きとしては、両者の風景がゆっくり変わっていく光景を見ながら移動したいではないか。日本古来のメジャールート・竹内街道を自転車で走り、古墳の設計図を持って行き来した土師氏に思いをはせてみよう。

岡公園
格好の休み場。巨石に付けられた解説板には竹内街道の由来や歴史が。周囲はかつてお伊勢参りの宿屋や料理旅館が立ち並び、多くの人びとが行き交った。

軽里北交差点～白鳥陵古墳の間に、いかにも「街道」めいた景色が広がる（東行き）

同じ場所から180°逆を見ると二上山がくっきりとお出迎え（東行き）

墳丘を見ながらの北側の道（P200）は走りやすくてラクチンな道（西行き）

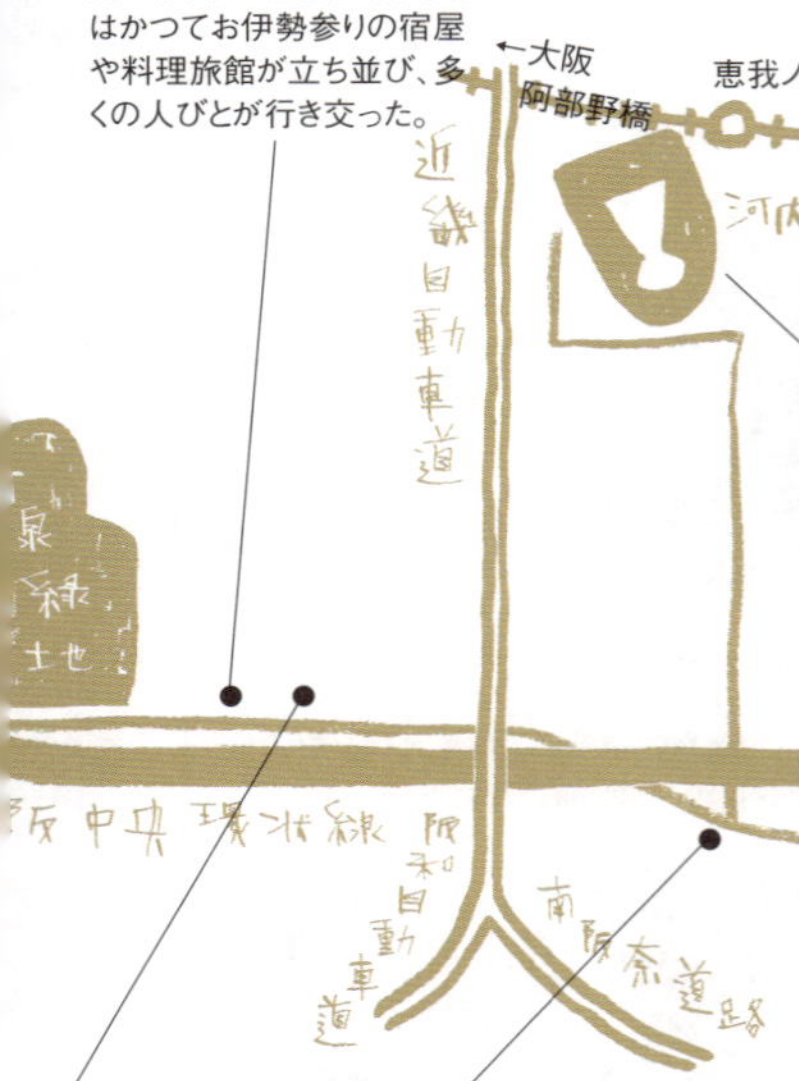

河内大塚山古墳
前方後円墳の時代が終わったはずの6世紀半ばに築造された日本第5位の墳丘長を誇る前方後円墳。大型ゆえに「雄略天皇の本当の陵はここ？」とも「欽明天皇か敏達天皇の陵？」ともいわれている。広さの割に墳丘が低く、濠が浅いことから「造りかけでは」とも指摘されていて、まだ謎が多い。

緑の一里塚
「野」という地名にある。西行きの人には「もう少し走れば近畿道を越えて松原市」、東行きの人には「羽曳野市に入ったぞ」の要所です。

堺市堺区と葛城市竹内の約26kmを結ぶ竹内街道は、日本書紀の推古天皇21年（613）の条に「難波より京（飛鳥）に至る大道（おおじ）を置く」と記された「大道」のルートと重なっているため、日本最古の官道と呼ばれているが、百舌鳥・古市古墳群はまさにこの街道沿いにある。起点となるのは、阪堺線大小路電停前の交差点。ここから堺東駅を越え、仁徳天皇陵古墳（P16）の北側を通って東へ東へと進めば、やがて街道は白鳥陵古墳（P200）の濠沿いの道となる。そこから近鉄古市駅まではすぐだ。

二つの巨大古墳群を繋ぐ重要な道路は、物資を輸送し文化を伝える道でもあった。当時は道幅30mの広い街道だったそうだが、今はその面影はない。が、逆に車道と歩道が分離されていず、古民家が数多く残り、カーブが連続する「ほどよく狭い」道幅は、自転車で走るにはぴったりなのだ。古墳の設計図を持って二つの巨大古墳群を往来した土師氏たちの奮闘を想像しつつ、街道ツアーをぜひ体感していただきたい。ゆっくり走っても1時間半ぐらいで着きます。

ちなみに、東行き（百舌鳥→古市）ルートのお楽しみは「近づく山のスカイラインに心躍らせ、最後は白鳥陵古墳でフィニッシュ」。西行き（古市→百舌鳥）ルートは「新しい古墳群（百舌鳥）を造った道のりを追体験し、近づいてくる海にわくわくする」。一方通行だけでなく、両方楽しんでいただきたい。もずふるレンタサイクル（P219）なら便利です。

古墳のバックグラウンド「堺」を味わって、ほっこりできる居場所。

サカイノマ カフェ&レジデンス

「食べる」「憩う」「集う」そして「泊まる」……大きく動いている「旧堺」の文字通り中心になる店で、ここから古墳めぐりや街道ツアーをスタートしても、ここをゴールにしても楽しい。料理は岸和田・塔原(とのはら)の契約農家から仕入れる有機野菜を使っているから、普通に美味いです。足が疲れた午後には、いずれも創業200年を超える[八百源来弘堂]の肉桂餅と[松倉茶舗]のほうじ茶のセットなどがお薦め。週末だけのバー営業もはじまったので、大道筋沿いのテラスでぜひ。

●堺市堺区熊野町西1丁1-23　✆072-275-7060
11:00〜19:00(18:30L.O.)※金・土曜〜23:00　無休

左／肉桂餅とほうじ茶のセット700円。この黄金コンビをいただけるのは堺でもここだけ。本書表紙イラストの奈路道程個展も定期的に開催　右／とろける卵のベーグルと一緒にシャキシャキの野菜サラダを。ドリンク付き1,200円(いずれも税込)

面白い企画を次々と打ち出す店長の間宮菜々子さんを挟んで、飯田勇人(ゆうと)さんと坂本美紅(みく)さん

あの「つぼ市」にも古墳が!

[サカイノマ]から阪堺線で3つ先(神明町)、自転車なら5分で移動できる人気の和カフェ[茶寮　つぼ市製茶本舗]にも古墳アイテムがある。須恵器と同じ土と製法で造った古墳皿(数量限定)と昆布入り煎茶。足を延ばしても期待を決して裏切らない。

●堺市堺区九間町東1丁1-2　✆072-227-7809

左／6日間かけて登り窯で焼いた古墳皿1,500円(税別)はアクセサリー入れにも　右／ティーバッグ各200円(同)。お湯を注いでしばらくすると、前方後円墳型の昆布が浮かび上がってくる

西高野街道との分岐(合流)点
堺東駅から1kmもない場所。左が竹内街道で、右は西高野街道。政令指定都市の都心に、まだこんな街道が残っているのはある意味奇跡的だ。

大小路交差点
「竹内街道」と書かれた石碑の最西端。竹内街道は摂津と和泉の国境を走っている(大和川やないんです)。阪堺線大小路電停のそば。スタート地点にするも、ゴールにするもよし。

もずふるレンタサイクルの電動アシスト車。仁徳天皇陵古墳の北側にて

金岡神社
平安時代の宮廷画家で、絵画を担当する役所(絵所長者)の最高位に就いた巨勢金岡(こせのかなおか)を祀る神社。境内のクスノキは樹齢900年と推定。東行きなら鳥居が正面に見える。

金岡神社の近くにある案内板。いかに「竹内街道LOVE」の地域が多いことかを思い知ります

中央環状線、けやき通り(P106)との分岐点にある竹内街道の石碑。羽曳野と比べると、道の趣が違う

松原南コミュニティセンター
中高野街道(右)との十字路で、「左 さやま 三日市 かうや(高野)」「右 ひらの(平野) 大坂」を印した石の道標が要所を物語る。

Index